"十三五"国家重点出版物出版规划项目

 转型时代的中国财经战略论丛

我国基层政府财政透明度实现的路径与策略研究

申 亮 著

中国财经出版传媒集团
经济科学出版社
Economic Science Press

图书在版编目（CIP）数据

我国基层政府财政透明度实现的路径与策略研究/申亮著.
—北京：经济科学出版社，2017.11
（转型时代的中国财经战略论丛）
ISBN 978 – 7 – 5141 – 8753 – 3

Ⅰ.①我… Ⅱ.①申… Ⅲ.①地方财政 – 财政管理 – 研究 – 中国　Ⅳ.①F812.7

中国版本图书馆 CIP 数据核字（2017）第 295908 号

责任编辑：于海汛　李　林
责任校对：王苗苗
责任印制：潘泽新

我国基层政府财政透明度实现的路径与策略研究
申　亮　著
经济科学出版社出版、发行　新华书店经销
社址：北京市海淀区阜成路甲 28 号　邮编：100142
总编部电话：010 – 88191217　发行部电话：010 – 88191522
网址：www.esp.com.cn
电子邮件：esp@esp.com.cn
天猫网店：经济科学出版社旗舰店
网址：http://jjkxcbs.tmall.com
北京季蜂印刷有限公司印装
710×1000　16 开　13.75 印张　220000 字
2017 年 12 月第 1 版　2017 年 12 月第 1 次印刷
ISBN 978 – 7 – 5141 – 8753 – 3　定价：36.00 元
（图书出现印装问题，本社负责调换。电话：010 – 88191502）
（版权所有　侵权必究　举报电话：010 – 88191586
电子邮箱：dbts@esp.com.cn）

总 序

转型时代的中国财经战略论丛

《转型时代的中国财经战略论丛》（以下简称《论丛》）是山东财经大学"特色名校工程"建设的特色项目和重要成果，也是经济科学出版社与山东财经大学合作推出的系列学术专著出版计划的一部分，更是山东财经大学近年来致力于学术兴校战略一批青年学者在经济和管理研究方面的部分成果汇报。

山东财经大学是一所办学历史悠久、财经特色鲜明、综合实力突出，在国内外有一定影响的普通高等财经院校。学校于2011年由原山东经济学院和原山东财政学院合并组建而成。2012年成功实现财政部、教育部、山东省人民政府三方共建。2013年获得博士学位授予权，并入选山东省"省部共建人才培养特色名校立项建设单位"。山东财经大学还是中俄经济类大学联盟创始高校之一、中国财政发展2011协同创新中心和中国会计改革与发展2011协同创新理事单位。学校的发展为教师从事科学研究创造了良好环境和宽广平台。近年来，学校以建设全国一流财经特色名校为目标，深入实施"特色名校工程"，大力推进改革创新，学校发展平台拓宽，办学层次提高，综合实力增强，社会声誉提升，学校进入了内涵发展的新阶段。为推进"特色名校工程"建设，学校修订了科研成果认定和奖励制度，完善了科研评价与激励机制，同时实行"优秀青年人才特殊支持计划"和"青年教师境外研修计划"等，为青年教师脱颖而出和学术成长提供了政策保障。

随着经济全球化、区域一体化、文化多样化深入发展，新一轮科技革命和产业变革蓄势待发，我国经济发展进入新常态，但发展方式粗放、创新能力不强、资源环境约束加大等不平衡、不协调、不可持续问题依然突出，迫切需要更多依靠创新驱动谋求转型发展的出路。为了应对当今世界的深刻变革，我国启动了"双一流"建设，对财经学科发展提出了严峻挑战，同时又面临难得的机遇。作为以经管学科为主的财经类大学，如何坚持科研服务社会、服务人才培养的方向，主动适应实施创新驱动战略的要求，自觉对接国家和区域重大战略需求，充分发挥在经济和管理研究领域的优势，为国家和区域经济社会发展提供更大智力支持、培养更多高质量人才，一直是财经类大学更好履行使命的重要职责。《论丛》的出版，从某种程度上应和了这种趋势和需求，同时，展现了山东财经大学"特色名校工程"的建设成效和进展，对激励学者潜心研究、促进学术繁荣发展、加强对外学术交流和扩大学校社会影响具有重要推动作用。

作为山东财经大学从事财经教育和人文社科研究的青年学者，都要积极应对和研究时代赋予的重大命题，以求是创新的精神风貌，遵循科研规律，坚持教研相长，长于独立思考，善于团结协作，耐得住寂寞，放得下功利，才能不断推进学术创新，勇攀科学高峰，孕育无愧于时代的精品力作，努力成为社会科学创新的新生力量。

《论丛》的出版凝结了山东财经大学青年学者的心血和汗水，尽管可能存在一些不足，但是正如哲人所言"良好的开端就成功了一半"。相信只要青年学者们持之以恒，不辍耕耘，必能结出更加丰硕的成果。伴随着中国经济发展、改革和转型步伐的加快，我们期待着有更多更好的学术成果问世！真诚欢迎专家、同行和广大读者批评指正。

山东财经大学校长

2016 年 5 月 17 日

前　言

转型时代的中国财经战略论丛

2008 年的金融危机对于财政透明度这样一个研究课题来说似乎是一种机遇而不是危机。财政透明度的实践和潜在的不足并非 2008 年金融危机爆发的主要原因，但它加重或延长了许多国家的经济危机，也提供了财政透明度发展的契机。按照 IMF 基金组织财政事务部主任卡罗·科塔雷利的话说："现在正是我们应该研究如何提高财政透明度的时候了。"[①] 而在 2008 年 5 月 1 日，《中华人民共和国政府信息公开条例》的实施，正式启动了中国财政透明度的全面推动进程。

与国际组织为防范金融风险的主要目的不同，社会各界推动我国财政透明度进程主要在于规范政府行为，保障公众权利。这增加了提高财政透明度的难度，因为这相当于是一场政府部门的自我革命，当它由政府部门自己发起的时候，其进展不会像社会公众想的那样快。因此，我们发现一个现象，在 2008 年之后，尽管我国的财政透明度法律法规在不断完善，然而，财政透明度理念在政府部门及社会各界都基本普及的情况下，按照国际标准或国内学术团体制定的较低要求来看，我国财政透明度水平进展仍然较慢。是什么因素阻碍了我国财政透明度的进程？

本书试图从基层政府发展财政透明度情况入手，来分析解决这个问题。财政透明度的革命性要求决定了它必须由政府部门和社会公众共同推动才有可能见效更快。而基层政府正是直接面临社会公众需求的一级政府，也是政府权力被放到最大的一级政府，政府的财政透明度状况和公众的切身感受互动性最强，也最能够体现出财政透明度发展过程中的困难和机遇。本书从基层社会公众对财政透明度的态度以及基层政府对财政透明度的推动两个角度出发，从治理层面看待财政透明度问题，来寻求解决问题的方法。最终结合国际社会的经验，提出推动我国财政透明度进程的路径与策略。

  尽管本书的写作历经三年多的时间，但是由于作者本身能力和资料收集问题，难免有疏漏之处，敬请读者批评指正。

申 亮

2017年4月于山东财经大学燕山校区

目 录

转型时代的中国财经战略论丛

第1章 导论 ·· 1
  1.1 问题的提出及意义 ······································ 1
  1.2 文献综述 ·· 4
  1.3 本书的章节分布 ······································ 10
  1.4 研究思路 ··· 13
  1.5 重点难点 ··· 14
  1.6 基本观点和创新之处 ·································· 14

第2章 后危机时代财政透明度的进程 ························ 16
  2.1 国际货币基金组织推动财政透明度的进程 ··············· 17
  2.2 后危机时代中国的财政透明度进程 ····················· 30
  2.3 中国与国际组织关于财政透明度发展的耦合与嬗变 ······ 37
  2.4 本章小结 ··· 41

第3章 我国基层政府治理与财政透明度问题 ················· 42
  3.1 我国基层政府管理变革的历史演进 ····················· 42
  3.2 财政信息公开是基层政府改善治理的有效切入点 ········ 49
  3.3 基层政府的透明化改革趋势 ··························· 53
  3.4 本章小结 ··· 57

第4章 财政透明度进程中的公众态度与行为研究 ········· 59

4.1 公众态度对财政透明度的意义 ················ 60
4.2 基层政府公众财政透明度态度的调研分析 ········ 64
4.3 公众财政透明度意愿的因子分析 ·············· 69
4.4 公众财政透明度意愿的结构方程分析 ··········· 78
4.5 本章小结 ····························· 89

第5章 我国基层政府财政透明度执行力研究 ··········· 91

5.1 基层政府财政透明度执行力评价指标体系构建 ······ 93
5.2 我国基层政府财政透明度执行力实证研究 ········ 103
5.3 影响我国基层政府财政透明度执行力因素的灰色
关联度分析 ··························· 122
5.4 本章小结 ···························· 135

第6章 基层政府推动财政透明度的路径分析——一个博弈研究 ··· 137

6.1 假设与说明 ·························· 138
6.2 博弈模型构建 ························· 141
6.3 本章小结 ···························· 151

第7章 国外地方政府推动财政透明度的经验及借鉴 ········ 152

7.1 美国 ······························ 153
7.2 加拿大 ···························· 157
7.3 其他国家地方政府的预算公开 ·············· 162
7.4 国际经验借鉴 ························· 168
7.5 本章小结 ···························· 170

第8章 提高我国基层政府财政透明度水平的政策建议 ······ 171

8.1 中央层面的政策建议 ···················· 171
8.2 地方层面的政策建议 ···················· 180
8.3 本章小结 ···························· 186

第 9 章　总结与展望 …………………………………………… 187
　9.1　总结 ………………………………………………… 187
　9.2　展望 ………………………………………………… 189

附录　调查问卷 ………………………………………………… 190
参考文献 ………………………………………………………… 194
后记 ……………………………………………………………… 209

第1章 导 论

1.1 问题的提出及意义

财政透明度是良好财政管理的一个方面，是促进政府决策效率，保障政府和官员承担起应负责任的一种方法[①]。发达国家和国际组织最早对财政透明度问题进行了讨论，他们把提高财政透明度当作应对财政风险的一种有效工具。一些新兴市场经济国家则希望能通过增加政府财政透明度来解决经济转型过程中出现的腐败、经济下滑等问题。对发展中国家来说，提高财政透明度，不仅是顺应国际发展潮流，加强同国际社会的合作，化解财政风险，保障国家财政金融安全的重要举措，更重要的是在规范政府行为、保障公民权利方面有着重要的意义。但是，提高财政透明度是个知易行难的问题，涉及制度变革、技术改进、观念更新等等方面。而且，财政透明本身对政府来说意味自我革命，保障公众知情权的同时，实际上就是增加了公众监督政府的力量，减少了政府部门的自由裁量权。而掌握90%以上信息的政府部门天然就具有保密的本能，即使在各种制度约束下，政府不得不公开财政信息，但是，保密的习惯和惯性依然可能影响公众知情权的实现。巴斯蒂达等（Bastida et al., 2007）的研究就发现，按照《OECD预算透明度最佳做法》的要求来衡量，发达国家中央政府的预算透明状况平均只有56.4%。

[①] 国际货币基金组织编著，财政部财政科学研究所整理：《财政透明度》，人民出版社2001年版。

我国的财政透明度进程始于20世纪90年代末期审计署展开的"审计风暴"。1999年，审计署对中央政府各个部门预算执行中存在的问题进行了曝光，引起社会强烈反响。人们发现，政府在花费公共资金在为社会公众办事时，并没有想象的那样尽职尽责，而是出现了不少滥用财政资金的问题。于是，社会各界提高财政透明度的呼声开始出现。随着市场经济体制改革的进一步深入，我国公共财政改革的大幕开始启动，部门预算、国库集中支付制度、政府采购、政府预算收支科目改革等都在一定程度上推动了我国财政透明度的提高。民间对政府公开财政信息的要求也逐渐开始出现，并由最初的理论认识上升到了实践需要。到2008年5月1日，《中华人民共和国政府信息公开条例》正式实施，有了专门法律法规的保障，我国财政透明度进程呈加速状态，上至中央政府、地方各级政府，下至民间团体及个人，都在这场信息革命中发挥着自己的作用。随着相关制度的不断完善，公众对财政透明要求的不断增加，全社会似乎已经营造了一个透明财政的良好氛围，而且从政府到民间，"财政应该透明"基本上也形成了一种共识，财政透明度的提高看起来指日可待。但是，近年来国际国内学术团体的考察却指出，我国目前的财政透明度无论是中央政府还是地方各级政府都还处于一个较低水平的状态。那么，是什么影响了我国财政透明度的发展进程？如何才能加快提高我国的财政透明度水平？这成为一个当前需要在理论和实践中加以解决的问题。

应该说，在现代信息社会，任何政府想完全隐匿信息都是很难的，信息公开是不可避免的，只是公开的信息和公众需要的信息之间会有差异，因此，财政透明度问题就是关于财政信息的供需差异问题。那么，要提高政府财政透明度水平，公众的信息需求应该是放在第一位的。从逻辑上看，当政府披露财政信息是为了满足公众需要时，公众自然有动力去推动政府提高财政透明度，形成一个良性的互动机制，从而不断地提高财政透明度。基于这样的逻辑，本书认为，当前在基层政府提高财政透明度是我国财政透明度整体提高的关键。

基层政府是国家政权的基础，是最接近社会公众的政府机构，也是最能反映社会公众需求的一级政府。老百姓对政府的认识，很大程度上是通过基层政府的施政行为获得的。而提高财政透明度能够规范政府行为，促使政府承担起应该承担的责任，这对于公众来说是最为需要的政府形象。因此，在基层政府，如果能够提高财政透明度，对于维护公众利益，稳定社会秩序，提高政府公信力是最为直接的反映。但是，我国现实的情况却是，越到基层政府，政府权威损害公众利益的情况越多，公众的权益越是难以保障，财政信息公开的难度也越大。这一现象和我国目前财政透明度推动的方式是有关的，我国推动财政透明度的方式是"自上而下"的政策推动，即从中央政府下达关于财政信息公开的规定，要求各级政府遵照执行。其实这种方式对基层政府的影响最小，因为基层政府是政策推动力最薄弱的地方。而且越到基层，政府的权力越大，公众的权利意识越淡薄，再加上财政透明度基础越薄弱，这些都导致了中国政府财政透明度的基础和难点都在基层政府。

因此，本书研究基层政府财政透明度问题，对我国财政透明度的理论、实践以及基层政府治理都有着重要的意义：

（1）基层政府最能反映出我国财政透明度过程中出现的真实、复杂问题，也是解决我国财政透明度实施难题的关键。基层政府直接面向社会公众的"衣食住行"各类基本生活问题，也就是面临着公众各种利益的保障问题。当政府不能满足公众的基本利益需求时，官民冲突就难以避免，从而反映出了各种基层政府治理的问题。这类问题的解决单靠政府威权是难以奏效的，近年来不断发生的群体性事件就说明了它的难度和正确的解决方式。只有想方设法保障公众的权利，才能赢得公众的理解、信任和支持。而提高财政透明度，就是保障公众的知情权，让公众了解政府是如何使用公共资金、为他们办事的，从而让公众客观认识和评价政府在公共治理过程中可能和公众发生冲突的情形，减少公众抵触情绪。但是，基层政府的权威、公民社会的乏力、媒体的不足和公共学者的缺乏，又往往造成了政府和公众交流沟通的障碍，这种障碍往往又使得本来相对容易处理的事情变得复杂化，从而使得财政透明度的提高面临诸多障碍，真实地反映出了财政透明度提高过程中的复杂问题。

（2）通过提高财政透明度，能够促使基层政府进行制度创新，改善基层政府的治理环境。当前，是我国社会主义市场经济的转型时期，由于长期的"效率优先，兼顾公平"的发展思路，导致各级政府过度重视经济增长，忽视了社会公平，结果积累了很多的社会矛盾无法得到有效、及时地解决，导致政府公信力下降，官民关系恶化，这些问题在基层政府表现得更加明显。目前，基层政府面临的治理压力巨大，既要满足上级政府的各种考核和问责，又要妥善处理公众提出的各种诉求。而在基层政府财力不足的情况下，可供选择的政策空间是极其有限的。这客观上要基层政府进行制度创新来应对面临的各种问题。既然来自上级政府的压力无法推诿，基层政府能够做的就是改变自己的行政思路。以前的行政思路是"唯上"，基层政府对上级政府负责，以满足上级政府的要求为行政核心，结果使得基层政府本身成了各种矛盾形成的中心。因此，可变的思路就是由"唯上"转变为"唯民"。通过提高财政透明度，保障辖区公众的知情权，拉近公众同政府之间的距离，在改善基层治理环境的基础上，完成上级政府布置的各项任务。另外，由于基层政府有因地制宜贯彻上级政府决策的便利条件，客观上给基层政府进行制度创新提供了条件。

（3）通过提高财政透明度，充分暴露基层政府治理过程中存在的体制弊端，强化全社会推动财政改革的压力，有助于推动基层政府从"全能型政府"向"服务型政府"转变。提高财政透明度，可以把基层政府财政管理中的真实情况向公众展示，一些事物可以通过让公众了解而增加公众对政府的信任感；一些问题则可以由公众进行审视、判断和讨论，一方面可以督促基层政府有效改进，另一方面也可以发现现行财政体制在基层实践存在的问题，为进一步推动财政体制改革提供实践依据。提高财政透明度，使得基层政府在保障公众权利的基础上，增加了向上级政府提出合理诉求的砝码，摆脱一些不合理要求的羁绊，加快基层政府向"服务型"政府转变。

1.2 文献综述

从国际社会看，财政透明度的研究基本上可以分为两个阶段：第一阶段，主要是从 1998～2007 年，这一阶段是财政透明度理念的认识和推广阶段。研究者主要围绕国际货币基金组织（IMF）制定的《财政透明度守则》，对财政透明度的内涵和作用进行研究，通过构建财政透明度的评价指标体系，衡量各国的财政透明度水平。研究表明，提高财政透明度：可以增加地方长官的支持率①，有利于选民控制和管理选举获胜的政治家，扩大政府支出规模②，减少政府腐败行为③等。第二阶段，主要是从 2008 年金融危机之后到现在。这一阶段，研究者重在研究财政透明度在防范和应对金融危机方面的作用，以及各国如何提高财政透明度的路径和策略。早期的文献已经在拙作《我国财政透明度问题研究》（经济科学出版社 2010 年版）中有着系统的整理，因此本书的文献主要是针对第二阶段，以期展示现在对财政透明度这一工具的清晰认识。

1.2.1 国外研究现状

1. 财政透明度与财政稳定和绩效

2008 年国际金融危机之后，财政透明度水平已经成为显示一国财政稳定和绩效的重要工具。越来越多的研究表明，财政透明度和财政可持续性之间存在正相关关系，这一现象在中低收入国家比高收入国家更明显。经验证据显示，财政透明度水平和财政偿付能力的市场认知度之间呈正相关关系，这一关系在高收入国家比中低收入国家体现得更充分。例如，诺里斯等（Dabla-Norris et al., 2010）针对低收入国家，运用 IMF 的财政透明度 ROSCs 作为衡量预算制度质量的一个指标，他们发现，强有力的预算制度提高了财政绩效，而且，具有较好预算制度的国家往往遵循更多的反周期财政政策。为了澄清财政透明度和成果之间的因果关系，格兰内斯特和申（Glennerster and Shin, 2008）使用 IMF 出版的财政数据和报告，证明了财政信息的质量保证和较低政府债券收益率之间存在显著的因果关系。

---

① Nadeau, Richard, Richard Niemi, and Antoine Yoshinaka, 2002. A Cross-national Analysis of Economic Voting: Taking Account of the Political Context Across Time and Nations. *Electoral Studies* 21, pp. 403 – 423.

② Ferejohn, John. 1999. Accountability and Authority: Towards a Model of Political Accountability, in A. Przeworski, B. Manin and S. C. Stokes (eds.), *Democracy, Accountability, and Representation*, New York: Cambridge University Press.

③ Ritva Reinikka, Jakob Svensson. 2003. The power of information: Evidence from a newspaper campaign to reduce capture Policy Research. *Working Paper* 3239, The World Bank, Development Research Group, Washington, D. C, pp. 1 – 37.

威廉姆斯（Williamsa，2010）的研究指出，较低的财政透明度不利于经济的稳定持续增长。贝尔诺和沃尔夫（Bernot and Wolff，2011）认为财政透明度可以降低创造性会计的发生可能性，增加政府财政数据的可信度。霍莉（Hollyer et al.，2011）研究发现民主国家财政透明度更高，认为政府的民主程度与财政透明度成正比。由于受到外来压力的影响，接受外部援助较多的国家更能按照 OECD 的预算透明度要求来提高财政透明度水平。阿尔特和劳里（Alt and Lowry，2010）实证研究发现，财政透明程度增加有效地降低税收幅度的增长。科尔斯塔德和韦格（Kolstad and Wiig，2009）认为财政透明可以暴露政府的浪费和寻租行为，使得政府腐败具有高风险，从而有效地减少了政府的腐败行为。腐败和预算透明度之间存在负面和统计上显著的关系（LUCIE，2013）。

山村和近藤（Yamamura and Kondoh，2013）以日本市级政府建设领域项目为例，实证分析了政府透明与财政支出之间的关系，该研究发现政府财政信息的透明能够有效降低政府建设支出的成本。IMF（2010）的一份文件中指出：向公众详细披露政府过去、现在和将来的财政活动，以及政府结构和功能，可以使得公众更好地了解和讨论政府的财政政策和绩效，也能够提高政府的责任心和公信力。

但是，嘉文（Gavazza，2009）的研究却指出，财政透明度的提升并不一定会带来经济效率的提升，或者说达不到预期的政策目标，相反可能会带来更大的政府支出的浪费。

2. 财政透明度与信用评级

近年来，由于政府低估或隐瞒财政赤字而导致的市场信心丧失，使得人们更加关注财政信用和财政透明度之间的联系。哈米德（Hameed，2005）发现透明度更高的国家一般有着更高的信用等级、更好的财经纪律和较少的腐败，而不透明和信息不对称则是权力滥用和财政丑闻的源泉（Peisakhin，2010）。格兰内斯特（2008）对 23 个新兴市场经济国家的财政透明度进行了研究，发现选择公开《财政透明度守则》真实性报告和参加《财政透明度准则和标准遵守情况报告》（ROSCs）以及参与特殊数据公开系统（SDDS）的国家的信用利差平均下降 11%。他们也指出透明度较高的国家透明度的边际利益较低，透明度利益更明显的是那些规模小、债券市场流动性较差的国家。

阿巴特里等（Arbatli et al., 2012）的研究指出，财政透明度对政府信用评级有直接的影响，在促进政府提高财政政策效率方面发挥间接影响。但是，这两种影响在发达国家和发展中国家之间有着不同的表现形式。财政透明度对发达国家信用评级的影响主要通过它的财政变量来发挥作用，而对发展中国家来说，财政透明度对政府信用评级有着较强直接影响。格雷西亚等（Gracia et al., 2011）的研究发现，对财政风险披露的国家比那些不提供或只披露部分信息的国家有着更高的信用等级，而且公开或有负债、准财政活动和预算外活动也有助于提高信用评级。阿巴特里等（2012）还发现，《财政透明度守则》中真实性的保证对财政绩效和政府信用评级的作用较弱，艾佛拉特（Everaert, 2009）和切博达里（Cebotari, 2009）对财政风险披露的国际实践进行了讨论，得出了类似的结论。

3. 财政透明度与社会发展

格兰内斯特（2008）把《财政透明度守则》第四条真实性的保证的及时公开和参与《财政透明度准则和标准遵守情况报告》（ROSC）作为财政透明度的衡量工具，阿尔特（2006）把政治竞争、总统制和法律传统作为财政透明度的工具。贝尼托等（Benito et al., 2009）以OECD财政透明度标准为依据，以41个国家为样本数据，评估了预算透明度、财政盈亏状况和公众投票积极性之间的关系。结果发现，财政透明度越高，政治家们运用财政赤字来实现机会主义的可能性就越小；财政透明度越高，公众参与投票的积极性就越高。韦伯等（Weber et al., 2011）的研究则指出，基于ROSC的财政透明度指数与公共债务的平均流动存货残差有关。国际预算促进会（IBP, 2010）的研究指出，一般来说，经济越发达的国家，财政透明度越高。但是，科格里昂斯（Coglianese, 2009）的研究则指出，一国财政过于透明也可能或适得其反，因为这么做过于昂贵或不现实。

1.2.2 我国的研究现状

我国对财政透明度的研究起步较晚，早期的研究主要是理论探讨和借鉴国外经验方面的，例如探讨财政透明度的意义、作用及我国与国际社会要求的差距，指出我国存在的问题及努力的方向（王雍君，2003；李燕，2007）。2008年5月1日，《中华人民共和国信息公开条例》开始实施后，尤其是上海财经大学公共政策研究中心对我国31个省级政府的财政透明度进行考量后，形成了一定的数据库，学者们开始通过经验数据来研究财政透明度在我国的作用，并且探索如何将财政透明度理念付诸实践。

1. 财政透明度对我国的推动作用

王少飞（2011）研究了地方财政透明度对地方国有企业投资效率的影响，研究指出，财政透明度的增加有助于提高企业投资效率，并且对企业过度投资有着较强的抑制作用。肖鹏（2015）的研究表明，财政透明度与政府性债务规模之间的负相关关系是显著的，提高财政透明度，有助于规范约束地方政府的举债行为，防范和化解财政风险。李永海等（2016）的研究指出，地区财政透明度的提高可以显著地抑制隐性经济规模的扩张。

阎波（2014）的研究认为，在当前县乡体制背景下，财政透明能够在一定程度通过强化问责和改善印象管理，进而改进政府的政治绩效、经济绩效和社会绩效，然而透明与绩效之间存在复杂的影响关系和中间机制，仍有待在更长时间范围内进行检验。

2. 财政透明度的局限性

李丹（2016）认为，目前我国财政透明度对财政资金配置并没有产生实质性影响，基于财政支出效率的考察显示，财政透明度并没有改善财政资金配置效率；基于财政支出结构的考察结果则显示，财政透明度有利于人均社会保障与就业支出，但对其他民生类支出的影响并不显著。李敬涛（2015）的研究指出，财政透明度越高，公众对社会性公共服务的满意度越低、对经济性公共服务的满意度越高，在信息公开机制与政府会计体系尚不完善的情况下，财政透明不仅未能产生应有的问责约束效应，甚至已成为市级政府粉饰经济绩效、掩饰社会责任的工具。

刘佳（2015）的研究指出，地方政府财政透明与行政管理支出呈显著负相关关系，财政信息的透明和公开促进了地方政府行政管理成本的降低。但财政透明与公共服务支出之间不存在显著的相关关系，财政信息的透明不能有效促进公共服务支出增加。曾军平（2011）研究了政府信息公开制度对财政透明度的影响，研究指出，制度对财政透明度的提高作用有限，但是对政府部门态度责任心的提升有较大的促进作用。黄寿峰等（2015）研究了我国财政透明度对腐败的影响，认为提高财政透明度可以遏制腐败，但目前作用有限。

3. 我国各级政府财政透明度的衡量及提升路径

从 2009 年开始，上海财经大学公共政策研究中心对我国省级政府的财政透明度问题进行了持续性研究，迄今已连续 8 年出版《中国财政透明度研究报告》，研究表明，尽管按照远比国际社会要求低的指标来衡量，但是，我国省级政府的财政透明度状况按照百分制平均得分到 2016 年只有 40 分。清华大学公共经济、金融与治理研究中心从 2012 年开始，对我国 289 个市级政府的财政透明度状况进行研究，研究指出，目前我国市级政府财政透明度总体水平很低，距离国际社会的财政透明度良好水平还有很大差距。何俊志等（2010）研究了地方政府预算过程中的透明度问题，分析了地方政府预算信息披露在体制和操作层面上存在的问题。马良等（Liang Ma et al., 2011）实证检验了中国省级政府财政透明度的决定因素，研究指出，经济开放度、市场化、制度和地方领导人的态度是影响财政透明度的关键因素。肖鹏（2011）基于 Lüder 政府会计环境评估模型，研究了中国财政透明度的提升路径。王晟（2011）借鉴上市公司信息披露制度的框架和内容，研究了中国财政信息公开制度。王淑杰（2011）从经济环境入手，发现经济体制、经济发展水平和资本性收支比重是影响预算透明度的重要因素。李秀梅（2013）研究了第三方评估对我国财政透明度建设的推动作用。李少惠（2014）研究了我国 31 个省级政府门户网站预算信息公开问题，指出各省网上预算公开尚处于初级阶段。温娇秀（2015）通过对 2009～2013 年 31 个省级政府的财政透明度的评估后指出，完善的法律体系是推动财政透明度的主要手段。张蕊（2016）通过对 2008～2013 年 31 个省级面板数据分析表明，中央调任官员在推动财政透明度方面更加积极。

综上，我们发现发达国家和像中国这样的发展中国家关于财政透明度研究的侧重点是不一样的。发达国家主要从防范金融风险的角度研究财政透明度的作用及相应的改进策略，这也是 IMF 等国际社会组织发起和推动财政透明度的初衷。而我国则重点从规范政府财政行为、保障公民知情权的角度来研究和推动财政透明度，这也是我国当前在构建国家治理体系、提升国家治理能力过程中最为关键的因素之一。这既体现了经济全球化发展中的共性问题，也体现了中西方经济社会发展过程中的差异。

从我国当前对于财政透明度的研究成果来看，研究者们一方面在验证财政透明度在中国是否有与发达国家已经证明的一样的效果，另一方面在研究提高财政透明度水平的路径与策略。本书主要考察后者，而从已有相关成果来看，大多数研究主要是站在国家或省级政府、市级政府的层面，"自上而下"来研究财政透明度问题的，这也是一种主流的、传统的研究思路。但现在的问题是，在已经有法律制度要求下，在"自上而下"的推动下，各级政府的财政透明度依然很低。如何破解财政透明度执行难题？本书认为，应该深入基层，结合广大城乡居民的现实需求与政府的公共治理能力，动态地考察我国财政透明度的影响因素和实现路径。基于基层政府的研究视角，本书拟对我国财政透明度实现的路径及策略进行全新阐释。

1.3 本书的章节分布

第 1 章，导论。介绍本书的意义、文献回顾、章节分布、研究方法、重点难点、基本观点和创新之处等。

第 2 章，后危机时代国际社会财政透明度进程。本章分为 3 节。第一节主要梳理 2008 年金融危机之后，国际社会对财政透明度的推动情况。自从 1998 年国际货币基金组织启动了推动各国提高财政透明度的运动以来，各国在财政信息公开方面已经有了不同程度的进步。但是，2008 年爆发的金融危机却告诉我们，现在包括发达国家在内，各国在财政透明度方面做得还远远不够。其表现主要有：（1）国际标准和规范本身存在的不足；（2）各国在推进财政透明度进程中的做法没有完全遵守国际准则的要求；（3）国际社会在推动财政透明度进程中的力度减弱。今后，要在财政透明度的标准和准则的及时更新、评价方法的科学实用以及加强国际、区域、国家层面的监督和激励机制三个方面努力推动。第二节主要阐述了我国财政透明度的进程。分别从中央和地方政府的努力、人民代表大会的努力和社会力量的努力三个方面说明2008年以来我国财政透明度取得的成效。第三节分析了我国的财政透明度进程和国际社会财政透明度进程的耦合与嬗变，指出我们既要顺应国际潮流，又要根据国情，走自己发展财政透明度之路。

第3章，我国基层政府治理与财政透明度问题。本章我们梳理了基层政府治理中提高财政透明度的必要性和改革思路。本章分为3节。第3.1节从基层政府治理的演进过程指出，我国基层政府治理的改革思路已经基本明朗，表现出从政府控制到政府主导，再到政府支持的演进逻辑。第3.2节指出在目前国家建立治理体系的框架下，提高财政透明度是提高基层政府治理能力的有效切入口；基层政府是提高我国国家治理水平的关键，基层社会公众的权利保障和政府行为的规范是实施治理的重点。第3.3节从基层政府财政改革的逻辑来看，我国基层政府的财政透明化趋势日趋明显。首先，通过"惠农政策"改革减轻了农民负担。然后，通过财政转移支付规范基层政府财政行为，倒逼基层政府转变职能。同时，为保证农民负担不出现反弹，在上级政府的财力保障下建立基本公共服务体系，通过提高财政透明度，提高政府公信力，保证基层政府财政的有效运行和实现治理目标。

第4章，财政透明度进程中的公众态度与行为研究。本章根据调查问卷所得到的数据，对我国现阶段社会公众对财政透明度的有效意愿进行了研究。本章分为4节。第4.1节阐明了公众对财政透明度的理解和支持是推进我国财政透明度的原动力。如果公众没有表现出强烈的信息需求，在"官本位"意识浓重的基层政府，财政透明度的顺利推动是一件很难的事情。第4.2节对基层社会不同收入阶层、文化程度、身份类别的城乡居民当前及潜在的财政透明度意愿进行调研，第4.3节构建"公众财政透明度意愿敏感度指标"，运用因子分析法分析哪些因素对公众的财政透明度意愿的影响较大。第4.4节，运用结构方程模型进一步分析影响公众财政透明度意愿的因素的具体指向及作用机理。

第5章，基层政府财政透明度执行力研究。本章试图构建一个基层政府财政透明度执行力评价指标体系，来衡量基层政府对中央政府布置的提高财政透明度的要求的贯彻情况。本章分为3节。第5.1节构建了我国基层政府财政透明度执行力指标体系。以2008年以来我国政府颁发的针对基层政府提高财政透明度的各项法律法规为依据，从解释、组织、实施和监控这四个阶段来入手，每个阶段又设立若干指标来建立反映基层政府财政透明度执行力的指标评价体系。第5.2节根据已经构建的基层政府财政透明度执行力评价指标体系，我们选择部分县市来进行实证分析。运用DELPHI—TOPSI法分析31个县市的财政透明度执行力，研究表明，现阶段我国基层政府对中央政府部署的财政信息公开要求的执行力较弱。第5.3节运用灰色关联度法分析了影响我国基层政府财政透明度执行力的因素。研究指出，市场成熟度、基层政府领导受教育水平和上级政府的财政透明情况对基层政府的财政透明度执行力影响较大。最后，对我国基层政府财政透明度执行力较低的原因进行了分析。

第6章，基层政府推动财政透明度的路径分析——一个博弈分析。本部分我们采用博弈理论来分析基层政府推动财政透明度的路径。本章分为两节。第6.1节对模型的假设进行说明。第6.2节首先构建了没有奖惩机制下的财政透明度博弈模型，分析表明，尽管政府会主动公开财政信息，但是不会公开到公众需要的程度，此时，需要辖区内公众加强监督力度。然后，构建了实施惩罚机制下的财政透明度博弈模型。研究表明，仅仅依靠对官员的惩罚机制并不能让基层政府官员一直保持较高的财政透明度，还需要给公众制定一定的激励措施来加强监督。最后，我们构建了奖惩机制并存下财政透明度博弈模型。研究表明，当公众得到上级政府足够的激励，并降低监督成本，再加上财政不透明会得到上级政府严厉的惩罚，基层政府的财政透明度将能够保持较高的水平。

第7章，基层政府提高财政透明度的国际经验与借鉴。我国基层社会的农村村民自治及城市社区自治组织的产生与推行与西方发达国家基层社会的自治传统有一定相似的环境基础。本章运用案例分析和比较分析方法，研究西方发达国家基层政府推动财政透明度的制度和技术要求。本章分4节。第7.1节至第7.3节，介绍了美国、加拿大以及其他国家的地方政府财政透明度状况。第7.4节总结了适合我国基层政府提高财政透明度的经验，主要有基层政府的自治性与民主性；完善的财政透明法律体系；非营利组织的强力推动；高效的公众参与等。

第8章，基层政府财政透明度建设的政策建议。本章根据社会公众对财政透明度态度调研结果，基层政府在财政透明度执行力中存在的问题为依据，按照基层政府提高财政透明度博弈分析指明的路径和实现条件，借鉴西方发达国家地方政府的有益经验，提出提高我国基层政府财政透明度的策略。本章分两节。第 8.1 节从中央层面来看，主要是完善财政透明的法律法规，推动基层政府民主化进程，加强同国际社会的合作与交流，制定提高财政透明度的阶段性目标和时间表，鼓励公众推动财政透明度等；第 8.2 节从地方政府层面来看，主要是约束基层政府行政权，发挥立法机关的作用，提高基层政府领导对财政透明的认识，完善市场机制，构建服务型政府，大力推动参与式预算，培育公众公共精神，因地制宜落实财政信息公开要求，培育和发展公民社会组织等。

第 9 章，总结与展望。对全书进行总结，并指出了下一步研究方向。

1.4 研究思路

本书的研究思路如图 1-1 所示。

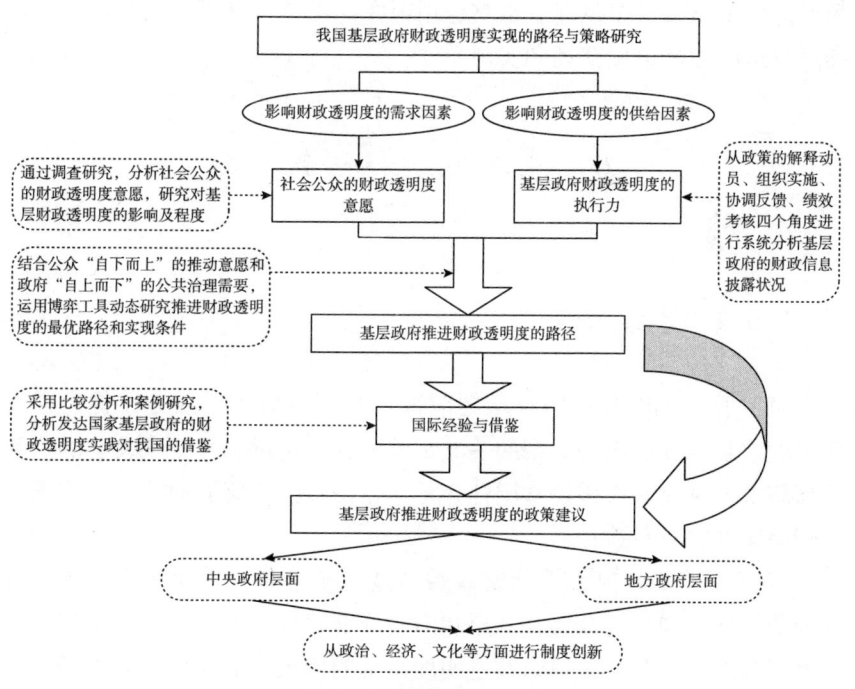

图 1-1 本书研究思路

1.5 重点难点

（1）研究基层政府财政透明度的执行力，是本书的重点之一。系统分析基层政府财政透明度的执行力，可以了解影响基层政府行为的因素及影响程度。考虑到我国区域之间的差异性，需要对不同经济发展程度的基层政府分类考察，寻找反映基层政府财政透明度存在的问题及规律。

（2）考察城乡居民的政治态度，需要大量搜集已有相关资料，同时要深入基层进行田野调查，获取第一手资料。在全国范围内进行取样，去基层行政事业单位进行访谈，需要大量细致实际的工作，是本书研究的难点之一。

（3）研究基层政府财政透明度的提升路径是本书的重点和难点。推动财政透明度涉及到不同利益群体的博弈，不可能是一帆风顺的，期间可能出现反复甚至倒退。本书运用博弈论工具，寻找推动基层政府提高财政透明度的最优路径和实现条件。

1.6 基本观点和创新之处

1.6.1 基本观点

（1）我国的财政透明度难题应该从基层政府入手破解，提高财政透明度是基层政府治理转型的一项重要内容。通过满足公众关心的财政信息需求，来化解或缓解基层社会矛盾，是基层政府面向公众，实现公共治理转型的可行途径。

（2）在基层政府，推动财政透明度的条件是：从制度设计上，应该创造条件，减少公众监督基层政府实施财政透明度的成本；中央政府或上级政府对于基层政府财政透明度不足的情况，应采取强有力的惩罚措施；政府应该给予公众监督政府财政信息公开的行为一定程度的奖励，以鼓励公众持续参与对基层官员财政信息公开的监督行为。

（3）通过中央政府"自上而下"的制度规范，结合基层社会公众"自下而上"的推动，在财政改革中实现上下对接，积极稳妥地进行基层政府预算民主改革，才能提高基层政府财政透明度，进而提高基层政府治理能力。

1.6.2 创新之处

（1）从研究对象上看，已有成果大多是从国家或省级政府层面，很少从基层政府的角度来研究财政透明度问题。这种"自上而下"的研究没有充分考虑社会公众的反映和政府执行的效果，削弱了信息公开的"自下而上"的推动力。本书针对这一研究不足，系统研究基层政府财政透明度问题，丰富了财政透明度的研究领域。

（2）从研究内容上看，已有成果大多是从应然的角度出发，列举政府财政信息披露的不足，相应地给出政策建议。本书深入基层，考察社会公众的财政透明度意愿，系统分析基层政府财政透明度执行力，寻找提高基层政府财政透明度的最优路径和策略，从基础上解决我国财政透明度难题。

（3）从研究方法上看，已有的研究大多是静态分析，很难反映出财政透明度在我国曲折的发展态势。本书构建多个博弈模型，来动态研究基层政府财政透明度的提升路径。

第2章 后危机时代财政透明度的进程

20世纪90年代爆发的亚洲金融危机冲击了全球市场,较低的财政透明度被认为是危机爆发的原因之一。研究者认为,由于缺乏有效的财务信息,金融管制者无法准确判断不断上涨的财务风险。而且,当银行系统财务风险发生时,政府总是被寄予希望给予贷款或救助,银行的道德风险加剧,也增加了解决问题的难度(IMF,1998)。因此,提高财政透明度被国际社会当作防范金融风险的重要措施之一。近年来不断发生的金融危机,包括20世纪90年代发生的拉美货币危机,2008~2009年的美国次贷危机,以及2010年以来发生的欧洲债务危机等,也促使国际社会不断推动财政透明度。但是,一个有意思的现象是:当金融危机发生的时候,国际社会对财政透明度就非常重视,而危机过后,重视程度又会慢慢地下降,等到下一次危机来临的时候,财政透明度则又一次被提起。

我国的财政透明度进程是从2008年之后才开始全面推动的,由于相比较西方发达国家财政透明度基础薄弱,2008年金融危机之后到现在,是我国财政透明度制度不断完善、社会各界逐渐认识并参与到推动财政透明度进程中的过程。虽然与发达国家的财政透明度进程相比,我国现在财政透明度进程无论从制度还是技术方面,都还有着一定的差距,但也反映了发展中国家推动财政透明度的基本过程和需要。

本章分别介绍2008年金融危机之后国际社会和中国在推动财政透明度方面的做法、存在的问题及解决思路,比较分析发达国家和发展中国家在财政透明度方面的不同需求,以便国际组织能够更好地推动财政透明度在全世界范围内的发展。

2.1　国际货币基金组织推动财政透明度的进程

财政透明度是财政政策制定和财政风险管理的一个重要因素。自从1998年国际货币基金组织（IMF）提出财政透明度概念以来，在过去的十多年中，IMF已经发展了一系列财政透明度准则来监督和促进各国提高财政透明度水平。这一时期也见证了各国在财政报告的全面性、高质量和及时性方面的稳步提高。但是，2008年爆发的全球性金融危机却告诉我们，各国在财政透明度方面的努力还是不够的，甚至许多国家对于本国基本财政状况和潜在冲击还缺乏足够的了解。例如，在需要政府救赎之前，房利美等美国准国有企业的问题基本无人知晓。2007~2010年，法国、德国、荷兰、西班牙、葡萄牙、美国、英国、希腊、意大利、冰岛等国的债务负担率出现了超常增长。其中，23%的原因是由于缺乏政府基本财政状况的完整信息所导致的[1]。尤其是在希腊和葡萄牙，由于缺乏可靠及时的财政赤字和债务信息，导致了市场信心的崩溃。当危机来袭时，希腊、德国、冰岛、葡萄牙和美国的公共企业和公私合作单位的隐藏的或隐含的债务进一步推动了危机。在希腊、葡萄牙和西班牙，政府的以现金制为基础的预算、会计和报告系统不能捕捉和控制支出承诺，结果导致在危机发生前后，拖欠支付不断积累。当然，财政透明度的实践和潜在的不足并非2008年金融危机爆发的主要原因，但它加重或延长了许多国家的经济危机。按照IMF基金组织财政事务部主任卡罗·科塔雷利的话说："现在正是我们应该研究如何提高财政透明度的时候了。"[2]

---

[1]　IMF, 2012a, "Fiscal Transparency, Accountability, and Risk." Available via the Internet: http://www.oecd.org/gov/budgeting/D2 - AM%20 - %20Session%205%20 - %20T.%20Curristine%20 - %20IMF%20background%20document.pdf.

[2]　国际货币基金组织：《基金组织概览》，http://www.imf.org/external/chinese/pubs/ft/survey/so/2012/pol110112ac.pdf, 2015年4月12日。

2.1.1　IMF及其他国际组织推动财政透明度的努力与实践

1. 建立财政透明度的全球标准框架

1998年，IMF理事会国际货币与金融委员会第50次会议通过了《财政透明度良好行为守则——原则宣言》，并制定了《财政透明度手册》。该守则是世界上第一部由政府间组织发布的为各国系统地推动财政透明提供的一份良好做法指南。IMF于2001年和2007年两次对《财政透明度良好行为守则》和《财政透明度手册》进行了修订。2005年，IMF制定并通过了《资源收入透明度指南》（2007年修订），旨在对那些资源收入在财政收入中占较大比重的国家的透明度问题进行规范。IMF还对财务数据的真实性进行特别关注，对财政透明度守则的第4条"真实性的保证"进行单独报告。

OECD（2001）也制定了《预算透明度最佳做法》，对预算报告的内容、报告频率以及相关的控制和审计机制做出了具体规定。与IMF不同的是，OECD《预算透明度最佳行为》涉及的主体是中央政府而不是广义政府。此外，国际社会还规定了财政信息披露的详细的统计和会计技术基础，如IMF的政府统计手册（GFSM，1986，2001）和国际会计师联合会制定的国际公共部门会计准则（IPSAS）。

2. 监测各国对财政透明度标准和规范的实施

在国际层面上，IMF制定的《财政透明度准则和标准遵守情况报告》（ROSCs）是第一个对各国实施财政透明度情况的国际评价，其主要做法是：根据《财政透明度守则》设计了一系列问题对被调查国进行考察，根据其考查结果编写《财政透明度准则和标准遵守情况报告》，该报告可根据被调查国意愿决定是否对外公开。从1999～2013年，IMF已经出台了111份报告，覆盖94个国家。IMF还会同世界银行和其他国际合作伙伴承担了285项公共支出和财务责任评估，涵盖135个国家。

在地区层面，欧洲统计局一直是欧盟成员国财政报告实践的主要机构，其统计报告及统计数据定期在其官方网站上发布。

在民间组织中，国际经济合作（IBP）已经发展了自己的工具《开放预算调查》，自 2006 年开发以来，对全球 100 多个国家的预算透明度进行评估。

在国家层面，2008 年之后，IMF 的 188 个成员国中，财政报告数据覆盖整个政府的国家从 48 个增加到 78 个，目前只有 80 多个国家仍按月公布部分财政信息。但是，尽管已有的国际标准都强调了普通公众获得财政信息的可能性，根据 IBP2014 年发布的《预算公开指数》的研究发现，大约 80% 的国家还是不能满足预算透明度的基本要求，推动财政透明度的进程任重道远。

2.1.2 国际社会在财政透明度推动进程中存在的问题

1. 国际标准和规范本身存在的不足

（1）对于预算预测缺乏统一的国际标准。目前国际社会对财政报告已经出台了国际标准，但是，针对预算预测却没有国际标准，因此，很难判断预测的可信度或对预测进行解释。例如，欧洲国家大都是基于现收现付制而不是权责发生制编制预算报告，很难判断和比较经济预测的可信性。2010 年，欧洲债务危机的教训也表明，那些欧洲重债国所谓的"预算预测"并不能真正预测这些国家未来的实际财政状况。

各国在预算的方法、结构和时间安排上都差异很大。OECD 国家在 2007~2008 年度，对 97 个国家的预算实践和程序进行调查，发现在财政预测方面存在以下问题[①]：

①只有 1/3 的国家系统区分了现有政策和新政策的财政影响，这样使得政府很难解释可自由支配税收和支出决议的适当性和执行情况。

②不到一半的国家准备了分解的多年预算预测，因此很难理解财政政策的分配影响，或者比较当前财政计划和未来年度预算。

③3/4 的国家的财政预测是趋向于 3~5 年的，不到 1/4 的国家编制长期财政预测（例如 30 年或以上），要求判断当前财政政策稳定性和导致的代际公平问题。

---

① Organization for Economic Cooperation and Development，2007，OECD Budget Practices and Procedures Database（Paris）.

(2) 事前预算和事后统计及账户中使用的财政报告会计基础不统一。在欧盟，成员国一般以现收现付制为基础来编制财政预算和财政预测，但是，《稳定和增长公约》要求赤字和债务用修订的权责发生制来记录。只有丹麦、奥地利和英国采用权责发生制来编制预算。其中，奥地利是从 2013 年才开始采纳权责发生制来编制预算。

这些差异所导致的责任问题在危机发生后表现的日益明显：

①制度覆盖面。从目前的应用情况来看，预算要求主要是覆盖那些宪法和预算法规定的机构，统计标准主要是覆盖从事非市场活动的机构，它的范围要比预算广泛；会计标准要求记录所有被政府控制的实体，它的范围最为广泛。这意味着在危机过后，政府的财务机构不能和其他机构在预算或统计标准方面合并。因此，这些机构在财务方面的任何变化造成的影响都只能在事后被发现。

②记录交易。预算主要是按照现金制来准备，政府统计和政府会计越来越多地用权责发生制为基础。除了造成支出拖欠问题外，这种差异还能导致政府决策长期成本的低估。例如，美国联邦政府用现金制编制预算，包括每年为养老金和前联邦雇员其他福利基金支付的 1280 亿美元，但是，没有包括额外的每年平均在养老金和其他福利负债方面增长的 2570 亿美元。

③资产负债表损益的处理。只有少数国家，如澳大利亚、冰岛、新西兰和英国明确要求在预算中计提折旧、减值，或其他在资产和负债价值方面的任何变动。这些国家已经完全采纳《2001 年政府统计手册》来为财政统计或 IPSAS 的账户确认损益。但是，由于在危机爆发后，公共部门资产负债规模急速膨胀，在制定长期财政平衡政策时，各国政府需要意识到新增资产和负债潜在价值的巨大变化。

(3)《财政透明度准则和标准遵守情况报告》(ROSCs) 本身存在缺陷。值得一提的是，金融危机期间，在政府债务规模增长最大的 10 个国家中，有 9 个国家在过去的几年中都是遵守《财政透明度准则和标准遵守情况报告》(ROSCs) 的。危机明确暴露了 ROSCs 的不足：该报告是揭示了一些财政透明度的关键问题，但并非全部。例如，该报告在确定财政报告的覆盖面方面最有效，但是缺乏中期财政预测，而且对预算的执行控制力较弱；该报告的评估方法对所有的国家都是一样的，没有根据经济发展水平区别对待，这使得较低透明度的国家很难使用

ROSCs 来改进本国的财政透明度状况，因为它们的做法和财政透明度守则的要求相差太远；报告对财政透明度守则中规定的所有要求的权重都是一样的，很难使得被调查过有重点的进行改进；这些报告是定性的结果，而且缺乏一个针对财政透明度守则和其他可比较的国家的一个国家绩效的简要概述。这些缺点使得被调查国即使遵守了 ROSCs，也可能出现较大的问题。

2. 各国在推进财政透明度进程中与国际准则的差距

目前，在公共机构的覆盖范围、处理资产和负债、报告交易和其他经济流量以及预测方面，各国和财政透明度国际准则相比还是存在着不少差距。

（1）很多国家公共实体的准财政活动未能有效披露。在大多数国家，有很多从事财政活动的公共实体被排除在一般政府之外。这些部门就包括非金融企业和金融公共企业。2008 年，在 14 个发达国家中，政府相关企业的未偿债务总额为 8.4 万亿美元，或占 GDP 的 25%。金融危机以来，未偿债务总额已上升到 10.6 万亿美元，或占 GDP 的 29.4%①。2008 年，美国联邦政府对房利美和房地美的隐含担保使得联邦财政赤字上升了 2910 亿美元，占 GDP 的 2%，并预计在今后 10 年还要增加 1000 亿左右美元。

中央银行也是准财政活动的主要来源之一。在 20 世纪八九十年代，部分新兴市场经济国家和发展中国家的中央银行的准财政活动是公共部门财务活动恶化主要因素之一。这些准财政活动主要有补贴贷款、多重汇率做法、购买不良资产。在 20 世纪 90 年代早期，牙买加央行的准财政活动造成的公共部门的损失占 GDP 的 5%。2006 年，津巴布韦的这一比例已上升到 29%。自 2008 年的金融危机开始，央行的资产负债已在许多发达国家显著扩张。例如，2007～2011 年，欧洲央行的负债增加了一倍，而美联储和英国央行的负债增加了三倍以上。到 2011 年底，这些央行的资产及负债分别占 GDP 的 15% 和 30%。

（2）很少有政府完整披露资产和负债信息。在危机爆发前，各国政府已经持有了大量的金融和非金融资产和负债。2007 年，提供资产

---

① International Monetary Fund, 2012b, Fiscal Monitor – Balancing Fiscal Policy Risks, April (Washington).

负债报告的37个国家的金融资产占GDP的比重平均为21%，那些建立庞大主权财富基金的国家，政府所持有的金融资产甚至几倍于GDP。危机后，许多国家，尤其是发达国家的资产和负债进一步膨胀和多样化。2007年后，各国的金融资产占GDP的比重平均上升了4个到5个百分点，负债占GDP的比重超过了20%。

财政统计及账户的报告标准要求各国政府对收入及支出采用权责发生制编制并发布资产负债表，但是，各国政府执行的国际会计和统计标准已经滞后于这些规则的发展。到2010年，只有55个国家全面采用了2001年的政府统计守则[①]，不到20个国家全面采用公共部门会计准则、国际财务报告准则或类似的核算标准（IFAC，2008）。到2011年，采用部分或全部权责发生制向IMF报告的国家有64个，其中，部分权责发生的国家有52个，采用全部权责发生制的国家只有12个。120个国家还是采用现金制来报告政府交易情况。

很少有政府能够完整披露它们的财务状况。向IMF报告资产负债的国家，从2004年的21个上升到2011年的41个，其中包括大部分欧盟国家。非金融资产价值信息就披露的更少了。2004~2011年，能够向IMF提供全面的资产负债表的国家只从9个增加到14个。另外，对许多国家来说，他们最有价值的非金融资产是地下矿产资源，但是，在财政收入一半以上要靠开采矿产资源的47个国家中，只有13个国家报告了这一数据。

（3）金融衍生工具未能按照标准披露信息。2001年政府统计手册提供了确认有关掉期、期货和其他衍生工具的资产和负债的方法，来对冲利率和汇率风险。IPSAS也有相似的规定，并且要求披露这些衍生工具的其他信息。但是，许多政府没有遵守这些要求，尤其是要求承认他们已经进入后金融衍生工具合约的市场价值。因为在马斯特里赫特条约中的债务没有包括衍生负债，场外掉期在金融危机前的欧洲有时是被用于借钱而不报告的其他债务[②]。虽然场外交换漏洞已经被关闭，普通的衍生负债仍然被排除在马斯特里赫特条约规定的债务之外，因此，比其他负债少受到审查，这导致了政府总负债的不确定性。

[①] International Monetary Fund，2010，Government Finance Statistics to Strengthen Fiscal Analysis，SM/10/43（Washington）.

[②] Eurostat，2010，Information Note on Greek Fiscal Data，November 15.

(4) 许多国家政府财务报告不及时。及时披露本财政年度的财务信息是确保一国良好财政状况的基准。据统计，目前96个国家每月公开中央政府财务报告，32个国家每个季度公开中央政府财务报告，3个国家每半年公开中央政府财务报告，37个国家每一年公开中央政府财务报告①。希腊和葡萄牙，现在和以前年度都没有及时披露对年初估计的中央政府债务和赤字的修订数据。因为这些事后修订将使得他们的财政调整计划在刚刚批准没多久就过时了，破坏了政府财政政策声明的可信度。

(5) 缺乏对财政风险的声明及系统分析。对未来财政发展及风险缺乏可靠信息也会妨碍国家对危机的应对，无论政府是要努力减少赤字还是刺激经济，都需要对财政在当前政策下如何发展、政策变化的财政影响以及方案的风险有可靠的估计。IMF研究报告显示，只有1/3的国家对当前政策和新政策带来的财政影响进行了系统区分。此外，即使在发达国家中，也只有不到一半的国家发表类似的财政风险声明。提高财政风险的大小和可能性的理解是维护政府未来财政偿付能力的关键。财政透明度守则及其他财政透明度的规范，例如经合组织的预算公开良好做法要求在他们的预算文件中同时包含可替代的宏观经济、财政方案和可量化的财政风险，如担保，公私伙伴关系，以及其他或有负债。但是，即使在发达国家，也只有不到一半的国家能够提供这种系统地探讨他们财政前景的风险②。像冰岛、爱尔兰和英国等银行体系规模较大的国家，一个重要的财政风险是来自银行的或有负债，但在危机发生之前的财政报告却缺乏对这类风险的分析。

3. 国际社会在推动财政透明度进程中的力度减弱

近年来，国际货币基金在组织监督财政透明度方面力度减弱。例如，在2002年，有21个国家参与IMF的《财政透明度标准和准则的遵守情况报告》(ROSCs)评估，但从那以后，参与ROSCs评估的国家呈直线下降趋势，2011年甚至只有一个国家参与评估。其中的原因有很

---

① Special Data Dissemination Standards (SDDS) Database; General Data Dissemination Standards (GDDS) Database.

② Organization for Economic Cooperation and Development, 2007, OECD Budget Practices and Procedures Database, (Paris).

多,主要有:(1)许多国家经历了初评,在财政透明度守则标准本身没有明显改进的情况下,已经没有多少可更新的空间;(2)ROSCs 没有提供一个相对于国际最佳做法的合格标准,这对于中低收入国家来说,想通过反复评估来促进财政改革是很困难的;(3)加入 ROSCs 的国家并没有从 IMF 和其他官方外部融资部门获得好处;(4)制作 ROSCs 的资源在减少,包括 2008 年 IMF 裁员也是导致 ROSCs 减少的结果。这些都导致了 IMF 对财政透明度推动力量的削弱,而通过其他机构监测的财政透明度情况,还不足以防止部分发达国家和地区严重少报财政赤字和债务。

2.1.3 国际社会改善财政透明度的思路和策略

1. 进一步完善财政透明度的国际标准和规范

应对金融危机需要政府设定宏大的、减少赤字及债务目标。经验告诉我们,在这样的情况下,政府通常会利用创造性会计(尽管只是暂时的)以回避实现目标所需艰难的财政抉择。因此,国际社会正努力恢复财政透明度有助于解决危机所反映出的报告标准与实践不一致问题、发布政府的危机应对措施,并防止危机过后财政不透明的再次出现。

(1)扩大财政报告的主体范围。IMF2001GFSM、欧盟的 ESA95 和联合国的 SNA2008 都强调要加强一般政府作为财政政策制定和统计报告的主体。一般政府由所有主要从事非市场活动、由中央、州和地方政府或社保基金控制的各类实体单位组成。英国、澳大利亚、冰岛公布的财政统计数据涵盖了整个公共部门。从 2011 年 1 月开始,英国公共部门的财政统计数据也包括危机之后被政府收购的私人金融部门。扩大财政分析的机构范围,将改善对财政风险的理解,减少政府利用公共企业从事准财政活动的诱惑。

但是,政府机构和公共企业之间的会计在概念上和实践中都有许多差异:①使用商业会计的公共企业并不把固定资产投资作为成本,而大多数政府把资本支出作为成本,因为它是增加赤字的主要衡量指标;②来自公共企业自愿商业活动的收入和政府强制征收的税收不同,因此,简单地将两者加总会夸大税收负担;③如果把公共企业的总负债和政府的负债加总起来，会使政府夸大公共部门财政脆弱性，因为它们是和企业的资产相匹配的；④如果把中央银行和其他部门合并起来，要求对央行的货币负债给予不同的对待，因为基础货币的发行一般不会引起财政失衡。

(2) 报告完整的资产和负债数据。要完整计算政府干预危机的财政影响，不仅需要完整的政府资产负债表数据，而且需要更加复杂的方法来处置或有负债。目前的统计标准不承认大部分的政府担保和或有负债，但是公共部门会计准则要求以公允价值来确认财务担保合同，对于或有负债则是当确认需要偿付的时候才予以确，即超过50%的可能性。即使预期值未在账目中确认，公共部门会计准则要求在附注中披露政府担保的规模、性质和受益人等相关信息。随着各国政府为了进一步巩固财政状况，他们也会被诱惑给私人部门提供担保，而不是直接财政补贴。例如2012年3月，英国政府宣布用200亿英镑政府担保来鼓励商业银行向小企业贷款，提供500亿英镑担保以促进私人投资流向基础设施和出口。

在政府财务报告中，要充分体现金融干预危机的影响和呆坏账处理的复议。当对私人部门的担保和贷款逐渐增加时，政府也越来越面临着信用风险。会计准则确认偿还这些项目时的任何可能的支出，但根据统计标准，坏账核销确认为其他经济流量，呆账拨备不予确认，仅在备忘录中披露。虽然一直在努力协调政府会计和统计标准，但是由于目标不同，全面协调无法实现。

总之，要想全面了解主权净财富，需要制定国际报告标准来记录直接和或有的资产负债。特别是：①在面对资产价值的不确定性或不完全信息时，补充现有关于确认地下资产的指导意见的会计和统计标准；②要求在账户中和补充汇总统计中承认关于更宽范围内的或有负债，这些或有负债应按照市场价值公平估值；③根据现有的统计标准，在财政统计中要多方面整理信息，以补充要提供的信息。特别是，如果2001年版的政府统计手册不能在短期到中期内加以修订，来确认或有负债和呆账拨备，为了分析的目的，这些都可以被纳入，在财政平衡表中补充传统的资料，如净贷款或净借款。

(3) 全面记录交易和其他经济流量。从国际、区域和国家层面要求加速从现金制转向权责发生制。在国际社会层面，标准制定者需要基于发达国家和新兴市场经济国家的成功经验，对采纳和实施权责发生制的政府财务报告提供指导。区域标准的制定者，例如欧盟统计局应根据2001年政府统计手册和国际公共部门会计准则标准，探索调整处理应付的、衍生的和其他金融工具账户的范围。最后，在国家层面，各国政府需要提升自己的会计制度和做法，来记录权利已转移的收入和支出，和捕捉其他非交易的经济流量。在转向权责发生制财务报告过程中，国家保持了解和控制他们的现金基本情况，给出政府对现金的流动性要求是重要的。

（4）确保财务报告的经常性和及时性。虽然统计报告标准要求中央政府的财务报告按季度来公开，但是，政府应该按月来公开。既然按照季度公开财务报告是滞后的，在通常情况下，政府在提交下一个财政年度的预算之前只有两个时机来观察年度财政发展状况。对那些国家来说是有问题的，如果它们的财政规则是过去的财政绩效和制定将来的财政政策有关，这些财政规则越来越多地运用于中央政府，于是，政策制定者就需要经常反馈财政绩效。按月发布临时数据只有一个月的滞后，这使得政府在向立法机关提交财政计划和预算之前有 8~10 个观测机会。虽然这些临时的月度数据并不详细，也并不稳定，比季度统计数据更需要修改，但是，它们可以帮助政策制定者提高效率，且帮助公众理解政府财政年度发展。

（5）提高财政预测和预算计划的准确性。财政预测的新标准可以提高未来财政报告的质量和一致性。该标准要财政预测将：覆盖最小时间范围和制度设置；说明财政预测相关的经济、人口和其他假设；说明新政策造成的影响，即使这些政策还有待立法或实施；提供主要收入、支出、部门和相关项目的明细，其中，支出按经济分类；提供上次财政预测以来发生的重大变动事项；分析政府政策对家庭的影响；经常提供在一个合理假设范围内的长期财政预测。

该标准还要求信息披露和分析财政风险：在各项宏观经济假设基础上提供财政方案；化解财政风险的声明，提供最大价值、概率和期望值，以及采取的化解风险行动的说明；说明这些风险在总体财政活动中如何被考虑的。

（6）调整统一政府预算、统计和会计的报告标准。国际标准的制定机构，如 IMF、UN、欧盟统计局、公共部门会计准则委员会等，应该努力统一政府预算、统计和会计的报告标准。希望能通过在国家层面上提高财政透明度和责任制来促使大多数国家合并政府预算、政府统计和会计的报告标准。

财政预测的标准包括现金制和权责发生制两个标准。给政府的财政预测，包括资产负债表预测，需要提供清晰的轮廓。以权责发生制为基础的财务统计和财务账户使用完全可比的编制标准，或有负债的衡量和损益的估值也应该和预算、统计和账户一致。当然，只有当相关的国家标准和制度用于产生一致的或合并的数据时，对几个国家的财政数据的前瞻性和回顾性进行比较才可能发生。

2. 加强对财政透明度实施的监督和激励

要提高财政透明度，不仅要求清晰的报告标准，还需要有效的监督和执行。能够推动财政透明度进程的力量主要有：（1）国际机构，如国际货币基金组织、世界银行、经合组织、国际标准制定机构（如国际会计师联合会（IPSASB）以及最高审计机关国际组织（INTOSAI））和民间社会团体（如 IBP 和最近财政透明度发起全球倡议（GIFT））等；（2）国家机构，如议会、最高审计机关、国家统计机构、独立的财政机构以及专业和民间组织；（3）区域机构，如区域联盟、货币联盟以及统计机构。

（1）财政透明度的国际监督。IMF 在 2007 年重新修订《财政透明度守则》，保留了财政透明度的四大支柱：责任和角色的澄清；公开预算程序；公众信息的可得性；真实性的保证。此外，还增加了一些新内容，如与私营企业合同的安排、公开预算的公民指南；长期公共财政的定期报告；公开政府资产买卖等。

今后需要采取的行动是：不断升级财政透明度守则，加强 IMF 和其他国家标准制定组织的联系，采用更专业、方便、基于风险的方法对财政透明度实践进行评估。

①更新财政透明度守则。更加重视综合公共部门，作为财政分析最基本的单位；更加系统地参考有关国际报告标准；在预算立法中，应明确政府担保和签署公私合作合同的权力；鼓励公开全部政府账户，包括覆盖了金融资产负债和非金融资产负债的综合资产负债表；合并财政预测、预算编制和财政风险报告的新标准；推动政府提供反映政府财务的

月度报告，在 6 个月内公开年度审计的财务声明；推动统一预算、统计和会计报告的标准，若有差异应该在对账表中列出；确保外部监督机构和公众有充分的信息来监督政府账户。

②应提供关于财政透明度基本的、良好的和最佳实践的具体说明。经修订的财政透明度守则也应提供关于财政透明度基本的、良好的和最佳实践的具体说明。差异化的财政透明度守则将会方便对财政透明度水平进行国际比较。

③IMF 也应该和其他国家国际标准的制定机构加强合作。在财政透明度守则和 ROSC 修订中加强实质性联系，使得预算编制、政府统计、政府会计和审计方面，符合相关国际标准。IMF 也应该在确定财政报告方面和标准制定机构、专业组织和公民社会组织进行合作。促进国际报告标准的一致；识别和解决财政透明度规范框架内的任何差距；审视这些标准执行的进展情况；确定在财政报告领域中技术援助的重点和互助的机会。

（2）国家或区域层面对财政透明度的监督。更高财政透明度的压力一般来自立法机关。尽管近年来，立法机关在财政政策制定方面的作用有所加强，但还在控制政府账户方面缺乏足够的信息、时间和权力。据最新一次 IBP 的调查，当每年的预算被提交讨论或审议时，立法机关并不总是有时间或资源来对它进行适当的检查。例如，超过 1/3 的国家的立法机关没有足够的时间来审议预算，有 3/4 的国家的立法机关没有足够的工作人员来分析预算①。

最高审计机关在检查政府财政信息方面发挥着重要作用，但是，它并不能总是很好地完成它的责任。一份没有公开的 IMF 对 50 个国家中关于预算制度的调查发现，1/3 国家的审计长没有义务提供关于政府账户是否真实公正地反映政府财务状况的说明。甚至当审计长发现政府账目或其他不规范的地方，只有不到 1/3 的国家规定政府有责任向立法机关和公众报告，指出这些错误如何被纠正②。

公民、公民组织和市场也是推动财政透明度的主要力量。获取信息

---

① International Budget Partnership, 2012, Open Budget Survey. Available via the Internet: http://internationalbudget.org/what-we-do/open-budget-survey/full-report/.

② International Budget Partnership, 2010, Open Budget Survey. Available via the Internet: http://internationalbudget.org/what-we-do/open-budget-survey/full-report/.

是公民了解政府如何运用其权力制定财政政策的前提。预算是政府把政策向实施转化的主要工具，它应该向全体公众公开。但是，只有27个国家公开了公民预算，29个国家公开了年中预算审查。市场也是推动财政透明度的重要力量，但是，缺乏容易获得的关于财政透明度实践的跨国数据，是公民社会组织、企业和其他利益相关者推动财政透明度的一大障碍。此外，大多数国家很少给公众提供参与预算的机会，这一指标的平均得分只有在2012年只有19分，甚至有8个国家根本没有给公众参与提供任何机会。

国家机关在促进财政透明度过程中的作用主要依靠它们的法律地位、资源和能力。为了履行它们的职能，审计机关、统计部门和独立的财政机构应该：

①独立于政府机关。这要求这些机构是按照宪法或基本法来设立的，部门负责人应该给予职业道德来选择，任期固定或由立法机关来决定，除非犯有严重错误不得解除职务。这些机构的预算应当按中期来拨款，避免资金受到中途干扰。这些机构应该直接向立法机关和公众报告信息，而不需要通过政府部门。

②在公共财政管理周期内有明确的角色。最高审计部门应被要求向立法机关提交关于政府账目的正式审计意见。统计机关关于政府财政统计的责任和程序应该公布；财政委员会应该就它们关于政府绩效的事前和事后的分析都应该由清晰的职权范围。职业团体应该在保证政府账目质量方面发挥作用。

③法律授权可以控制政府账户。政府应该：应议会的财经委员会要求出席作证；回应审计长的建议；有责任向统计部门提供关于政府活动的必要数据；承认财政委员会对政府财政绩效的裁决；确保有关政府财务人员持有从业资格证明，并使他们诚信处事。

区域合作组织可以帮助提高财政透明度。例如欧盟、西非经济货币联盟和中非经货共同体等通过接受共同的制度安排，来协调成员国预算法律、预算科目分类、账目表格和财政报告的格式，区域合作组织也建立了跨国的监督机构，以督促成员国实施这些要求。

（3）对财政透明度推动应实施更加有效的多边监督。IMF对国家财政透明度实施评估的有效性还需要加强。应该加强对公开的财政信息质量的评估。对财政报告的某一方面，不仅要评估它是否符合财政透明度守则的要求，还要看是否是对公共财政真实状况的准确反映。在这样做的时候，不仅要评估不符合准则造成的后果，还要评估公开真实的财政信息造成的影响。

①应该重点评估财政风险的关键领域，而不是对财政透明度守则的所有方面都设置相同的权重。倾向于特殊部门（如公共企业）、财政报告方面、决策方面（如财政风险的披露和管理）的评估。

②提供更加实质性的分析，而不是仅仅看现有的法律法规和公开的文件是否符合《财政透明度守则》的要求。修订后的ROSCs应检验公开的财政数据是否给政策制定者、公众和国际社会提供了反映公共财政状况和风险的充分信息，以及违背《财政透明度守则》对财政产生的影响。

③提供关于国家财政透明度实践可改进的、可比较的评估，而不是用财政透明度最佳做法来衡量所有国家。修订后的ROSCs应以分别以符合财政透明度守则基本要求的、良好要求的和最佳做法的为基础，来评估各国的做法。还应该提供一份描述国家财政透明度概况和与其他国家比较的简要总结。ROSCs应整理一份按重要性排序的财政透明度实施计划，以方便政府机关、IMF和公众来监督ROSCs提出建议的实施情况。

此外，还应该加强各国财政透明度实践的宣传。各国财政透明度实践方面的信息应该在各国政府网站上公开，但是，目前还没有持续更新的关于各国财政透明度实践的信息。IMF公共事务部想提供一个能够经常更新的、可在网上获得的反映各国财政透明度状况的指数。

2.2 后危机时代中国的财政透明度进程

一般认为，我国真正意义上的财政透明度进程应该是从20世纪90年代末开始的①。1999年6月，国家审计署在第九届全国人民代表大会常务委员会第十次会议上所做的《关于1998年中央预算执行情况和其他财政收支的审计工作报告》第一次较全面地指出中央预算执行过程中

---

① 王雍君：《全球视野中的财政透明度：中国的差距与努力方向》，载于《国际经济评论》2003年第7期，第34~39页。

存在的一些严重问题。报告向社会公开后，引起社会各界的强烈反响。随着1998年起构建公共财政框架改革的启动和深入，部门预算、国库集中收支、政府采购、政府预算收支科目、绩效评价等改革也不同程度地推进了我国财政透明度的进程。此外，始于20世纪90年代末的政务公开也让越来越多的社会公众体会到了透明行政的好处。

但是，由于这一时期并没有专门的法律法规要求政府部门向社会公众公开财政信息，政府部门完全可以根据自身的需要来自发推动财政透明度。各级政府每年向社会公开的只是上年政府预算执行结果和本年政府预算计划的总结，以及汇编成书的政府财政统计资料。这样的财政信息公开内容与国际社会的要求相距甚远，结果在普华永道于2001年发布的关于"不透明指数"的调查报告中，我国在所调查的35个国家和地区中被列为透明度最低的国家[1]，在2008年IBP发布的《预算公开指数》中，我国得分仅为14分，在85个被调查国中名列第64位[2]。

随着我国市场经济改革的不断深入，公共财政理念的逐渐形成并贯彻落实，加上受到国际货币基金组织发布的《财政透明度准则》及其他国际组织推动财政透明度的影响，国内学术界逐渐开始关注并研究财政透明度问题，宣传财政透明度的思想。一些经济发达地区的人大代表和公民也公开提出加强财政信息公开的倡议，例如，广东省的人大代表早在2003年就提出"透明钱柜"的问题；深圳的吴君亮创办了"中国预算网"，宣传预算公开的知识等。在从政府到学界到社会公众的共同努力下，推动财政透明度法制建设的条件逐渐成熟。2008年5月1日，《中华人民共和国政府信息公开条例》的颁布实施，成为我国正式全面推动财政透明度的开始。在《政府信息公开条例》的要求和保障下，各级政府、立法机关和社会各界人士展开了不同程度的推动财政透明度的行动。

---

[1] 王雍君：《全球视野中的财政透明度：中国的差距与努力方向》，载于《国际经济评论》2003年第7期，第34~39页。

[2] Open T, Survey B. Open Budgets. Transform Lives. The Open Budget Survey 2008. IBP, Center on Budget and Policy Priorities, Washington DC, 2008.

2.2.1 各级政府的推动

1. 中央政府

2009年2月，国务院国有资产监督管理委员会公布了《国务院国资委国有资产监督管理信息公开实施办法》，对国资委所应公开信息的方式和程序等做了规定。2009年3月，财政部于两会后的第一时间在财政部门户网站上公开了中央财政预算，包括2009年中央财政收入预算表、2009年中央财政支出预算表、2009年中央本级支出预算表以及2009年中央对地方税收返还和转移支付预算表。2009年12月，全国人大常委会第三次审议《社会保险法草案》，草案规定，全国社会保障基金应当定期向社会公布收支、管理和投资运营的情况；国务院财政部门、社会保险行政部门、审计机关对全国社会保障基金的收支、管理和投资运营情况进行监督。

2010年，财政部再次就进一步做好预算公开出台了指导文件，对下一步做好预算公开和依申请公开工作提出了新要求，特别是进一步明确了预算公开的主体原则，完善了预算公开的责任机制。2010年，财政部向社会公开了2009年全国预算执行情况、2010年预算草案报告以及中央财政预算表格，进一步扩大公开范围，细化预算内容，74个中央部门也向社会公开了部门预算。

2011年3月，国务院常务会议决定，在向全国人大常委会报告中央财政决算时，将"三公"经费支出情况纳入报告内容，并向社会公开。2011年8月，中共中央办公厅、国务院办公厅出台了《关于深化政务公开加强政府服务的意见》，要求各级行政机关要严格执行《政府信息公开条例》，主动、及时、准确公开财政预决算、重大建设项目批准和实施、社会公益事业建设的等领域的政府信息。各级政府财政总预算和总决算，部门预算和决算，以及政府性基金、国有资本经营等方面的预算和决算，都要向社会公开。公开内容逐步细化到项级科目。2011年11月，国务院法制办公布了《机关事务管理条例（征求意见稿）》，要求县级以上人民政府应当建立健全机关运行经费支出统计报告、绩效考评和公开制度，定期公布机关运行经费的预算、决算和绩效考评情况。到 2011 年，财政部已公开了《关于 2010 年中央和地方预算执行情况与 2011 年中央和地方预算草案的报告》及中央财政预算 15 张表格，2010 年中央财政总决算和"三公"经费预决算，同时，92 家中央部门公开了部门预算和决算，99 家中央部门公开"三公"经费预决算。

2014 年 4 月，国务院办公厅印发了《2014 年政府信息公开工作要点》，要求加大预算公开的力度，让财政资金"在阳光下运行"。

2. 地方政府

2009 年 10 月，广州市首次在网上公布了全部 114 个政府部门的预算，上海市财政局颁布了《关于进一步推进区县预算信息公开的指导意见》，要求下属区县公开政府预算、部门预算、政府采购等七项财政收支信息。上海市闵行区从 2008 年开始面向社会公众就财政预算项目举行公开听证。

2011 年 7 月，北京市政府向市人大常委会所做的 2010 年市级决算报告中，首次公开了"三公"经费，在 8 月份，北京市 44 个政府部门陆续在官网上公开了 2010 年的"三公"经费及说明。天津市于 2011 年 12 月，颁布了《关于进一步做好部门预算公开工作的通知》，明确从 2012 年起，各部门要公布"三公"经费。广东、上海等省市也随后公开了"三公"经费。

2.2.2 人民代表大会的推动

1. 预算法修订

现行《预算法》是 1994 年通过的，当时刚刚实施市场经济体制，分税制刚刚开始，行政机构、纳税人对公众和政府的关系，对预算均缺乏足够的认识和理解，政府预算被认为是政府宏观调控经济和管理社会的工具，而不是公众监督政府的工具。那部法律是适应建立市场经济的客观要求而创制的，当时具有鲜明的时代特征和中国特色，对促进建立与社会主义市场经济相适应的、具有中国特色的财政体制和国家宏观调控体系发挥了应有的作用。

但是，随着市场经济的深入发展，很多问题和弊端就很快出现了，例如财政支出未完全纳入预算统一管理；预算管理权限的划分存在缺陷；预算审批流于形式；预算执行随意性过大；预算监督乏力；地方政府举债不在预算中反映，造成债务监督失控，成为财政的隐性风险。而且，近年来国家在推进部门预算、国库集中收付、收支两条线、政府收支分类和预算公开等改革方面积累了一些成功经验，也需要用法律的形式确定下来。法律与现实脱节的问题再也难以回避，预算法的修订迫在眉睫。

1997年全国人大即动议修改。但直到2004年，修法才正式启动，全国人大成立预算法修改领导小组和起草小组，起草小组成员单位包括财政部、国家发改委、审计署等。2006年，全国人大常委会预算工委牵头起草了预算法修正案第一稿。这一修正案吸收借鉴了较多国外预算制度的先进经验，强调了对政府部门财政收支预算及执行的限制和监督，是一部比较接近现代民主政治精神的草案。但是最终因分歧太大而搁置。

2009年，十一届全国人大决定重启预算法修法进程。2009年2月，全国人大常委会预算工委、财政部、审计署等部门成立预算法修改领导小组。这次重启预算修法，与上次有很大不同，先由全国人大预工委和财政部分别起草一份草案，最后在2010年"拼出"一个双方共同认可的初稿。2011年，十一届全国人大常委会第24次会议对草案进行了初次审议，2012年6月二审，草案通过中国人大网向社会公开征求意见，共有1.9万人提出了33万条意见。但是，学者们普遍认为《预算法》二审稿更像一个政府内部行政工作条例，极大地反映了财政系统的部门利益，而忽略预算法制的特性。一方面，立法宗旨都没有变，还是强化政府的预算管理权，强化预算的宏观调控职能，没有强调预算怎么规范监督。另一方面，写有"由国务院另行规定"字样的"授权立法"条款过多，多达15条。这使得原本属于人大及常委会的审查、审批及监督权，最后也以各种形式授权给了政府。到这时，预算法修订进入僵局，解决问题的希望被寄托在党的十八届三中全会上，寄望于体制改革重塑新格局。

2013年11月召开的党的十八届三中全会把财政定位为"国家治理的基础和重要支柱"。在财税体制改革方面，十八届三中全会提出的首要任务就是改进预算管理制度，实施全面规范、公开透明的预算制度。

党的十八届三中全会为从根本上深化预算改革、建立现代预算制度明确了指导思想。2014年4月21日，十二届全国人大常委会第八次会议启动对预算法修正案草案第三次审议程序。全国人大常委会组成人员在审议草案三审稿时强调，中央要求把权力关进制度的笼子，预算制度就是其中一个笼子。通过修法，要建立最严密的预算制度，防止权力滥用。

2014年8月31日，十二届全国人大常委会第十次会议以161票赞成、2票反对、7票弃权表决通过全国人大常委会关于修改预算法的决定。新修订的预算法对预算公开进行了规定，提高政府财政透明度有了明确的法律依据。

2. 保密法的修订

《保密法》是我国政府信息公开及财政公开的一个关键性法律，因为一旦被认定为"国家秘密"，政府就可以不公开了，而且如果泄露了有关信息还要追究法律责任。1989年起实施的《保密法》第8条规定了国家秘密的基本范围："（1）国家事务的重大决策中的秘密事项；（2）国防建设和武装力量活动中的秘密事项；（3）外交和外事活动中的秘密事项以及对外承担保密义务的事项；（4）国民经济和社会发展中的秘密事项；（5）科学技术中秘密事项；（6）维护国家安全活动和追查刑事犯罪中秘密事项；（7）其他经国家保密工作部门确定应当保守的国家秘密事项。政党的秘密事项中符合本法第2条规定的，属于国家秘密"。

可见，《保密法》规定的国家秘密范围非常宽泛，其真正具有法律意义的是其第7条，即由国家保密部门确认的即为秘密。而国家年度预算、决算草案、全国财政收支等财政信息曾一度被保密部门确定为"绝密级"事项，《保密法》的修订是提高财政透明度的必由之路。修改《保密法》的动议在1995年即提出，2010年4月28日，全国人大常委会通过了新修订的《保密法》，2014年1月17日，国务院颁布了《保密法实施条例》。尽管《保密法》及其《实施条例》尚未对"国家秘密"范围的界定做任何实质性修改，但是，《保密法》第4条规定："法律、行政法规规定公开的事项，应当依法公开。"《实施条例》进一步规定："机关、单位不得将依法应当公开的事项确定为国家秘密。"这也为《政府信息公开条例》《预算法》及国务院、财政部制定的财政信息公开要求提供了法律保障。

2.2.3 社会力量的推动

1. 学术界的努力

自从 2008 年《中华人民共和国政府信息公开条例》颁布实施以来，学术界不仅加强了对财政透明度的理论研究，更试图从实践中探索推动我国财政透明度发展的路径。主要做法是，通过对当前政府信息公开的评估，来推动政府进一步提高财政透明度、培育全社会的透明公开的意识。实践团体主要包括：上海财经大学公共政策研究中心、清华大学公共管理学院、中国社会科学院和北京大学等。

上海财经大学公共政策研究中心从 2009 年开始推出《中国财政透明度报告》，每年对我国 31 个省的财政透明度作出评估和比较分析。清华大学公共管理学院从 2012 年开始，每年对我国市级政府的财政透明度状况进行评估，并发布《中国市级政府财政透明度研究报告》。

从 2010 年起，中国社会科学院法学所开始发布《中国政府透明度年度报告》，该报告每年对国务院部门和地方政府部门实施政府信息公开的情况进行测评。2013 年，该机构还对法院和检察院的信息公开状况进行了测评，并对政府采购透明度进行专题调查。

从 2009 年开始，北京大学公众参与研究与支持中心联合多个科研机构联合推出《中国行政透明度观察报告》，每年对国务院下设的 43 个机构、全国 30 个省级政府以及河北、吉林、陕西、上海、广东、四川下属的所有地级政府执行《中华人民共和国政府信息公开条例》的情况进行了观察和评估。该中心还发布《政府信息公开年报研究报告》，对中国 31 个省级行政单位、83 个国务院下属机构、50 个较大的市，共计 164 个政府实体发布的 418 份《政府信息公开工作年度报告》进行观察和评估。

2. 社会公众的努力

社会公众是推动财政透明度的重要力量。《政府信息公开条例》将政府信息公开分为主动公开和依申请公开两种方式，公众参与推动财政透明度的活动的主要方式就是向政府部门申请有关信息公开。例如，2009年1月，上海律师严义明向财政部和发改委申请"4万亿元"投资计划进展情况。2009年2月，北京律师杨惠文向国家发改委申请"4万亿元"投资计划信息公开。河南省南阳市公民王清向该市181个政府部门申请信息公开，要求公开本单位上年度专项资金经费使用情况。广州市民李德涛向广州市财政局申请公开政府部门预算等。

此外，当公众向政府部门申请信息公开未果时，由公众提请政府信息公开诉讼也在一定程度上扩大了公众参与政府信息公开的影响。例如，2009年，当上海律师严义明在法律框架内走完了申请信息公开的整个过程后未得到满意答复，他向发改委申请行政复议，遭发改委驳回后，严义明又向北京市第一中级人民法院递交行政诉讼，得到不予受理的答复。之后，严律师向北京市高级人民法院提起了上诉。这一系列申诉过程引起了全社会对于中央政府"4万亿元"投资计划的关注，最终也带来了政府部门积极的回应。

推动政府部门的财政透明度实际上不亚于政府部门的自我革命，尽管初步建立起了相关的法律法规体系，但是，在制度建设和技术发展不成熟的时候，我国的财政透明度并没有像我们希望的那样迅速提升。根据IBP的《开放预算调查》按百分制来打分，我国的预算透明度2008年是14分，2010年是13分、2012年是11分，2014年是14分，属于透明度较低国家行列，这一结果和我们的感觉有些不一样，因为这段时间是我国关于财政透明度的一个发展时期，但从国际标准来看，我们的进步并不明显。这其中有国际评分标准日趋严格的原因，但更主要的是我们的改革距离国际标准还有着较大的差距。

2.3 中国与国际组织关于财政透明度发展的耦合与嬗变

前文我们分别阐述了国际社会和我国推动财政透明度的进程，从财政透明度建设本身来说，它是一个良好的财政管理的手段，从这个角度看，它应该是一个国际化、一般化的概念。但是，财政透明度又是一国或地区自身财政管理的问题，同时又具有国家或地区自己的特点。而且，财政本身是一个综合性的概念，既涉及经济，又涉及政治，这一特殊性也使得在推动财政透明度过程中，很难有个统一的标准来适用于世界各国和地区。因此，我们发现，我国的财政透明度进程与国际社会并不一致，存在耦合与嬗变。

2.3.1　我国财政透明度进程深受国际社会的影响

国际社会是从1997年的亚洲金融危机之后，开始大规模推动财政透明度建设的。主要方式是制订财政透明度标准、衡量各国财政透明度状况以及为各国提高财政透明度提供技术和智力支持，例如国际货币基金组织（IMF）、经济合作与发展组织（OECD）、世界银行（WBG）以及国际预算项目（IBP）等都制定了各自的评价标准。当世界各国和地区开始接受它们的标准和要求时，每个国家在推动财政透明度时都不可避免地打下它们的烙印。

国内学术界是最早关注财政透明度问题的，出于跟踪学术前沿和为国内经济社会决策服务的目的，国内研究机构及学者们对国际组织制定财政透明度标准引进并展开讨论。财政部科学研究所早在2001年就翻译并出版了国际货币基金组织编写的《财政透明度手册》，研究者们主要借助于该手册比较分析我国的财政透明度状况，这些成果为社会公众了解我国财政透明度状况提供了资料。2008年，《政府信息公开条例》实施之后，各学术团体对我国省、市级政府的财政透明度展开调研，基本上也是借鉴了国际社会制定的标准。应该说，正是在国际社会推动财政透明度的大背景下，财政透明度的理念逐渐被社会各阶层熟悉并认同，我国财政透明度状况才能在不断地与国际社会的比较、学习与交流下逐渐提高。

尽管我国还没有进行IMF制定的《财政透明度标准和准则的遵守情况报告》（ROSCs）评估，但是，从2002年开始，我国就按照国际货币基金组织数据公布通用系统（GDDS）不断改进统计数据编制和发布制度。2015年10月6日，中国人民银行行长周小川正式通报中国采纳国际货币基金组织数据公布特殊标准（SDDS）的决定[①]。这标志着我

---

① 新浪财经：《重大进展中国正式采纳IMF数据公布特殊标准》，http：//finance.sina.com.cn/stock/usstock/c/20151008/022423414322.shtml，2015年10月8日。

国已完成采纳 SDDS 的全部程序,将按照 SDDS 标准公布相关统计数据。SDDS 与 GDDS 框架基本一致,但 SDDS 对数据覆盖范围、公布频率、公布及时性、数据质量、公众可得性等方面要求更高,并且需按标准公布实体经济、财政、金融、对外和社会人口五个部门的数据。采纳 SDDS 有利于我国提高宏观经济统计数据的透明度、可靠性和国际可比性;有利于国际社会和公众对中国经济的深入了解,有助于提升我国参与全球经济合作水平。采纳 SDDS 是我国在完善统计体系、提高财政透明度方面所取得的又一重大进展。

2.3.2 我国财政透明度发展的自身特点与缺陷

从我国推动财政透明度的进程看,我国遵循的是渐进式的、稳步推进的策略。这和我国现在还处于财政信息公开的初级阶段,需要有我们自己的推动策略和要求相吻合的。

国际社会是从预防金融风险的角度来推动财政透明度的,希望能够通过公开财政信息,加强国际合作,减少财政风险。从不同国际组织制定的财政透明度标准看,基本上是从发达国家现有制度和技术的角度出发的,重在财政信息公开的技术改进。相比较发展中国家,发达国家无论在财政透明度的制度建设上,还是管理技术上都有着较高的水平。这使得这些国际组织制定的财政透明度标准很难直接适用于像我国这样的发展中国家。因此,在推动财政透明度的进程中,我国不可能按照国际社会的要求迅速提升财政透明度,而是必须从自身国情出发,制定稳定推进的策略。

实际上,财政透明度改革在我国当前更重要的意义在于规范政府行为,将权力关在制度的笼子里,换句话说,我国目前尚处于财政公开制度建设阶段,还没有达到关注财政信息公开技术革新的阶段。而制度建设最大的困难在于,财政透明的管理理念和传统"官本位"财政管理理念的冲突。中国两千多年的封建专制使得官本位这种思想意识已经深入社会的方方面面,即使经历了市场经济改革的洗礼,这种"官尊民轻"的思想一时还难以根除,而且,这种思想越到基层政府,表现得越严重。因此,在我国推动财政透明度的过程中,尽管是中央政府"自上而下"地推动,财政透明度水平的提升却是非常缓慢的。另一方面,我们也发现在推动财政透明度过程中,社会参与力量还是很薄弱,目前主要集中于学者、律师、学生及少量的普通公众,大多数人还是扮演"旁观者"的角色,被动地等待财政透明度的提高。这种"曲高和寡"的局面很难形成推动力,促使政府部门改变其观念,积极提高财政透明度水平。当然,这两个方面有其必然的联系,正是因为"官本位"意识太强,结果导致公众参与意识薄弱,反过来又延缓了我国财政透明度的进程。

2.3.3 综合情境下我国财政透明度发展的根本要求

应该说,国际社会对财政透明度问题的重视及推动,为我国提高财政透明度营造了良好的氛围。在经济全球化的时代,国际潮流往往是各国都需要遵守的规则,因此,国际交流与合作在一定程度上也会促使我国在财政信息公开方面在制度上和技术加快革新步伐。

党的十八届三中全会后,我国财政透明度的制度建设进程加快,以透明预算为主要内容的现代财政制度的提出,加入了预算公开要求的新《预算法》的实施,以及配合新《预算法》实施的国务院、财政部颁发的各项制度的出台,有力地推动了我国财政透明度发展。但是,"官本位"和社会参与问题的存在,使得目前财政透明度发展面临的困境是:尽管制度在不断地完善,各级政府也在不断地强调财政透明度的意义,但无论是从中央还是省、市级政府考察,我国现在的财政透明度状况都不尽如人意。因此,要提高我国财政透明度水平,必须从这两个方面入手。而这两个问题表现最突出的都在基层政府。

基层政府是中央政府委托代理链条中的末端,直接面对政府所要服务的对象,换句话说,基层政府实际上掌握着中央政府各项政策决议的最终执行权,如果基层政府财政信息公开出现了问题,我国财政透明度水平就会大打折扣。而社会公众每天打交道最多的也是基层政府,最能够感受到基层政府财政透明度的情况以及由此产生的各种社会影响,如果社会公众对此漠不关心,则财政透明度建设就失去了根本的动力和支持。因此,关注基层政府财政透明度的提高,是我国提高财政透明度的根本实现路径。

2.4 本章小结

财政透明度是一个良好财政管理制度的代表,它通过提高预算资源配置的效率和公平,创造可持续的财政环境,来提高财政绩效。自从1998年国际社会推动财政透明度进程以来,各国在财政信息公开方面已经有了不同程度的进展,尤其是发达国家,一度给人们的印象是财政透明度已经达到了很高的水平,国际社会的努力主要是针对新兴市场经济国家和发展中国家的。但是,2008年爆发的金融危机却提醒我们,即使在发达国家,财政信息披露的漏洞依然存在,并在一定条件下会爆发而产生巨大的财政风险。这一方面是由现有的国际标准和规范不足造成的,另一方面也和国际社会及各国在推动财政透明度进程过程中的动力不足有关。这些缺陷同样在发展中国家存在,包括我国,并影响着它们对财政透明度的持续推动的能力和信心。这些问题将促使国际社会必须加强财政透明度的建设。今后,要在财政透明度的标准和准则的及时更新、评价方法的科学实用以及加强国际、区域、国家层面的监督和激励机制三个方面努力推动。这不仅是发达国家应该注意的问题,也是包括我国在内的发展中国家今后在推进财政透明度进程中即将面临和解决的问题。

我国在2008年金融危机之年开始了全面推动财政透明度进程,《政府信息公开条例》的实施和新《预算法》的修订及颁布,极大地推动了各级政府财政透明度水平和激发了全社会对财政透明度建设的热情。但是,与国际社会侧重于防范金融风险不同,我国发展财政透明度的重点则是借此规范政府权力、保障公众权益。当前,我国还处于制度完善阶段,按照国际社会制定的财政透明度标准衡量,我国财政透明度水平还处于较低阶段。这主要是由于"官本位"思想的存在和社会公众参与不足导致,而这一问题的解决关键在于基层政府。因此,解决基层政府的财政透明度问题将是我国提高财政透明度水平的必由之路。

第 3 章　我国基层政府治理与财政透明度问题

财政透明度是良好财政管理的一个方面，是促进政府决策效率，保障政府和官员承担起应负责任的一种方法①。从这个角度看，财政透明度建设本身就是一个政府治理的问题，关系到政府治理的方式。而治理强调为实现对公共事务的良好管理，需要各种社会主体的合作与协商。那么，如何才能让公众配合政府加强对社会事务的管理呢？保证公众的知情权，让公众了解到政府是怎么花公共资金来为公众办事的，是一个很好的切入点。因此，一个合理的逻辑就是：通过提高财政透明度来提高政府治理能力，或者用治理的思维来看待财政透明度问题。

这一认识在基层政府有着重要的意义。基层政府是国家政权的基础，是最能反映社会公众需求的一级政府。公众对政府的执政理念、执政效果以及政治体系合法性、政治制度合理性的认识与认同，相当程度上也是通过基层政府的施政行为获得的。因此，在基层政府，如果能够提高财政透明度，对于维护公众利益，稳定社会秩序，提高政府治理能力是一个直接的推动。

3.1　我国基层政府管理变革的历史演进

我国现行的政府组织架构是中央、省、市（地区）、县（市）、乡（镇）五级政府。一般认为，乡（镇）一级政府作为我国最低级次的政府机构，应该是基层政府。但是，从一级政府应具备的权力结构和运行

---

① 国际货币基金组织编著，财政部财政科学研究所整理：《财政透明度》，人民出版社2001年版。

机制来看，目前的乡（镇）政府并不符合独立一级政府的要求，而是更适合作为县级政府的从属组织或代理机构存在。因此，实际情况是县（县级市、区）和乡镇政府共同构成了实质意义上的基层政府。在我国，县乡虽然属于基层政府，但本身的规模却并不小。例如东部省区的大县人口往往超过了100万，而西部省区的县域面积有的甚至超过10多万平方公里。这样的人口和地域规模说明：基层政府的治理本身就具有重大的政治和经济意义，基层政府治理问题不容小视。

基层政府治理本质上是政府依托国家公共权力向基层政府进行渗透并订立规则的过程[1]。在这个过程中，公众对政府信任度对基层政府的治理能力有着决定性的影响。当然，从逻辑上看，政府与公众的关系远不能简单地用信任与否来表达。罗素·哈丁认为政府与公民的关系实际上更多应该是一种归纳预期的关系，而不是一种信任关系[2]，因为公众与大多数官员平时都没有保持适当的联系，也就无法准确做出信任与否的结论。按照近代政治哲学的理解，政府的建立实际上是公民和社会两害相权取其轻的无奈选择，正是公民对政府的不信任构成了现代政府法制化和民主化的政治框架。而彼得·什托姆普卡[3]认为"信任是民主政治的产物，而又可以帮助维持民主政治"。例如，政府允许民间社团政治的发展，就表明政府对公民自治是信任的，而这种信任又会提高政府自身的公信力。在现代国家治理体系下，对政府的认同是实现善治的基础。这种社会认同不仅需要在自上而下的政府施政过程中反映，更重要的是要表现在对公众权利的认可及有效推动上下有序协作的过程中。进入市场化改革以来，我国基层政府治理变革的演进也体现出了这一特点。

3.1.1 从"政府控制"到"政府主导"

我国传统的政权形态是"皇权不下县"，"在州县级以下没有任何

---

[1] 陈浩天：《从治理到善治：基层政府治理嬗变的现实图景与国家整合》，载于《湖北社会科学》2011年第11期，第41~44页。
[2] [美]马克·沃伦：《民主与信任》，华夏出版社2004年版。
[3] [波兰]彼得·什托姆普卡：《信任：一种社会学理论》，中华书局2005年版。

类型的正式政府存在"①，县以下实行乡村自治②，乡村"是没有品官的自治区"③。作为直接面对乡村社会的基层政权——县（州）一级来说，其主要任务仅是代表皇权完成国家的征税、劳役或兵役，日常事务简单。而广袤的乡村社会无需也无法加以过多的限制与管理。因此，传统社会"尽管也存在国家，但是其行政机构并没有成功地在其领土范围内垄断并合法使用暴力的权力，从而加以有效的统治。"④

而现代国家的核心是主权，政府以主权范围为依据，将社会整合进国家政治权力之内，形成了"全能主义"国家的管制模式。新中国的成立是我国真正进行现代国家构建的开始。尤其在计划经济时期，政府高度集权，无所不管，其权力机构遍布国家的每一个角落，甚至包括以前从未达到过的乡村。改革开放以后，市场经济放权让利式的改革打破了这种管理模式，政府不再是无所不管，而是重新回归"有限政府"，开始探索政府与市场"共治"的公共治理格局。

在乡镇基层政府构建上，1982年，我国恢复了乡镇建制作为农村基层政权组织，设立了村民委员会作为基层群众性自治组织。1998年，开始了以公推民选乡镇长为核心的干部制度改革。1998年5月12日和9月17日，中共遂宁市中区委先后做出了在保石镇、东禅镇、莲花乡、横山镇进行党委书记和乡镇长公开推选的决定，在全国首创乡镇直选。1998年12月，步云乡采取村民直接投票的方式选出了乡长；1999年1月至4月，深圳市政府派出工作队赴现场指导大鹏镇进行了"两推一选"式镇长选举；在2005年宿迁市泗洪县等地试点的基础上，江苏省在2006年全省乡镇党委换届选举中大面积推行"公推直选"，全省70%乡镇通过"公推"产生党委书记；云南省红河州在总结2004年泸西县10个乡镇"公推直选"乡镇党委班子经验的基础上，于2006年初在全州2市10县（除泸西县）126个乡镇全面推广"公推直选"。通过直选乡镇长的制度实验，落实了公众的选举权，逐步增强了村民参与公共治理的权力。

---

① ［美］罗伯特·达尔，李柏光等译：《论民主》，商务印书馆1999年版。
② 瞿同祖：《清代地方政府》，法律出版社2003年版。
③ ［美］塞缪尔·P·亨廷顿：《难以抉择——发展中国家的政治参与》，华夏出版社1989年版。
④ ［美］加布里埃尔·A·阿尔蒙德、小G·宾厄姆·鲍威尔，曹沛霖等译：《比较政治学——体系、过程和政策》，东方出版社2007年版。

在城市的基层政府建设上，1989 年，《中华人民共和国城市居民委员会组织法》颁布实施，规定由居民委员会组织城市居民依法办理群众自己的事情。1999 年，民政部出台政策明确提出社区自治概念，并在武汉、南京等城市的 26 个城区建立国家级社区实验区，以推动实现由社区行政化管理向社区自治转变。到 2007 年，党的十七大将基层群众自治制度纳入我国要坚持和完善的基本政治制度中，正式形成了以农村村民委员会、城市居民委员会和企业职工代表大会为主要内容的基层民主自治体系，乡镇等基层政府的自治性一定程度上得到了制度保障。

但是，基层群众自治和政府行政管理一样，都是在我国总体政治框架下运行的治理形式。虽然两者具有统一的社会目标——社会治理，但是，由于在内在驱动、价值选择和运作机制上各有不同，再加上行政治理主体的控制和自治主体局限，使得它们在协调运作时还面临诸多障碍，无法实现基层公众真正由自己来进行公共管理。例如，在农村，《村民委员会组织法》（1998 年修订）和《中国共产党农村基层组织工作条例》（1999）的贯彻落实，使得农村权力配置出现"二元混合结构"[1]，既有村民自治组织，又有党的基层权力机构，而由村民选举的村民委员会和上级党委任命的村党支部关系难以协调，使村民自治难以真正实现。而在直选乡镇长、乡镇党委书记的改革试点地区中，最后取得成功并在更大范围内进行推广的几乎没有，有的不得不中途叫停。2003 年，西部经济重镇重庆市城口县坪坝镇，直选镇长的试点即将进行到投票阶段，结果被上级政府突然叫停，改革的主导者也被停职[2]。在城市，我国社区的自然边界和行政边界往往也是交叉的，街道办事处直接处于基层社会再组织第一线，通过职能科室直接领导居民委员会，居民委员会空有自治之名，难有自治之实，离真正的居民自治组织还有较大距离。这需要在进一步深化市场化改革中进行改进。

---

[1] 白钢：《中国基层治理的变革》，http：//www.aisixiang.com/data/25473.html，2009 年 3 月 13 日。

[2] 冯建华：《乡镇长直选》，http：//www.china.com.cn/chinese/zhuanti/qkjc/741843.htm，2004 年 12 月 29 日。

3.1.2　基层政府的分权化改革

在构建和谐社会的背景下，基层政府由于受到自身财力和职能的制约，要单独完成对基层社会的治理非常困难，客观上需要其他社会和民间自治组织共同承担治理责任。更主要的是，在处理基层社会频发的维权性矛盾时，需要基层政府及时转变治理思路，通过基层单位的自治和民主试验，疏导民意和压力，舒缓来自社会底层可能造成既有体制的紧张[①]。近年来，基层政府治理进行的试验性变革也体现了这一要求。

1. 浙江省"温岭模式"

1999 年，浙江省温岭市（县级市）在松门镇进行民主恳谈试验，2005 年起，新河镇和泽国镇又将民主恳谈与人大制度相结合，率先在国内进行了参与式预算改革，温岭的这种以民主恳谈为核心的基层民主实践被国内学者称为"温岭模式"。

温岭模式的发展可分为三个阶段：

（1）创始阶段（1999~2000 年）。这一阶段的民主恳谈是一种对话机制：与群众进行平等对话、听取现场意见、现场答复、事后办理。1999 年 6 月 25 日，第一次民主恳谈会在温岭市松门镇举办，就某一特定的公共问题领导干部和农民进行面对面的沟通。除乡镇人大代表、政府部门代表和村民代表外，群众均可自愿参加。领导小组将群众在会上提出的问题和政府所承诺的事项落实到相应的单位和个人，并将完成情况以书面形式反馈到提问者本人，同时在镇、村的政务公开栏上公开落实。

（2）成熟阶段（2001~2004 年）。这一阶段将民主恳谈引入基层重大事项的决策管理过程，以听证决策制度和村民议事制度为基础，使民主恳谈从一般的对话，解决单个群众的问题，成为人民群众进行基层社会事务管理的平台。2001 年，温岭的一些乡镇开始以民主恳谈的方式就某些重大的决策议题征求公众意见。镇一级的决策程序如下：政府提出初步意见、方案，听取群众意见。对多数群众反对或意见分歧较大的

[①] 燕继荣：《中国的改革：另一种民主化经验》，载于《人民论坛》2007 年第 8 期，第 20~21 页。

事项，暂缓决策，再次听取群众意见后再作决策。

（3）参与式预算阶段（2005年至今）。这一阶段是人民群众以民主恳谈为主要形式参与政府年度预算方案协商讨论，人大审议政府预算并决定预算的修正和调整，实现实质性参与的预算审查监督。2005年，新河镇和泽国镇率先将民主恳谈和人大制度相结合，在国内实践"参与式预算"。在这次人代会上，镇政府邀请所有代表和部分公众对政府预算发表看法和提出修改建议。2006年，新河镇首次在人代会上行使预算修正权。从2008年开始，温岭市人大将预决算审查监督的所有信息，包括审计工作报告在网上公开。2010年，"参与式预算"在全市11个镇和5个街道全面推行。

浙江省温岭市"参与式预算"实践引起了全国人大关注，全国人大常委会调研组对温岭市近年来在预算公开、基层民主方面的有益探索表示肯定。

2. 撤销街道办事处的改革

2011年7月初，中共中央、国务院曾下发《关于加强和创新社会管理的意见》，各省市对此纷纷出台相应的贯彻措施。安徽铜陵官山区政府于2011年率先撤销街道办事处①，将原属街道办事处的工作职能分解：经济发展与城管执法上交区政府，服务供给与社会管理职能下沉给社区。同时，逐渐恢复居民委员会的自治功能，使其成为社区居民的利益代表与表达者。这一改革得到了民政部的支持，北京、深圳、贵阳等地也纷纷进行街道改组，实现基层治理结构转型。

随着我国经济、政治体制改革逐步深化，市民社会进一步成熟，尤其是在"小政府、大社会"的改革战略下，撤销街道办事处符合当代城市基层社会发展的要求，是落实党的十八届三中全会对全面深化改革部署的需要，是实行扁平化管理，消除机构臃肿，提高办事效率，减少政府行政开支，提高政府办事效能及公信力的必然趋势。一个城市管理层次越多，信息失真的可能性就越大。撤销街道办事处可强化政府对民众的服务，更能有效发挥社区这个组织的功能，进一步加强政府对城市的管理。2011年4月，民政部曾组织专家对安徽铜陵撤销街道办的这

---

① 《安徽铜陵街道办事处全部撤销》，载于《新华日报》2011年9月6日。

种做法进行论证，给予了充分肯定，认为"这是城市管理中革命性的一种变革"。

3. 直选基层政府行政首长的探索

党的十七届四中全会，对未来我国干部人事制度确立了民主、公开、竞争、择优的基本原则。按照中央的精神，要推广基层党组织领导班子成员由党员和群众公开推荐与上级党组织推荐相结合的办法，逐步扩大基层党组织领导班子直接选举范围，探索扩大党内基层民主多种实现形式。未来要加大基层党的领导直接选举的范围，在推进这项工作的时候，既要从基层做起，考虑乡镇党政领导的直接选举，更要关注县一级党政主要领导的配备。温家宝总理曾不止一次强调："群众能够管好一个村，就能够管好一个乡的事情；能够管好一个乡，就能够管好一个县的事情。我们应该按照这条道路鼓励群众大胆实践，并且在实践中使他们受到锻炼。"①

中国行政体制改革研究会秘书长、国家行政学院博导汪玉凯教授在接受人民网理论频道记者采访时认为，推动领导干部选拔任用制度改革，可以在一些地方进行县级领导的直接选举试点②。他建议的办法是：（1）由中央直接选择若干个县进行党政领导直接选举的试点；（2）建议县委书记不拟兼任人大主任；（3）县委书记和县长最好由一人担任，但都需要通过直接选举产生；（4）先从党内选出县委书记候选人，再在人代会上进行直选县长，选出来的县长同时也是县委书记。

综上所述，我们发现，我国基层政府治理的改革思路已经基本明朗，即表现出从政府控制到政府主导，再到政府支持的演进逻辑。在这一过程中，由于历史发展的传承性，政府主导性作用依然存在，但是政府改进了社会管理技术，优化了社会管理策略，即转变为更为开放、多元、分权的治理形式，重视和社会力量的协商、对话与合作，以争取广大社会公众对政府治理认同的目的。

---

① 温家宝：《群众能管好村就能管好乡县事务》，新华网 http://news.qq.com/a/20120314/001106.htm，2012年3月14日。

② 陈叶军：《汪玉凯：推进县级直选，建议书记和县长由一人担任》，http://theory.people.com.cn/GB/11721480.html，2010年5月28日。

3.2 财政信息公开是基层政府
改善治理的有效切入点

党的十八届三中全会首次提出了完善我国国家治理体系，提高国家治理能力，指出财政是国家治理的核心，要构建以透明预算为主要内容的现代财政制度。这是在我国进入市场化改革关键时期，党和政府对自身治理能力的客观审视和未来发展的做出的重大战略安排，尤其是把财政预算公开当成是一项重要的国家战略内容正式提出，对我国财政透明度的提高具有极大的推动作用。

3.2.1 提高基层政府治理能力是提高国家治理能力的关键

关于治理，世界银行的定义是"利用机构资源和政治权威管理社会问题与事务的实践"[1]。它强调为实现对公共事务的良好管理，需要各种参与主体的合作与协商，在这个过程中，政府未必是管理的主体，管理也不一定依靠政府的强制力来实现[2]。世界治理指数的创立者（Kaufmann, 1999）[3]认为"治理"包含了：政府制定和执行适当政策的能力，公民可监督、选择政府的过程，以及公民和政府在经济社会管理过程中的互动作用。从国际实践经验看，治理一般不涉及具体的政治过程，通常是指政府制定政策和执行政策的能力。我国学者俞可平提出了"合法、透明、责任、法治、回应、有效和稳定"等七个善治政府的治理理念，成为分析政府治理水平的基本价值取向。[4] 从上述阐述可知，公共治理不同于传统政府的"威权型"管理，而是对社会管理鼓励多主体参与，需要政府和其他社会力量为实现共同管理目标而通过正式制度或非正式制度进行协调及持续互动，把民主和协作融入公共管理，即

---

[1] World Bank. Managing Development: The Governance Dimension. Washington D. C, 1994, 5.
[2] 俞可平：《权利政治与公益政治》，社会科学文献出版社 2003 年版。
[3] Kaufmann, D., Aart Kraay, Pablo Zoido - Lobaton. 1999, "Governance Matters". *The World Bank* (*Policy Research Working Paper* 2196).
[4] 俞可平：《治理和善治———种新的政治分析框架》，载于《南京社会科学》2001 年第 9 期，第 40~44 页。

能够让公众也参与到公共治理中来。

习近平总书记在 2014 年 1 月 1 日人民日报上撰文指出，相比我国经济社会发展要求、人民群众的期待、激烈的国际竞争和实现国家长治久安的要求，我国的治理体系和治理能力方面还有许多不足①。那么，我国现在的国家治理能力如何呢？这首先就需要建立一套治理评估的标准体系。据世界银行有关部门统计，目前经常使用的治理评估指标体系大概有 140 多种，其中影响较大的有世界银行的"全球治理指标"，经合组织的"人权与民主治理测评"指标体系，以及联合国人类发展中心的"人文治理指标"等②。

"全球治理指标"由世界银行和布鲁金斯学会共同开发研制，是一个在国际上研发较早且应用非常广泛的测量世界各国治理状况的项目，自 1996 年起每年发布一次有关世界各国治理状况的报告，目前该报告所涵盖的国家已达到 215 个。据世界银行公布的 2012 年"全球治理指数（World Governance Indicators，WGI）"显示，在由公民表达与政府问责、政治稳定与低暴力、政府效能、管制质量、法治以及控制腐败等六个方面组成的治理指数中，中国的整体治理水平大致与中低收入国家的平均水平相当。其中，我国在"政府效能"项目上的得分为 55.98 分，超过了中上收入国家的平均水平，意味着中国行政系统的质量与效率总体尚好。但在"公民表达与政府问责"项目上的得分居然只有 5 分，低于中低收入国家的平均水平，这说明我国现阶段治理水平较低的原因主要是在公民权利保障和规范政府行为方面存在明显不足。另外，据哈佛大学中国问题专家托尼·赛奇的长期跟踪研究表明，我国公民对政府治理的满意度是随着政府级次的下降而不断降低。公众对中央政府的满意度最高，其次是省级政府，越是到基层政府，公众的满意度越低③。这一结论也被其他研究者所证实（Li, O'Brien, 1996; Li, 2012）。他的研究指出，大部分社会公众认为中央政府是英明的，而问题出在地方政府执行中央政府政策不力。在课题组 2011 年的调查中，91.8% 的受

---

① 习近平：《切实把思想统一到党的十八届三中全会精神上来》，载于《人民日报》2014 年 1 月 1 日。
② 郭莲：《全球治理如何评估》，载于《学习时报》2016 年 1 月 21 日。
③ 托尼·赛奇：《中国的治理质量：公民的视角》，载于《中国治理评论》2013 年第 1 期。

访者对中央政府的工作比较满意或非常满意，对于地方一级的政府工作，受访者的满意度跌至 63.8%，其中，对县政府部门绩效表示非常满意的只占 14.6%。这进一步说明，基层政府治理水平是影响我国整体治理水平的关键，基层社会公众的权利保障和政府行为的规范应该是推进基层政府治理的重点。

3.2.2 保障公民权利是提升基层政府治理能力的核心

市场化改革后，由于地方政府在财政上分权、政治上集权的特征，使得基层政府主要把工作重心放在如何满足中央政府或上级政府的要求上，而不是对辖区内公众负责。再加上长期以来中央政府对地方政府官员的政绩考核是以经济增长为主要依据，这使得地方政府尤其是基层政府热衷于"招商引资"，甚至不惜以牺牲当地环境、破坏生态资源为代价去追求 GDP 的增长。而同时，由于公众缺乏有效监督、约束政府行为的手段，公众权利不断被侵害引发的不满情绪在暗中发酵、慢慢滋生蔓延，在一定条件下就会转化成群体性事件。有研究甚至指出，基层政府的经济增长与群体性事件的发生呈线性关系[1]。例如，贵州省瓮安县从 2000 年至 2007 年期间，GDP 从 11.4 亿多元增加到 21.9 亿多元，翻了近一番；财政收入从 6682 万元增加到 2.4 亿元，增长了 4 倍[2]。但经济快速增长背后却是民生欠账越来越多、干群关系日趋紧张、治安状况严重恶化，一系列的社会矛盾最终引发了震惊全国的 2008 年"瓮安事件"。

值得注意的是，现在很多群体性矛盾都是"无直接利益冲突"，即社会冲突的众多参与者与事件本身无关，而只是一种不满情绪的借机集中表达和发泄。主要原因是群众利益从广义上看受到损害的情况比较多发，平时又很难有渠道进行疏散和分解，进而导致社会情绪异变。据法制网舆情监测中心发布《2012 年群体性事件研究报告》[3] 显示，2012

---

[1] 王新超、林泽炎：《关于群体性事件发生规律的 10 个判断——基于参与者行为特征的分析》，载于《国家行政学院学报》2011 年第 1 期，第 13~16 页。

[2] 陈淼、卢志佳：《由乱到治，瓮安痛定思痛中浴火重生》，http://www.gz.xinhua-net.com/2008htm/xhws/2011-10/24/content_23965973_3.htm，2011 年 10 月 24 日。

[3] 法制网发布《2012 年群体性事件研究报告》，http://www.whnews.cn/news/node/2013-01/06/content_5548440.htm，2013 年 1 月 6 日。

年因公共利益受损而引发的群体性事件占到了总体的 57.8%，这一数据也进一步说明了，当下通过维护公众权利、保障公众利益来提高政府公信力的重要性和紧迫性。

3.2.3 提高财政透明度是提升基层政府治理能力的有效切入点

迈克尔·曼在《社会权力的来源》[①] 中提出了制度性权力（Infrastructure Power）概念，这是一种自上而下和自下而上相结合的权力行使形式，政府在行使该权力时需要与社会协商，政府应通过保障公众的权利来赢得公众对政府合法性的认可。这其实也是化解我国人民内部矛盾的关键所在。实际上，许多社会问题都可以通过公众的权利行使来化解，只有增强了公众的权利，才能有效规范和约束政府的权力。而信息是权力的来源，具有信息优势的主体掌握着实际有效的权力[②]。公众只有拥有充分的信息才能切实保障自己的利益，进而有效规范政府行为。因此，当前保障公众的知情权，特别是财政信息的知情权是维护公众其他权利的基础，也是基层政府提升治理能力的有效切入口。

财政运作方面的表现是衡量基层政府治理水平高低和履行职能好坏的标准。基层政府财政运作与辖区公众的切身利益密切相关，其预算的决策、制定、审批，各部门履行和执行预算的情况、出现问题原因的分析和解决、预算调整和完成情况的审计，将政府履职、公众参与、人代会审查、民主协商、述职、听证等都贯穿其中。在这一过程中，财政透明度起到了基础性作用，通过衡量基层政府在财政运作过程中的财政透明度水平，能够从一定程度上反映财政运作过程是否正常、合理、公正，并决定着公众的满意度和基层政府执政的合法性基础。而且，并不是地方政府经济发达就代表着治理水平高，一些经济困难的地方政府，由于财政透明度更高，而体现出更高的治理水平。例如，四川省巴中市白庙乡通过全面公开乡财政支出，使得一个人均年纯收入只有3300元的穷乡，达到了密切干群关系、促进经济发展、稳定社会秩序的"善

[①] ［美］迈克尔·曼：《社会权力的来源》，上海人民出版社2007年版。
[②] Aghion, Philippe, and Jean Tirole, 1997, "Formal and Real Authority in Organization." *Journal of Political Economy*, 105 (1), 1–29.

治"效果。而且，账务公开之后，许多商家慕名前来咨询投资，白庙乡陆续建立起了金银花基地、中药材基地、土鸡养殖合作社、白蜡产业、核桃产业园以及透明蔬菜种植基地，大大改善了村民的生活水平。

应该说，在我国基层政府治理是最困难的，各方面"欠账"都很多，全面提升基层政府治理水平千头万绪，这时需要一个基本的切入点，能够通过解决该问题达到全面促进基层政府治理的目标。而提高财政透明度是一个可以在短期内改善治理面貌、迅速凝聚人心，化解社会矛盾的有效方式。通过提高财政透明度，可以对基层政府改革形成倒逼机制，促使基层政府进行制度创新，改善基层政府的治理环境。同时，提高财政透明度可充分从根本上暴露基层政府治理过程中存在的体制弊端，强化全社会推动财政改革的压力，有助于推动基层政府从"全能型政府"向"服务型政府"转变。更重要的是，对于基层政府而言，基本上不存在不可以公开披露的信息，现在需要的只是变革的勇气和智慧。

3.3 基层政府的透明化改革趋势

党的十八届三中全会从国家治理的角度提出了深化财税改革的思路。其中，提到了推动建立公开、透明、规范、完整的预算体制，把它当作是推动其他政治经济改革的基础。希望通过提高财政预算透明度，达到保障公众权利、规范政府行为、提高政府公信力的目的，然后，在公众的支持下，党和政府才可能顺利进行其他方面的重要改革。应该说，这一改革思路是对当前我国改革中存在问题的敏锐认识。

3.3.1 财政透明化改革是财政改革的内在要求

实际上，从1998年我国确立了公共财政改革框架后，财政透明已经成为财税改革的内在要求。例如，2000年的部门预算改革，旨在细化预算编制，保持部门预算的完整性；2003年政府采购制度的改革，要求将财政支出纳入到公开、公平的正确轨道；2001年的国库集中收付制度改革，重在提升财政部门对预算资金收支的控制功能，防止财政资金被截留挪用；2006年的预算外资金改革，要求将公共资金全部纳入预算管理，提高公共资金使用的合法性；2007年的政府收支分类改革，按照国际惯例，将财政支出按功能和经济分类，清晰地反映支出的最终去向；2008年开始实施的《中华人民共和国信息公开条例》，为各级政府公开财政信息给出了法律依据，还有当前正在进行的部门预算和"三公"经费的公开是对财政透明度的直接要求；等等。应该说，从国家层面上，我国财政改革的透明化趋势已经形成并开始贯彻。但在政策的传递上，推进到基层政府这一级，这一进程尚显缓慢，但并不影响这一趋势的推进。有的基层政府甚至早已开始实施这种转变，例如，浙江省温岭市新河镇从2005年开始试行公共预算改革，逐渐演变成为中国化的"参与式"预算，多年试验之后，现已经自下而上推广到县市级政府。

3.3.2 提高财政透明度是基层政府治理的必由之路

我国在1994年分税制改革之后，由于受到"财权上移"和"事权下放"的双重挤压，基层政府普遍面临沉重的生存压力。而且，一方面是基层政府财力不济，另一方面基层政府机构的却在无序扩张，导致机构冗员沉重。据统计，从1994~2000年，全国县乡财政供养人员由2251万人增加到2959万人[①]，大大增加了财政支出压力。同时，基层政府仍然要履行提供地方公共物品的职责，有时还要承担上级政府指派临时性任务。在这种情况下，基层政府不得不表现出"赢利型经纪人"的明显特征[②]，即基层政府越来越把自身存在作为重要目标，甚至是自利性目标在一定程度上取代了公共目标，从而忽视了辖区内公众基本权益的保障。此时，基层政府本身开始成为社会冲突的直接制造者，"三农"问题开始出现并越来越突出。

面对基层政府这种官民矛盾，各级政府应对的思路首先是减轻农民负担。从2000年开始，中央政府决定开展税费改革，并在2003年决定全面取消农业税。同时，决策层认识到农村冲突增加的基本原因，是政

---

① 张新光：《"三位一体"的农村改革观》，中国农业出版社2006年版。
② 杜赞奇、王福明译：《文化、权力与国家：1900~1942年的华北农村》，江苏人民出版社1984年版。

府过度注重经济发展，而忽略了公共服务和公共物品的投入。由此，农村政策的基调确定为"少取，多予，放活"。政府开始重视农村公共服务改善，在基础设施、教育、医疗、养老、农业生产补贴等方面投入大量资金。这些惠农政策受到了农民的高度评价和积极拥护。到2006年，我国全面取消农业税，在大大减轻农民负担的同时，规范了乡村两级的乱收费行为，客观上缓和了社会矛盾。

但是，农村税费的取消又使得本来财政就捉襟见肘的基层财政更显困难，不得不更加依赖于上级政府的转移支付。这一结果实际上产生了两种乡镇发展思路：一种是对上级政府过度依赖导致乡镇政府越来越注重上级政府的政治偏好，而更加忽视辖区内的治理责任。当上级转移支付收入难以平衡基层政府刚性支出缺口时，乡镇政府就普遍采用借债、变卖资产和截留、甚至挪用上级专项项目资金来维持政府正常运转，不仅导致违反财经纪律的事件频繁发生，而且加强了政府同基层富裕阶层的联系和依赖。这种"对上依赖"和"对富人依赖"的"双向依附"破坏了基层社会治理的权威基础，使得干群关系进一步恶化，群体性事件不断发生。[①]另一种治理路径则是顺势引导，通过提高财政透明度让辖区内公众了解政府的实际财政状况，创造条件允许公众监督政府，通过公众监督来规范政府行为，提高公众认同，并以此作为基础向上级政府和全社会寻求化解基层政府治理困难的制度安排。如四川省巴中市白庙乡实施的"裸账"和其他推动政务公开的乡镇，将政府开支的每一分钱都在官方网站上公开，接受公众监督。这一做法尽管在同级政府之间表现得极为"另类"而受到了些许非议，但也成功地走出了公众信任危机，并开始逐渐改善公共治理环境，赢得了公众的广泛支持。

接下来，为了巩固农村税费改革的成果，化解基层政府财政困难，2005年的全国农村税费改革试点工作会议上，中央指出有条件的地方可推进"省直管县"和"乡财县管"的改革。旨在在不改变现行财税体制的前提下，把基层政府的部分财政负担由上级政府进行承担。截至2011年底，全国共有27个省份对1080个县实行了财政直接管理，2.93

---

① 刘祖华：《中国乡镇政府角色变迁的财政逻辑》，http://www.cuhk.edu.hk/ics/21c/supplem/essay/0712063g.htm，2008年3月31日。

万个乡镇实行了"乡财县管"①。这两项改革的目的本来是增强基层政府提供基本公共服务能力,但在实践中产生了一个更加重要的成果:即强化了基层政府的预算管理,规范了县乡政府间财政转移支付制度,逐步实现县域内公共服务均等化,推动县乡治理模式的转型。到 2011 年底,全国 33631 个乡镇已完成或正在进行机构改革,占总数的 98%②。基层政府机构的改革,也为提高财政透明度奠定了一定的组织基础。

3.3.3 提高财政透明度是改善基层政府治理的现实选择

在前述改革的基础上,2008 年《中华人民共和国信息公开条例》颁布实施后,中央政府开始自上而下渐进式地推动财政预算公开改革。目前,除了《中华人民共和国信息公开条例》的要求以外,主要是以国务院、财政部下达通知、指导意见的方式对基层政府提出财政信息公开要求。主要针对的是和基层社会公众的利益最为密切相关的并且能够感受到的财政信息。例如,征收或者征用土地、房屋拆迁及其补偿、补助费用的发放、使用情况、抢险救灾、优抚、救济、社会捐助等款物的管理、使用和分配情况、新型农村合作医疗补助资金、城乡最低生活保障资金、粮食直补和农资综合直补资金、救灾扶贫资金、教育、医疗卫生、社会保障和就业、住房保障支出以及"三农"等方面的财政专项支出等等。但是,这些要求的强制性还不足,更多的是指导基层政府应该在哪些方面公开财政信息,使得基层政府在财政信息公开过程中逐渐转变财政管理方式,提高服务的行政理念,使基层官员意识到通过保障公众知情权来拉近同公众的距离,提高政府公信力,才能逐步实现基层政府的有效治理。

应该指出,我国目前的这种"自上而下"的政策性推动财政透明度的一个特点是:政策的执行力度决定了财政透明度的实施效果。但是,由于政策的传递性和应用性随着地方执行环境会有所变化,因此,

---

① 《全国"省直管县"增至 1080 个》,http://china.caixin.com/2012-08-22/100427061.html,2012 年 8 月 22 日。
② 董峻、于文静:《农村改革成就斐然 制度创新继续加强——专访中央农村工作领导小组副组长、办公室主任陈锡文》,http://www.china.com.cn/news/2012-05/06/content_25311767.htm,2012 年 5 月 5 日。

就会出现越到地方政府，中央政策的执行遇到的问题越多，政策执行力度可能越弱。但同时，基层政府又是国家政权的基础，国家治理体系的建立和治理能力的提高，需要从基层政府层面得到具体体现。公众对党的执政理念、执政效果以及政治体系合法性、政治制度合理性的认识与认同，相当程度上也是通过基层政府的施政行为获得的，基层政府的公权形象影响着公众对整个国家公权力政治形象的评价。基层政府的治理至关重要，基层政府更加需要通过提高财政透明度来增强政府公信力。

但是，基层政府目前不仅承担着辖区内经济发展、公共服务提供的"发展"职能，还承担着保持社会基本稳定的"维稳"职能，工作千头万绪，如何才能把提高财政透明度当作政府的一项重要工作来抓呢？只能从实际出发，从解决问题的需要出发。我们应该看到，保障公众的基本利益是公共治理的根本性要求之一，而许多社会问题从根本上看也都是由于公众权利没有得到保障而引发的。因此，通过保障公众权利来提高政府治理水平就是一个可行的思路。而要保障公众的权利，首先就应该对政府的行为有所约束，力争把政府权力控制在制度的笼子里。而提高财政透明度，能够让公众明白政府是如何在花纳税人的钱，促使政府承担起应该承担的责任。进而使得公众能够正确认识政府和公众之间的关系，通过规范政府的财政行为，来达到保障公众权利的目的。这也是现阶段改善基层政府治理的重要基础。

3.4 本章小结

我们应当看到，在目前国家建立治理体系的框架下，提高财政透明度是提高基层政府治理能力的有效切入口；基层政府是提高我国国家治理水平的关键，基层社会公众的权利保障和政府行为的规范是实施治理的重点。

从基层政府财政改革的逻辑来看，我国基层政府的财政透明化趋势日趋明显。首先，通过"惠农政策"改革减轻了农民负担。然后，通过财政转移支付规范基层政府财政行为，"倒逼"基层政府转变职能。同时，为保证农民负担不出现反弹，在上级政府的财力保障下建立基本公共服务体系，通过提高财政透明度，提高政府公信力，保证基层政府财政的有效运行和实现治理目标。

而提高财政透明度，让公众了解政府的经济行为，关心财政收支活动及其背后的公平和正义，进而才能有效约束和监督政府行为；从改革开放以来基层政府的治理演变趋势和财税改革路径来看，财政透明度的提高也是基层政府今后必须面对的一项工作。

那么，对于基层政府提高财政透明度的这一必然路径，社会公众的态度和行为是怎么样的呢？他们在这一过程中是推动了财政透明度，还是听任基层政府自主推动财政透明度？显然，作为参与基层政府治理的一分子，他们的选择对于基层政府的财政透明度和治理质量都至关重要。

第4章 财政透明度进程中的公众态度与行为研究

按照制度变迁理论,提高财政透明度可以有两条路径可以遵循。一是由政府自上而下地推动,这种方式执行成本低、阻力小,可以迅速改进财政透明度状况。例如,20世纪80年代的新西兰通过推行一系列加强财政透明度的法案,使新西兰迅速成为世界上财政最透明的国家之一。但是,如果完全依靠政府的努力,又可能在某些情况下会延缓甚至阻碍财政透明度的提高,例如当透明可能使得政府陷入困境时,保密就可能成为政府当然的选择。因此,第二条路径就是由社会公众自下而上地推动,即公众表达出对财政透明度强烈的愿望,并通过一定的组织、形式反映出来,形成推动提高财政透明度的力量,这是推动政府信息公开的可持续动力[1]。例如,韩国在IBP《预算公开指数》中的评分居亚洲前列,但如果没有公民经济正义联盟和国际救援社等非政府组织的努力,政府不会有压力不断地推动财政民主改革,韩国的预算透明度也不会有这么高的水平[2]。印度拉扎山邦一个工农联盟的"赋权于工人和农民的运动"(MKSS)促成了《信息自由法》和《印度全国农村就业担保方案》的出台[3],社会和人民行动发展组织(DISHA)等组织积极分析公共预算的内容,宣传预算知识,开展预算追踪,推动了预算透明的进程。在南非,南非工会理事会、南非教会理事会和非政府组织协会组成的"人民预算联盟"在2000年11月发起了"人民预算运动",推动

---

[1] 王锡锌:《靠什么持续推动信息公开》,http://news.ifeng.com/opinion/politics/200905/0523_6438_1170881_1.shtml,2009年5月23日。

[2] Jong-sung You, Wonhee Lee. 2011, "Budget Transparency and Participation – Korean Case Study" [EB/OL]. http://irps.ucsd.edu/assets/001/503061.pdf.

[3] International Budget Partnership. 2008, "Open budgets. Transform lives, the open budget survey 2008". *IBP*, Center on Budget and Policy Priorities, Washington DC.

了财政透明度的深入发展[①]。

4.1 公众态度对财政透明度的意义

4.1.1 由财政透明度排名引出的问题

我国从2008年《中华人民共和国信息公开条例》实施后,各级政府不断出台了各种财政公开的政策法规,社会公众也逐渐认识到了财政知情权的意义,并为此采取行动,营造了提高财政透明度的良好氛围。但是,目前的财政信息公开程度距离规范政府行为、保障公众知情权的要求来说还是有相当的距离。根据上海财经大学公共政策研究中心从2009~2016年对我国省级政府的财政透明度考察情况显示,我国省级政府财政透明度按百分制计算,到2016年平均得分只有40分。而且一个值得注意的问题是,各省根据得分进行的财政透明度排名是可以随意变动的。例如,2009年、2010年的榜首福建省,到2011年、2012年其居然掉到了10名以后,其得分也从62分锐减到21分左右,其他省市也是如此,得分和排名变化幅度较大。这一方面意味着政府并不十分愿意公开财政信息,另一方面也说明,现阶段对于政策法规要求公开的财政信息,政府的自由裁量权很大,即政府想公开就公开,不想公开也可以做得到。这两个现象实际上可以归结为一个问题,就是当前提高财政透明度的社会驱动力还不够。这里不仅有政府自己的原因,也有公众的原因。一般地,公众和政府在财政透明度方面有着不同的动机和兴趣、矛盾和冲突。政府可能会以成本高为由抵制信息公开,如美国联邦政府在2004年单独处理信息自由法案就需要花费400万美元[②]。当然,信息不公开的更普遍原因是国家安全、国土安全、执法、专有信息和个人隐私。而社会公众是财政信息的需求者和使用者,他们的意愿在一定程度上甚至是从根本上影响着政府的信息公开行为。因此,财政透明度问题

---

① 谢来:《非政府组织推动"人民预算"》,载于《新京报》2007年10月21日(B03)。
② Government Accountability Office. 2005, Information management: Implementing the freedom of information act. *Washington*, *DC*: Author.

不仅需要在政府部门、专家之间讨论，也需要在普通社会公众之间讨论。在某种意义上，公众对财政透明度问题的认识程度决定了现阶段财政透明度的实施情况，尤其是对基层政府的财政透明度实施情况影响更为重大。如果公众自己没有表现出强烈的信息需求，在"官本位"意识更为浓重的基层政府，财政透明度的顺利推动是一件很困难的事情。尽管自上而下的财政透明度改革已经拉开序幕，但是，基层政府还是可以凭借其对当地民情的熟悉以各种形式来延缓这一进程的发展。

因此，研究和衡量我国社会公众对财政透明度问题的态度、影响公众态度的因素以及如何提高公众对财政透明度的认识、形成推动财政透明度的重要力量，对我国当前在基层政府推动财政透明度进程有着重要的意义：

首先，财政改革成功与否，归根结底要看最广大社会公众是否最终受益，要看公众对政府决策效果的评价，即一定程度上要看公众对此的态度；

其次，基层政府的有效治理，既需要政府部门发挥主导作用，也需要各阶层社会公众的共同参与，发挥协同配合的作用，公众的态度决定了其行为及影响，一定程度上也影响了改革的进程；

最后，公众要想保障自己的合法权益，就必须用掌握的信息中隐含的权力来武装自己、主动表达自己的意愿，进而有效参与公共治理。

4.1.2　相关文献回顾

公众态度是指公众对社会某一问题的认知、情感和行为倾向，它的形成是一个复杂的过程。大多数公众态度是在获得认知性信息时形成的，而公众已有的观念、内在的利益需要、情感和群体压力都会对所接受的信息进行再加工。学者们主要通过调研的方法来识别、分析、度量公众态度，把它作为解释公众行为的一种工具。当前，关于财政透明度公众态度的研究成果主要在公众的政治态度和公众对政府透明度的认识方面有所体现，我们主要从这两个方面进行述评。

政治态度是由政治认知、政治情感与政治行为倾向共同组成的一种心理或生理组织,用以引导或影响个人对有关政治目标、政治情境的反应[1]。20世纪50年代,密西根大学学者坎贝尔等（Campbell et al.）研究发现,影响选民是否参与选举的一个很重要的因素是政治效能感,即:"个别政治行动对于政治过程确实有或能够有所影响的感觉;也就是说,去履行个人的公民义务是值得的。"此后的研究者也发现政治效能感较高的公民,政治参与水平较高。如阿蒙德（Almond, 1963）对墨西哥、美国等5国的调查发现,主观政治能力强的公众政治参与比较积极。罗伯特（Robert, 1963）曾将政治社会中的人群分为无政治阶层、政治阶层、谋求权力者和有权者四类,认为现代政治社会中对政治事务极感兴趣、活跃于公共事务中的人往往是少数,而为数众多的公民则对政治持一种冷漠态度。例如杨（Yang, 2005）在一项基于美国428个地方政府的公民调查中发现,在政府决策、财务管理领域、技术或涉及政府公信力方面,公众的参与并不经常发生。还有证据表明,尽管公民在管理活动上喜欢在网络上参与,但很少愿意用网络来参与更高端的公民协商活动[2]。这一结果和公民自身的政治意愿有关,也和政府对公民政治参与的回应不足有关。很多文献强调,公民在公共治理中应该被政府当作合作伙伴（O'Leary, 2008; O'Leary, 2010）。但是,很多文献也显示,地方政府并没有充分利用公众积极参与项目的可能。例如,罗约等（Royo et al., 2011）发现,在德国和西班牙,大部分地方政府使用公民参与仅仅是为了满足法律的最低要求,而不是利用公民参与的优势来提高决策效率。此外,还有研究发现公众政治参与和对政府的信任度和公众的人口特征有关,包括性别[3]、年龄[4]、种族[5]、教育和收入[6]。

---

[1] Allport, Gordon. W. 1953, "Attitudes", in Carl Marchison (ed). *A Handbook of Social Psychology*. Worcester Mass: Clark University Press, PP. 802 – 830.

[2] Reddick, Christopher G. 2011. "Citizen Interaction and E – government: Evidence for the Managerial, Consultative, and Participatory Models." *Transforming Government: People, Process and Policy* 5 (2): pp. 167 – 184.

[3] Jennings, M. K. 1983, "Gender roles and inequalities in political participation: Results from an eight-nation Study". *Western Political Quarterly*, 36, pp. 364 – 385.

[4] Putnam, R. D. 2000. "Bowling alone: The collapse and revival of American community". New York: Simon & Schuster.

[5] Bobo, L., & Gilliam, F. D. 1990. "Race, sociopolitical participation, and black empowerment". *American Political Science Review*, 84, pp. 377 – 393.

[6] Verba, S., & Nie, N. 2004. "Participation in America". *Chicago*: University of Chicago Press.

国内相关研究中，张翼（2008）运用 CGSS2006 全国调查数据，重点分析了当前中产阶层的政治态度及其对社会稳定的影响，研究指出中国中产阶级的政治态度并不保守，而且新中产阶级比老中产阶级更具社会改造风险。赵国友（2010）研究了当代中国农民的政治态度，研究指出，中国农民的政治态度缺乏明显的进取意识，这不仅影响了农民自身发展和权益维护，更重要的是对中国民主政治发展没有起到应有的推动作用。

在公众参与和透明度的关系问题上，金（Soonhee Kim，2012）的研究指出公民参与、社会利他主义、年龄、教育是影响政府透明度的因素。杨（2006）强调公民参与引入了公众监督，这增加了促使政府承诺提高透明度和责任心的可能性。苏珊娜（Suzanne，2007）的研究指出，对地方政府官员认可度越高的人们，对透明度的需求越低，与地方政府接触越多的人们对透明度需求越高。金（Kim，2009）的研究指出，地方政府可以通过三个方面来增强透明度水平，即保证政府的开放性、公正性和公民的权利。菲利普斯（Phillips，2007）发现，在线参与项目在扩大公众获得信息的广度和深度方面有着重要的作用，网络不仅方便公众参与公共治理，而且也有助于政府估计公众对政府决策的偏好，提高决策效率和透明度。一个实时、互动、基于网络的方法能够使公众参与像税收和预算选择这样具有技术性和复杂性的问题[1]。

综上，目前直接针对公众对财政透明度要求的成果还比较少，主要原因有：（1）财政透明度问题研究的时间还不长；（2）财政透明度很难被衡量。因此，本章的目的除了调研公众财政透明度意愿外，还在于推动公众逐渐了解、熟悉财政透明度的要求，提高公众对财政信息下隐含的公众权利的认识。需要说明的是，我们主要研究的是基层政府的财政透明度，因为公众在当地有着更为直接的利害关系，感受也最为直接和真实。

---

[1] Robbins, Mark D., Bill Simonsen, and Barry Feldman. 2008. "Citizens and Resource Allocation: Improving Decision Making with Interactive Web – Based Citizen Participation." *Public Administration Review* 68 (3): 564 – 575.

4.2 基层政府公众财政透明度态度的调研分析

为方便调研，本次问卷调查以山东省高校在校学生为基础，围绕其社会关系，进行散发式调研。样本主要考虑公众年龄、性别、文化程度、职业、居住区域等，问卷发放采用"方便性"抽样的方法，一方面借助人际关系，通过电子邮件发放；另一方面，由调查员和被访对象以面对面或通过电话一问一答的方式完成。本次调研共发放调查问卷600份，其中，回收问卷560份，有效问卷522份，问卷有效返回率为87%。从调查对象的样本基本情况来看，男性254人，女性268人。其他基本情况如表4-1所示。

表4-1 调查对象样本基本情况

年龄	20岁下	21~30岁	31~40岁	41~50岁	51~60岁	60岁以上
人数	40	152	124	182	18	6
文化程度	小学以下	初中	高中	专科	大学	研究生以上
人数	31	52	73	64	278	20
职业	企业	事业单位	政府机关	农民	在校学生	部队	外来务工人员	离退休人员	其他
人数	136	80	74	70	112	2	6	14	28
居住区域	乡	镇	县	地级市	省会城市
人数	66	74	120	116	146
月收入	3000元以下	3000~8000元	8000元以上
人数	206	223	93

资料来源：作者通过调查问卷整理得来。

4.2.1 作为体现财政透明度意愿的社会基础的公众态度

为了从总体上对普通社会公众关于财政信息这类公共信息的社会

态度进行了解，我们设置了一组反映公众政治态度的问题，主要调查公众参与政治活动的意愿。接受调查对象对这一系列态度的具体问答如表4-2所示。

表4-2　　　　与财政透明度意愿相关的公众总体社会态度

问题项	数据统计结果
1. 您愿意参加当地人大代表的投票活动吗？	522份有效样本中，回答"不愿意"的人数是198（37.9%）；回答"愿意"的人数是324（62.1%）
1.1　在调查"不愿意"的原因中	198份有效样本中回答"选举和我没什么关系"的人数是31（15.7%）；回答"我是否去投票对选举结果没有影响"的人数是157（79.3%）；回答"不知道怎么参加选举"的人数是10（5%）
2. 当政府向社会公众征求意见时，你是否愿意参与？	522份有效样本中，回答"只要有这种机会就参加"的人数是219（42%）；回答"不愿意"的人数是41（7.8%）；回答"有时间、且我了解的就愿意"的人数是262（50.2%）
3. 您每年关注地方"两会"的消息吗？	522份有效样本中，回答"很关心，特别是和自己相关的"的人数是99（18.9%）；回答"偶尔会看看"的人数是319（61.1%）；回答"基本不看"的人数是104（20%）

注：括号内数字是占总人数的比例，以下同。
资料来源：作者通过调查问卷整理得来。

从表4-2来看，随着我国市场经济和政治民主化的不断深入，以及网络等传播工具的普及，公众参政议政的积极性不断增强，大部分公众愿意参与简单方便的公共活动，如参加人大代表投票选举、参与政府向公众调研活动等。对每年代表公众行使权力的"两会"，大部分公众还是表示愿意关注。但是表示很关心的人数较少，大多数公众只是顺便看看，还是有不少公众认为自己人微言轻，对公共活动态度淡漠。这说明当前公众的责任意识并没有随着社会经济的发展而同步增长，这里有公众自身的原因，也有所处人文社会环境的原因。随着个人权利意识的提高，公众很在意自己的参与是否会产生相应的效果，当他认为自己的参与可能对结果的影响很小的时候，他就不愿意为此付出太多的成本。

4.2.2 公众对财政信息披露的关注情况

问卷考察了公众目前对财政信息披露的关注度，主要涉及公众是否关注每年公开的地方政府预算报告、审计报告，和财政部门公布的财政信息，从而调研公众对财政信息是否表现出强烈的兴趣。调研结果如表4-3所示。

表4-3　　　　　　　　公众对财政信息的关注情况

问题项	数据统计结果
1. 您每年在当地政府开"两会"的时候，会看当地政府发布的政府预算报告吗？	520份有效样本中，回答"每年都看，里面有好多信息是和老百姓的切身利益相关的"的人数是13（2.5%）；回答"看新闻或报纸的时候，会听听或看看"的人数是243（46.7%）；回答"基本不关心，因为看不懂"的人数是108（20.8%）；回答"不看"的人数是156（30%）
2. 您关注每年公开的地方政府关于预算执行情况的审计报告吗？	522份有效样本中，回答"经常查看相关信息"的人数是7（1.3%）；回答"偶尔上网看看"的人数是103（19.7%）；回答"在电视新闻或报纸上看看，不特意去看"的人数是207（39.7%）；回答"基本不关心"的人数是205（38.3%）
3. 您经常去地方财政部门网站去查看政府财政信息吗？	522份有效样本中，回答"经常去看"的人数是21（4%）；回答"偶尔会去看"的人数是137（26.2%）；回答"基本不看"的人数是296（56.7%）；回答"不知道政府财政部门的网站地址"的人数是68（13%）

资料来源：作者通过调查问卷整理得来。

从表4-3来看，特意去关注地方政府财政信息披露情况的公众很少，一般是偶尔看看，或者看新闻或报纸的时候顺便看看，完全不关心的公众人数几乎占了一半以上。说明现阶段，普通社会公众对于财政信息公开的关注度还是比较低的。这和财政信息作为一种公共信息，一般和公众自身物质利益没有直接关系有关。有研究表明，我国一般公众的参与都是维权型的，维护自身的物质利益，而对物质背后的公平和正义则很少涉及①。另一方面，这也和财政信息的专业性有关，很多人因为看不懂而很少关注。但是，最根本的还在于公众还没有清楚认识到公众和政府其实是一种委托代理关系，是一种平等的交换关系。政府接受公众委托来代为管理公共资金，而纳税人向政府缴税是为了获得大家都需要的公共产品和服务，因此，政府有责任向公众说清楚公共资金的来龙去脉，来解除受托责任，公众也有权利知道政府是否满足了他们的需要。正是因为对这一关系没有清晰的认识，公众往往以一种"局外人"的心态来对待财政信息的公开。

4.2.3 公众对提高财政透明度的认识

2008年5月1日《中华人民共和国信息公开条例》实施后，社会公众的知情权得到法律保障，对政府信息的要求逐渐增多，不少学术团队也就此问题展开研究，一定程度上也起到了普及财政透明度知识的作用。问卷就财政信息的公开程度向公众进行调研，以了解公众对提高财政透明度的意愿。调研结果如表4-4所示。

表4-4　　　　　　　　公众对提高财政透明度的意愿

问题项	统计数据结果
1. 您觉得政府不向老百姓公开财政信息的做法是正当的吗？	522份有效样本中，回答"正当，政府没有必要告诉普通老百姓要干什么、怎么做"的人数是28（5.4%）；回答"不正当，政府用的钱都是老百姓交的，怎么用、用了多少都应该向老百姓汇报"的人数是416（79.7%）；回答"如果老百姓日子富裕了，是否公开信息没有关系"的人数是38（7.3%）；回答"无所谓，公开不公开都一样过日子，没什么区别"的人数是32（6.1%）；回答"不知道"的人数是8（1.5%）
2. 您认为政府财政信息是否公开和您的自身利益密切相关吗？	522份有效样本中，回答"是，这样我可以了解政府在怎么花纳税人的钱"的人数是247（47.3%）；回答"有一定的关系"的人数是223（42.7%）；回答"没有"的人数是26（5%）；回答"不知道有没有关系"的人数是26（5%）

---

① 张健：《现代性场景与当代中国公民成长》，载于《陕西行政学院学报》2007年第2期，第11~14页。

续表

问题项	统计数据结果
3. 如果您知道四川省巴州市白庙乡政府公开账本的做法，您对此的观点是：	452 份有效样本中，回答"做得好，这才是老百姓的政府"的人数是 234（51.8%）；回答"不赞成，这样政府的权威就会削弱了"的人数是 14（3.1%）；回答"支持，但我觉得这是官场另类，不会长久的"的人数是 138（30.5%）；回答"无所谓，让老百姓过上好日子才是正道，公开不公开信息都是次要的"的人数是 66（14.6%）

资料来源：作者通过问卷调查结果整理得来。

从表 4-4 可看出，对政府是否应该公开财政信息方面，绝大部分公众对此持肯定态度，认为政府应该披露财政信息，并且认为披露财政信息能够提高政府的公信力。但也有部分公众认为，只要能让老百姓过上好日子，财政信息是否公开并不重要。对此不了解或持反对态度的人很少。但是，需要指出的是，社会公众认为政府应该披露财政信息并不意味着公众的财政透明度意愿就很强，因为有的人说的和做的并不一样。我们将公众认可财政信息公开并愿意为此采取行动的称为有效财政透明度意愿。换句话说，判断公众财政透明度意愿的高低除了要看他是否要求财政透明，还应该看他是否愿意为此采取相应的行动。

4.2.4 公众对提高财政透明度的行为取向

问卷对公众在面对财政信息不透明时所采取的行动进行调查，目的在于检验公众的有效财政透明度意愿。调查结果如表 4-5 所示。

表 4-5　　　　　　公众对提高财政透明度的行为取向

问题项	数据统计结果
1. 如果您想知道的政府财政信息没有公开，需要个人申请才能得到，您会申请吗？	522 份有效样本中，回答"会，如果自己做不了就请别人申请"的人数是 168（32.2%）；回答"不会，太麻烦了，再说我需要的别人也会需要，让别人去申请吧"的人数是 197（37.7%）；回答"不知道信息公开的相关规定，也不会申请"的人数是 157（30.1%）

续表

问题项	数据统计结果
2. 如果您认为政府应该披露财政信息，但是你所在地政府又没有披露，您会为此做什么？	522份有效样本中，回答"向当地人大代表提意见"的人数是58（11.1%）；回答"向财政部门申请信息公开"的人数是62（11.9%）；回答"向媒体反映情况"的人数是64（12.3%）；回答"在网络上发表自己的看法"的人数是158（30.3%）；回答"等着政府公开信息"的人数是146（27.9%）；回答"发牢骚"的人数是34（6.5%）

资料来源：作者通过问卷调查结果整理得来。

从表4-5可看出，大多数公众对于向政府有关部门申请财政信息公开持保守态度。其中，1/3的公众希望"搭便车"，1/3的公众根本不知道如何申请信息公开，只有1/3的公众表示知道信息申请的程序并愿意为此付出努力。尤其是当公众认为应该公开的信息政府没有公开时，采取正当途径、愿意向有关部门申请信息公开的、或寻求支持的公众只有35%，大部分公众不愿意为此付出更多的成本，而选择了网络讨论（30.3%）或被动等待（27.9%）。这表明当前社会公众尽管认可财政信息公开的社会意义，但并不一定会产生相应的公共责任意识，也不一定会采取有效手段来捍卫自己的知情权。

综上所述，尽管我国目前公众的政治参与意识已有了很大提高，但是，针对财政信息公开这类非直接切身利益的公益活动时，公众的有效意愿并不强烈，大多数人表现得并不积极。这实际上是公众潜意识里对政府不信任的一种表象，以至于采用各种形式的消极行为来对待政府的公共治理。这是当前我国推动财政透明度动力不足的根本原因之一，也是政府公共治理所面临的难题之一。

4.3 公众财政透明度意愿的因子分析

上节我们主要使用频数分布这一描述性数据，对公众的财政透明度方面的种种态度、意愿和行为取向进行了详细阐述。下面，我们采用因子分析法来进一步分析影响公众财政透明度意愿的主要因素。

4.3.1 公众财政透明度意愿敏感度指标构建

因子分析是将几个相关比较密切的变量归在同一类中,每一类变量就成为一个因子,即通过较少的几个因子反映原始资料的大部分信息。

为此,我们构建了"公众财政透明度意愿敏感度指标",这些指标体现在调查问卷所设计的一系列问题中。在明确问题来源后,我们须对每个问题的相关选项进行相应的赋值。关于问卷信息的赋值,我们邀请了部分财政部门官员、高校教师、研究机构研究人员,采用专家座谈的群决策方式。其中,赋值原则是根据各项答案对"财政透明度"影响的重要程度进行打分。分值范围为0~10,10分表示非常重要,0分表示不重要。赋值方式是请专家根据赋值原则给出相应各项答案的分值,然后对各项答案的分值加总求平均分,即为相应答案对调研结果的影响度分值。

根据上述方法,对调研问卷有关选项对调研结果的影响度的赋值分数如表4-6所示。

表4-6 构成"公众财政透明度意愿敏感度"指标的各选项赋值方案

调研问题	赋值方案
X1:文化程度	小学(1)初中(2)高中(3)专科(5)本科(6)研究生以上(10)
X2:居住区域	乡/镇(3)县(5)地级市(7)省会城市(10)
X3:年龄	
X4:收入	
X5:您是否参与政府向社会公众的民意调研	愿意(10)不愿意(0)有条件愿意(7)
X6:您是否愿意参加当地人大代表选举投票	不愿意(0)我是否去投票对选举结果没有影响(3)愿意(10)
X7:您是否关注地方"两会"	很关心(10)偶尔会看看(6)基本不看(2)
X8:您是否了解政府预算方面的知识	很了解(10)了解一些(7)不怎么了解(3)完全不知道(0)
X9:您是否关注地方政府预算执行情况的审计报告	经常查看(10)偶尔上网看看(6)在电视新闻或报纸上看看,不特意去看(4)基本不关心(1)

续表

调研问题	赋值方案
X10：您是否关注当地政府的政府预算报告	每年都看（10）看新闻或报纸的时候，顺便看看（7）看不懂而不关心（4）不看（0）
X11：您是否认同政府不公开政府财政信息的做法	认同（1）不认同（10）如果老百姓日子富裕了，是否公开信息没有关系（7）无所谓（5）不知道（1）
X12：您是否申请获得财政信息	会申请（8）不会，太麻烦了（2）不知道怎么申请（1）
X13：您是否经常查看政府财政信息	经常去看（10）偶尔会去看（6）基本不看（3）不知道在哪里查（0）
X14：您是否认同对"政府财政信息公开和自身利益的关系"的认识	认同（10）基本认同（6）不认同（0）不知道（1）
X15：您是否认同白庙乡政府公开政府账本的做法	认同（10）不认同（0）无所谓，让老百姓过上好日子才是正道（5）

注：赋值指标为定性指标，定量指标按实际数。

4.3.2 因子分析

根据表4-6的赋值，我们将赋值后的问卷信息导入电脑，采用DPS.01软件，对这些问卷信息进行因子分析。

1. 数据标准化

522人对应的问卷赋值信息的初始数据矩阵记为X，

$$X = \begin{bmatrix} x_{11} & x_{12} & \cdots & x_{1,15} \\ x_{21} & x_{22} & \cdots & x_{2,15} \\ \vdots & \vdots & \ddots & \vdots \\ x_{522,1} & x_{522,2} & \cdots & x_{522,15} \end{bmatrix}$$

对于初始得到的数据进行标准化处理，处理方法如下：

$$x'_{ij} = \frac{x_{ij} - \bar{x}_j}{S_j}, \ i = 1, \cdots, 522; \ j = 1, \cdots, 15, \text{其中}$$

$$\bar{x}_j = \sum_{i=1}^{522} x_{ij}/522,$$

$$S_j = \sqrt{\frac{1}{521}\sum_{i=1}^{522}(x_{ij}-\bar{x}_j)^2}\text{。}$$

假定标准化的矩阵仍记为 X，计算 X 的相关矩阵 $R = X^T X$，如表 4-7 所示。①

表 4-7　　　　　　　　分析数据的相关矩阵

相关系数	X1	X2	X3	X4	X5	X6	X7	X8	X9	X10	X11	X12	X13	X14	X15
X1	1.00	-0.13	0.36	0.05	0.11	0.14	0.16	-0.03	0.05	0.05	0.22	-0.02	-0.03	0.08	0.11
X2	-0.13	1.00	-0.10	0.39	0.21	0.38	0.35	0.50	0.30	0.26	0.37	0.24	0.33	0.43	0.22
X3	0.36	-0.10	1.00	0.06	0.02	-0.01	0.05	-0.17	-0.08	-0.01	-0.11	-0.02	-0.01	-0.06	-0.03
X4	0.05	0.39	0.06	1.00	0.21	0.25	0.23	0.23	0.10	0.11	0.22	0.25	0.22	0.24	0.11
X5	0.11	0.21	0.02	0.21	1.00	0.36	0.24	0.15	0.24	0.24	0.18	0.19	0.23	0.32	0.32
X6	0.14	0.38	-0.01	0.25	0.36	1.00	0.40	0.32	0.32	0.32	0.31	0.21	0.35	0.34	0.25
X7	0.16	0.35	0.05	0.23	0.24	0.40	1.00	0.46	0.39	0.41	0.32	0.27	0.39	0.36	0.32
X8	-0.03	0.50	-0.17	0.23	0.15	0.32	0.46	1.00	0.42	0.35	0.40	0.23	0.41	0.38	0.20
X9	0.05	0.30	-0.08	0.10	0.24	0.32	0.39	0.42	1.00	0.59	0.24	0.25	0.43	0.23	0.17
X10	0.05	0.26	-0.01	0.11	0.24	0.32	0.41	0.35	0.59	1.00	0.18	0.23	0.39	0.24	0.17
X11	0.22	0.37	-0.11	0.22	0.18	0.31	0.32	0.40	0.24	0.18	1.00	0.20	0.18	0.39	0.29
X12	-0.02	0.24	-0.02	0.25	0.19	0.21	0.27	0.23	0.25	0.23	0.20	1.00	0.29	0.39	0.29
X13	-0.03	0.33	-0.01	0.22	0.23	0.35	0.39	0.41	0.43	0.39	0.18	0.29	1.00	0.30	0.20
X14	0.08	0.43	-0.06	0.24	0.32	0.34	0.36	0.38	0.23	0.24	0.39	0.39	0.30	1.00	0.33
X15	0.11	0.22	-0.03	0.11	0.32	0.25	0.32	0.20	0.17	0.17	0.29	0.29	0.20	0.33	1.00

从表 4-7 计算的相关矩阵可看出，相关系数矩阵中大部分相关系数值大于 0.3，说明多数变量之间存在较强的相关性，比较适合因子分析。

---

① 注：由于标准化的结果可以由软件在计算过程中自行得出，所以此处不再给出。

2. 确定主因子阵

求出 R 的特征值，从大到小依次排序为 $\lambda_1 \geq \lambda_2 \geq \cdots \lambda_{15} \geq 0$，由各自的特征向量组成的矩阵 $Q = (q_1, q_2, \cdots, q_{15})$，得 $R = Qdiag(\lambda_1, \lambda_2, \cdots, \lambda_{15})Q^T$，且 $QQ^T = I$，即有 $XX^T = Qdiag(\lambda_1, \lambda_2, \cdots, \lambda_{15})Q^T$，再将此式同时左乘 Q^T，右乘 Q，得到 $Q^T XX^T Q = diag(\lambda_1, \lambda_2, \cdots, \lambda_{15})$。令 $F = Q^T X$，则得到 $FF^T = diag(\lambda_1, \lambda_2, \cdots, \lambda_{15})$。

F 就是主因子阵，并且 $F_i = FX_i (i = 1, 2, \cdots, 15)$，即每个 F_i 是第 i 个样品的主因子观测值。

3. 确定主因子

一般地，选取 m 使得所选主因子的信息量之和占总体信息量得 85%，即满足

$$\frac{\lambda_1 + \cdots \lambda_m}{\sum_{i=1}^{15} \lambda_i} \geq 85\%$$

的 m，就是主因子的个数。

计算样本对应的相关矩阵 R 的特征值以及特征值的信息贡献百分率、累计百分率如表 4-8 所示。

表 4-8　　　　　　相关矩阵 R 的特征值及贡献率

No	特征值	贡献百分率（%）	累计贡献百分率（%）
1	4.58	30.53	30.53
2	1.52	10.11	40.64
3	1.28	8.52	49.16
4	1.03	6.85	56.01
5	1.00	6.68	62.68
6	0.86	5.76	68.44
7	0.70	4.64	73.07
8	0.65	4.31	77.39
9	0.61	4.08	81.47

续表

No	特征值	贡献百分率（%）	累计贡献百分率（%）
10	0.57	3.83	85.30
11	0.54	3.62	88.91
12	0.48	3.17	92.08
13	0.44	2.92	95.00
14	0.39	2.58	97.58
15	0.36	2.42	100.00

由表4-8可见，相关矩阵R的前10个特征值分别为4.58、1.52、1.28、1.03、1、0.86、0.7、0.65、0.61、0.57，这10个公共因子对样本方差的贡献和为85.3%。这就意味着前十个因子显示了原始数据所提供的足够信息，所以选择m=10。

计算得相应的因子载荷矩阵如表4-9所示。

表4-9　　　　　　　　　因子载荷矩阵

	F1	F2	F3	F4	F5	F6	F7	F8	F9	F10	共同度	特殊方差
X1	0.112	0.811	0.075	0.049	-0.335	0.057	0.198	-0.022	-0.105	0.118	0.858	0.142
X2	0.658	-0.259	-0.264	0.317	-0.003	-0.104	-0.148	-0.001	0.266	-0.138	0.792	0.208
X3	-0.077	0.725	0.168	0.326	0.269	0.168	-0.238	-0.076	0.261	-0.031	0.898	0.102
X4	0.436	0.081	-0.370	0.524	0.327	-0.105	0.242	0.381	-0.113	0.040	0.944	0.056
X5	0.487	0.242	-0.073	-0.357	0.287	-0.544	0.131	-0.001	0.211	0.199	0.907	0.093
X6	0.633	0.138	0.006	0.034	-0.008	-0.409	-0.072	-0.290	-0.391	-0.347	0.950	0.050
X7	0.687	0.143	0.163	0.069	-0.105	0.113	-0.307	0.110	-0.098	-0.188	0.699	0.301
X8	0.682	-0.280	0.032	0.203	-0.286	0.099	-0.145	-0.002	0.097	0.159	0.733	0.267
X9	0.625	-0.124	0.536	-0.064	-0.060	0.025	0.243	0.119	0.090	0.011	0.783	0.217
X10	0.595	-0.045	0.572	-0.060	0.042	0.008	0.178	0.124	0.179	-0.200	0.808	0.192
X11	0.563	0.102	-0.315	0.020	-0.549	0.064	0.223	0.025	-0.026	0.096	0.793	0.207
X12	0.505	-0.016	-0.182	-0.203	0.414	0.537	0.281	-0.110	-0.163	-0.138	0.926	0.074
X13	0.627	-0.122	0.279	0.104	0.237	0.053	-0.195	-0.153	-0.286	0.499	0.948	0.052

续表

	F1	F2	F3	F4	F5	F6	F7	F8	F9	F10	共同度	特殊方差
X14	0.649	0.038	-0.338	-0.135	0.018	0.138	0.017	-0.411	0.287	0.027	0.826	0.174
X15	0.484	0.195	-0.257	-0.539	0.006	0.101	-0.351	0.406	-0.043	-0.002	0.929	0.071
特征值	4.580	1.516	1.278	1.027	1.001	0.864	0.695	0.647	0.612	0.574		
累计贡献	0.305	0.406	0.492	0.560	0.627	0.684	0.731	0.774	0.815	0.853		

从因子载荷矩阵可看出，每个因子 $F_i(i=1, 2, \cdots, 10)$ 对几乎每个指标 $X_i(i=1, 2, \cdots, 15)$ 的负荷量都差不多，从共同度来看，每个因子几乎对每个指标的依赖程度都不很大，它们的方差仍然有相当大的部分不能被公共因子所解释。为了使得每个因子的实际意义比较清楚，我们还有必要对因子载荷矩阵进行因子正交旋转。

4. 因子正交旋转

我们对因子做方差极大正交旋转，使得因子载荷矩阵的每一行的元素尽量两极化。正交旋转后的因子载荷矩阵（因子载荷矩阵方差为0.53）见表4-10。

表4-10　　　　　正交旋转后的因子载荷矩阵

	F1	F2	F3	F4	F5	F6	F7	F8	F9	F10
X1	-0.003	0.357	0.045	-0.066	**-0.834**	-0.024	0.133	0.047	-0.094	-0.015
X2	0.329	-0.024	0.164	-0.075	0.172	0.027	**-0.757**	0.083	-0.200	0.034
X3	0.048	**0.934**	-0.030	-0.008	-0.135	-0.012	0.064	-0.015	0.023	-0.002
X4	**0.929**	0.053	0.017	-0.096	-0.059	0.129	-0.184	0.021	-0.083	0.083
X5	0.112	0.011	0.171	**-0.891**	-0.056	0.031	-0.077	0.178	-0.152	0.082
X6	0.095	-0.044	0.166	-0.190	-0.114	0.080	-0.188	0.062	**-0.895**	0.129
X7	0.081	0.179	0.397	0.134	-0.116	0.055	-0.332	0.419	-0.373	0.211
X8	0.085	-0.160	0.330	0.102	-0.087	-0.031	-0.658	0.122	-0.051	0.349
X9	0.022	-0.111	**0.822**	-0.101	-0.095	0.083	-0.143	0.025	-0.048	0.212

续表

	F1	F2	F3	F4	F5	F6	F7	F8	F9	F10
X10	0.011	0.055	**0.864**	-0.103	0.018	0.097	-0.119	0.056	-0.133	0.054
X11	0.133	-0.287	0.092	-0.022	-0.623	0.092	-0.505	0.158	-0.082	-0.001
X12	0.158	-0.026	0.166	-0.003	0.006	**0.908**	-0.082	0.157	-0.061	0.110
X13	0.089	0.010	0.254	-0.107	0.030	0.138	-0.170	0.063	-0.146	**0.889**
X14	-0.102	0.047	0.020	-0.329	-0.126	0.472	-0.664	0.077	-0.116	0.077
X15	0.014	-0.045	0.046	-0.207	-0.085	0.161	-0.119	**0.911**	-0.046	0.042
方差贡献	1.071	1.164	1.879	1.061	1.205	1.147	1.992	1.130	1.089	1.055
累计贡献	0.071	0.149	0.274	0.345	0.425	0.502	0.635	0.710	0.783	0.853

从表4-10的结果可看出各个因子所反映的信息（影响因素用黑体标出），说明如下：

F1在"居住区域"有较大载荷（载荷为0.929），F2在"收入"上有较大载荷（载荷为0.934），F5在"年龄"上有较大载荷（载荷分别为0.834），F7在"文化程度"上有较大载荷（载荷为-0.757），这些因素都是反映公众的人口特征的，所以将这几个因子综合命名为人口特征因子，这是影响财政透明度意愿的一般因素。詹宁斯（Jennings，1983）曾研究指出，在西方社会中，在传统政治参与方面，男人比女人有更高的参与需要，可以认为男人比女人在透明度方面有着更高的要求。教育和收入水平也被认为和政治参与和政府的信任度有关，这也是影响透明度需求的因素。

F4在X5上有较大的载荷（载荷为-0.891），该指标反映了公众参与政府民意调研活动，F9在X6上有较大的载荷（载荷为-0.895），该指标反映了公众参与人大代表投票的意愿情况，这两个因子都是反映公众政治参与行为的，所以将这两个因子综合命名为政治参与因子。这一结论和已有的研究成果也是相吻合的。例如，在美国的政治参与、公民参与和对政府的信任度上有着年龄差异，因此，年龄大的人体现出来的价值更大，可以认为对政府透明度有着更高的要求。

F3 在 X9 和 X10 两个指标上有较大的载荷（载荷分别为 0.822 和 0.864），该指标反映了公众对地方政府预算报告和审计报告的关注度，所以将 F3 命名为财政报告关注因子。政府预算报告和审计报告是我国当前披露财政信息的主要载体，它们分别反映了政府如何花钱和政府是否按照要求花钱的情况。从这两个报告中，公众可以大致了解公共资金的来龙去脉，并判断其政府财政行为是否规范。而且这两个报告时间上是错开的，对这两个报告的关注，在一定程度上反映了公众作为纳税人对公共资金的关心程度。

F8 在 X15 上有较大的载荷（载荷为 0.911），这个指标反映了公众是否认同白庙乡"裸账"的情况，因此将 F8 命名为财政信息透明认可因子。2010 年起，四川省巴州市白庙乡乡政府将所有财政收支全部在网上公开，被称为是"中国第一个全公开政府"，受到网民的热捧和学术界的高度赞扬。白庙乡是属于经济落后地区"自上而下"推动财政透明度的典型，这里面有政府创新的成分，也有形势使然的成分。信息公开以后对白庙乡带来的变化是显著的：规范了干部行使权力，提高了政府的公信力。但是，这一现象由于缺乏正式制度规范，目前还没有成为基层政府治理变革的范本，实际执行中也遇到了许多困难，也引发了社会各界的争论。对白庙乡这种现实的做法及其引发的后果的认识，一定程度上体现了对财政透明度的实际认可度。

F6 在 X12 上有较大的载荷（载荷为 0.908），该指标反映了公众是否愿意向政府部门申请财政信息公开的情况，因此将 F6 命名为财政信息申请因子。F10 在 X13 上有较大的载荷（载荷为 0.889），该指标反映了公众查看财政信息的情况，因此将 F10 命名为财政信息查看因子。这两个指标反映了公众对财政信息的行为取向。尽管公众对财政信息公开这一问题有着较高的认识，但并不代表公众会采取相应的行动来提高财政透明度。只有在现实中经常关注财政信息的披露，并愿意为提高财政透明度而采取力所能及的行动的，才真正体现出公众财政透明度的有效意愿。

而 X7、X8、X11、X14 对公众财政透明度意愿并没有造成主要的影响。X7 反映公众是否关注地方"两会"的召开。这是一个较为笼统的指标，主要反映公众对我国政治生活的关心程度。实际上，无论是国家层面的"两会"，还是地方层面的"两会"，对政府预算问题都讨论的比较少，代表们对预决算进行审议的时候大多数是在走过场，很少对公众能够形成深刻的印象。

X8反映公众是否具有政府预算方面的专业知识，这是政府推诿信息公开经常采用的一个理由。按照一般逻辑，公众既然没有这方面的专业知识，政府公开了财政信息公众也看不懂，还会增加行政成本。实际上，如果缺乏足够的细节和解释，不仅是普通公众看不懂预算，甚至专家也说不清。而且，相关公众自身的权利问题，都是一个"干中学"的过程，只有在不断的接触、讨论和实践过程中才能提高认识。例如，浙江温岭推行的参与式预算，一开始也是在参与者缺乏相关知识的情况下开始的，经过多年的探索和实践，现在已经形成了一个相当成熟的模式。因此，是否具有专业知识不是影响公众财政透明度意愿的主要因素。

X11反映公众是否认同政府不公开财政信息的做法。该指标是一个概括的认识，在没有实践参照物的情况下公众的基本认识，容易受到舆论环境和其他人的影响，难以真实地反映出公众自己对财政信息公开的意愿。

X14反映公众如何认识政府财政信息公开和自身利益的关系。这一结果反映出并不是公众对财政信息公开的认识达到一定高度的时候，才会产生对财政信息的需求。更多的时候是，公众在财政信息的获取、使用的过程中，逐渐提高对财政信息公开意义的认识。因此，也不是影响公众财政透明度意愿的初始因素。

综上所述，影响公众财政透明度意愿的一般因素是人口统计特征，直接影响因素有公众的政治参与意愿、公众对财政透明度的实际认可度、公众对已公开财政信息的关注以及为财政信息公开采取行动的意愿等，这一研究结果对推进我国基层政府的财政透明度进程有一定借鉴意义。

4.4 公众财政透明度意愿的结构方程分析

4.3节我们通过因子分析法把隐含在调查问卷中的一些表示公众财政透明度意愿的因素归结为少数几个综合因子，通过这几个因子来主要体现对公众意愿的影响。但是,这样一种方法并没有表现出影响方向及作用机理。本节我们通过结构方程模型来解决这个问题,以使得反映公众财政透明度意愿的因素更加明确。

4.4.1 研究工具

本节我们采用的结构方程模型(Structural Equation Modeling,SEM)是一种多元统计分析方法,一般用来检验显变量与隐变量、隐变量与隐变量之间的关系。它需要在理论引导的前提下建构假设模型,若发现模型存在问题,还可以指出如何修正。合理的理论模型和正确的逻辑推理是 SEM 正确估计参数的前提(吴明隆,2010;戴明叶,2014)。

结构方程模型由测量模型和结构模型两个基本模型构成。

(1)测量模型主要表示显变量和隐变量之间的关系,通常表示为如下形式:

内生变量方程, $\quad y = \Lambda_y \eta + \varepsilon \quad$ (4-1)

外生变量方程, $\quad x = \Lambda_x \xi + \delta \quad$ (4-2)

其中,y 是内生显变量,x 是外生显变量,η 是内生隐变量,ξ 是外生隐变量,矩阵 Λ_y 和 Λ_x 分别为反映 y 对 η 和 x 对 ξ 关系强弱程度的系数矩阵,可以理解为相关系数,或者理解为因子分析中的因子载荷,ε 和 δ 分别是 y 和 x 的测量误差。

(2)结构模型主要表示潜变量之间的关系,通常写成如下形式:

$$\eta = B\eta + \Gamma\xi + \varsigma \quad (4-3)$$

方程(4-3)显示,内生隐变量 η 和外生隐变量 ξ 之间通过系数矩阵 B 和 Γ 及结构方程的误差项 ς 联系起来。

一个完整的结构方程模型包括方程(4-1),方程(4-2)和方程(4-3),若只有测量模型没有结构模型,则为验证性因素分析;若只有结构模型没有测量模型,则相当于路径分析。

结构方程模型的建模步骤流程如图 4-1 所示(侯杰泰,2004;钱璐璐,2010)。

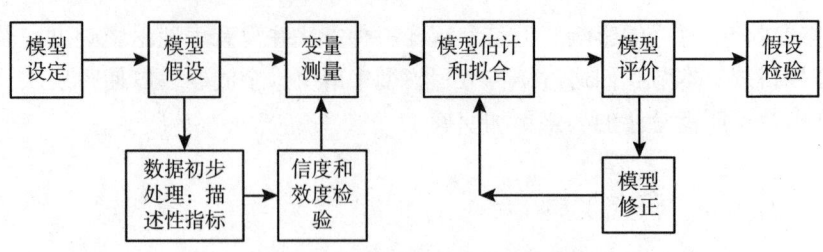

图 4-1 结构方程模型的建模分析过程

4.4.2 研究假设

本节通过初步假设 6 个与公众财政透明度意愿相关的影响因子,通过 2 个中介变量(公众从提高财政透明度中的获益感知;公众从提高财政透明度中的成本感知)来分别间接地反映公众的财政透明度意愿。

1. 社会身份变量

尽管提高财政透明度在规范政府行为和保障公众利益方面意义重大,但是,不同社会身份的人们对财政透明度的态度并不一样。我们假设受教育程度和收入水平越高,对政府财政透明度有着更高的要求。而城乡之间的差别,除了影响到公众的教育和收入水平外,其接触的社会环境、享受的公共服务和自身直接对政府需求也大相径庭,同样可能使得城乡公众之间对于财政透明度这样一个社会公益问题有着不同的认识。我们假设城市居民较农村居民有着更高的财政透明度意愿。这样,我们通过收入水平、受教育程度和居住地来反映公众的社会身份。为方便区分,我们假设收入水平和受教育程度较高以及城市居民有着较高的社会身份,并通过他们在财政透明度改进中感知的成本和收益来反映他们的透明度意愿。

提出以下假设:

H1a:公众社会身份越高,公众从提高财政透明度中感知获益越多;

H1b:公众社会身份越高,公众从提高财政透明度中感知成本越少;

H1c:公众社会身份越高,公众的财政透明度意愿越强。

2. 公众政治态度变量

我们假设政治态度越积极的公众,越愿意行驶公众权力,其财政透明度意愿越强。这里我们用参与人大代表选举意愿、参与政府调研意愿和参与政府听证会意愿来代表公众积极与否的政治态度，因为这是公众日常生活中能够有机会参与、也有能力参与的政治活动。

我们提出以下假设：

H2a：公众政治态度越积极，公众从提高财政透明度中感知获益越多；

H2b：公众政治态度越积极，公众从提高财政透明度中感知成本越少；

H2c：公众政治态度越积极，公众的财政透明度意愿越强。

3. 公众参与能力变量

有效的公众参与不仅需要参与的意愿，还需要参与的能力。从理论上讲，如果公众对所参与的东西知之甚少，要么可能是无效参与，要么可能成为有关部门利用的工具。公众的自下而上的推动不仅仅需要透明公开的认识，还需要一定的参与识别能力。我们用专业知识的掌握程度、网络工具的熟悉程度和代表公众业务水平的职称职务来反映公众的参与能力。

并提出以下假设：

H3a：公众参与能力越高，公众从提高财政透明度中感知获益越多；

H3b：公众参与能力越高，公众从提高财政透明度中感知成本越少；

H3c：公众参与能力越高，公众的财政透明度意愿越强。

4. 公众参与环境变量

公众参与的另一个重要的影响因素是环境因素，即能够支持公众积极主动参与的政治和社会环境。一个培育良好的环境能够降低公众参与的成本、增加公众参与的收益，进而调动普通公众参与的积极性。例如政府的回应性，"政府回应意味着政府对公众接纳政策和公众提出诉求要做出及时的反应，并采取积极措施来解决问题"[①]，即回应性体现了政府对公众参与的态度。政府回应性的不足可能是影响公众参与的一个重要因素，尤其是普通公众推动财政透明度的主要方式是信息申请，政

---

① 格罗弗·斯塔林，陈宪等译：《公共部门管理》，上海译文出版社2003年版。

府是否回应及回应效果直接影响公众参与的意愿。此外，公民社会发育情况和公众参与机会也是影响公众参与的环境因素。前者是公众参与的组织基础，后者则是公众能否参与的直接体现。其中，组织参与显然能够降低每一位成员参与的成本，保障其收益，是反映公众意愿的重要形式。因此，我们采用政府回应性、公民社会发育情况和公众参与机会来代表公众参与环境，并提出以下假设：

H4a：公众参与环境越好，公众从提高财政透明度中感知获益越多；

H4b：公众参与环境越好，公众从提高财政透明度中感知成本越少；

H4c：公众参与环境越好，公众的财政透明度意愿越强。

5. 政府政策导向

政府的支持是公众参与推动财政透明度行为的重要条件。在《中华人民共和国政府信息公开条例》实施之前，我国每年主要是有关专家学者在宣传和推广财政透明理念，部分人大代表和政协委员在"两会"中提议案呼吁财政信息公开，普通公众对财政透明度推动活动很少。因为法律没有对政府信息公开的直接要求，公众行为缺乏法律依据。《政府信息公开条例》实施之后，社会各阶层的公众都有参与财政透明活动的权力和可能。目前，和财政透明度有关的政策主要有三种：直接要求财政信息公开的法律法规，如《预算法》《政府信息公开条例》及财政部和国务院颁发的各种指导意见和指南；和财政透明度相关法律法规，如《审计法》《统计法》等；以及与财政信息公开相抵触的法律法规，如《保密法》等。显然，法律赋予公众的权力越大，公众参与推动财政透明度活动的可能性就越大。因此，我们提出以下假设：

H5a：政府政策支持力度越大，公众从提高财政透明度中感知获益越多；

H5b：政府政策支持力度越大，公众从提高财政透明度中感知成本越少；

H5c：政府政策支持力度越大，公众的财政透明度意愿越强。

6. 政府公信力变量

公众对政府信任度对地方政府的治理能力有着决定性的影响。彼得·什托姆普卡（2005）认为"信任是民主政治的产物，而又可以帮助维持民主政治"。例如，政府允许民间社团政治的发展，就表明政府对公民自治是信任的，而这种信任又会提高政府自身的公信力。在完善国家治理体系，提高国家治理能力的战略目标下，公众对政府认同程度越高，和政府合作、协商的可能性就越大。在政府自上而下的提高财政透明度的要求下，公众会从组织上、技术上来积极协助政府有关部门，共同提高财政透明度水平。我们采用公众对中央政府、省级政府和基层政府的支持度来表示政府的公信力，并提出以下假设：

H6a：政府公信力越强，公众从提高财政透明度中感知获益越多；

H6b：政府公信力越强，公众从提高财政透明度中感知成本越少；

H6c：政府公信力越强，公众的财政透明度意愿越强。

7. 透明度收益感知变量

我们用提高财政透明度可能带来的社会收益、个人实际收益和个人心理收益来代表公众的财政透明度收益感知。并提出以下假设：

H7a：公众从提高财政透明度中收益感知越强，越倾向于提高财政透明度意愿。

8. 成本感知变量

我们用在推动财政透明度进程中可能带来的社会成本、个人实际成本和个人机会成本来表示公众的财政透明度成本感知。并提出以下假设：

H8a：成本感知越弱，越倾向于提高财政透明度意愿。

4.4.3 假设检验

在保证了数据质量的前提下，我们采用结构方程模型来检验假设，运用 LISREL 8.50 版软件分析数据，研究公众财政透明度意愿与干预因子之间的作用及其强度。

1. 模型的拟合优度

运用结构方程模型拟合优度的主要指标值如下：卡方检验值（χ^2）为 1617.15，自由度（DF）为 578，χ^2/DF 为 2.82（介于 1~3 之间），标准化残差均方根（SRMR）为0.05（<0.08），近似误差均方根（RMSEA）为0.05（<0.08），拟合优度指数（GFI）为0.88（>0.8），标准化拟合优度指数（AGFI）为0.89（>0.8），非范拟合指数（NNFI）为0.99（接近1），赋范拟合指数（NFI）为0.88（接近0.9），比较拟合指数（CFI）为0.98（>0.9），上述指标符合侯杰泰等相关学者研究提出的判断准则，表明该模型对数据的拟合效果较好，可以充分反映出数据中所包含的大量信息（侯杰泰，2004）。

2. 干预因子变量对公众财政透明度意愿的中介效应

由于模型的拟合效果较好，因此，我们在构建模型时提出的各种研究假设可以通过潜变量之间的回归系数来验证，每个干预因子的干预程度也可以通过标准化路径系数来反映。表4-11（模型标准化路径系数表）和图4-2（模型因果关系图）显示了结构方程模型的检验结果。

表4-11 Lisrel估计量：结构方程模型标准化路径系数（N=522）

设计变量	变量关联	收益感知 $\eta 7$ 系数	T值	成本感知 $\eta 8$ 系数	T值	财政透明度意愿强的表现 $\eta 9$ 系数	T值
$\eta 7$：收益感知	$\eta 7 \to \eta 9$					0.55	7.17
	$\eta 7 \to \eta 10$						
$\eta 8$：成本感知	$\eta 8 \to \eta 9$					-0.28	-3.99
	$\eta 8 \to \eta 10$						
$\xi 1$：社会身份	$\xi 1 \to \eta 7$	0.23	3.99				
	$\xi 1 \to \eta 8$			-0.45	-7.17		
$\xi 2$：公民政治态度	$\xi 2 \to \eta 7$	0.39	6.95				
	$\xi 2 \to \eta 8$			-0.44	-8.23		
$\xi 3$：公民参与能力	$\xi 3 \to \eta 7$	0.32	5.6				
	$\xi 3 \to \eta 8$			-0.21	-1.27		
$\xi 4$：公民参与环境	$\xi 4 \to \eta 7$	0.36	6.20				
	$\xi 4 \to \eta 8$			-0.31	-5.85		

第4章 财政透明度进程中的公众态度与行为研究

续表

设计变量	变量关联	收益感知 $\eta 7$		成本感知 $\eta 8$		财政透明度意愿强的表现 $\eta 9$	
		系数	T值	系数	T值	系数	T值
$\xi 5$：政府政策导向	$\xi 5 \to \eta 7$	0.33	3.93				
	$\xi 5 \to \eta 8$			-0.30	-3.88		
$\xi 6$：政府公信力	$\xi 6 \to \eta 7$	0.33	5.55				
	$\xi 6 \to \eta 8$			-0.19	-1.81		

注：当T>1.96时外生潜变量或中介变量对内生潜变量的影响具有显著性，在拟合中路径 $\xi 6 \to \eta 8$、$\xi 3 \to \eta 8$ 尚未通过检验。

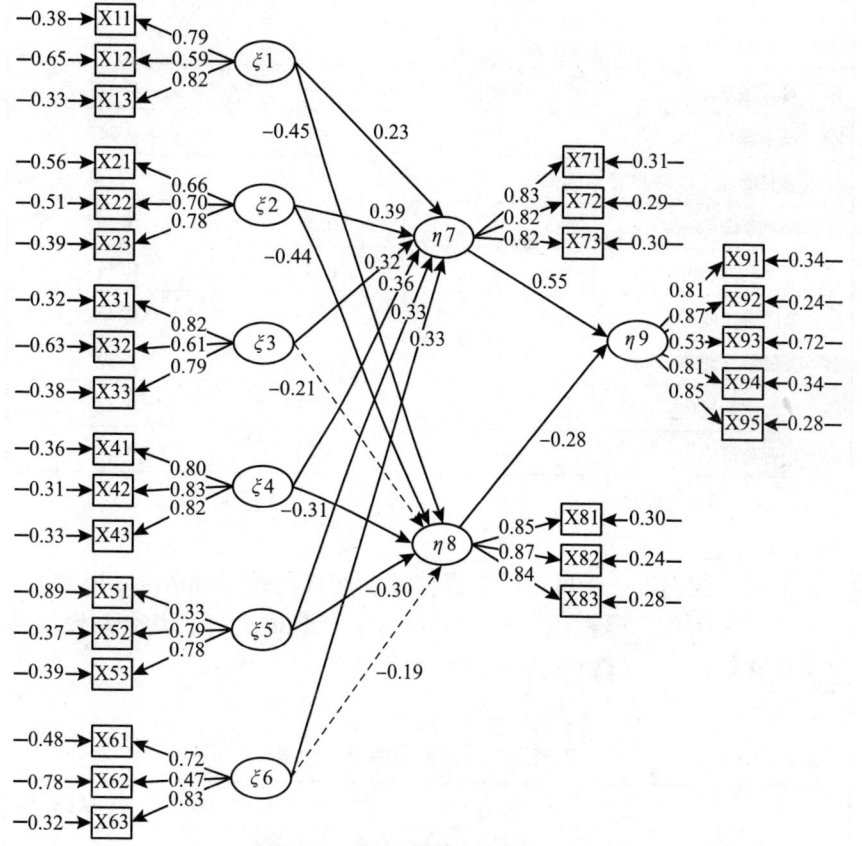

图4-2 干预因子模型因果关系图

注：图中虚线连接路径，表示未通过检验。图4-2中各个变量的名称如表4-11所示；观测指标在干预因子变量上的载荷系数值如表4-1所示。

3. 分析公众财政透明度意愿干预因子的整体作用

然后，我们将模型中的各个干预因子变量通过行为"收益感知"与"成本感知"对"财政透明度意愿强"产生间接作用与整体作用的估计值（影响系数）列入表 4-12。从表 4-12 可知，公众财政透明度意愿干预因子的整体作用是显著的。

表 4-12　　Lisrel 估计量：对财政透明度意愿行为的整体作用

设计变量	$\eta 9$：财政透明度意愿强的表现		
	直接作用	间接作用	整体作用
内生潜变量			
$\eta 7$：收益感知	0.55*	—	0.55*
$\eta 8$：成本感知	-0.28*	—	-0.28*
外生潜变量			
$\xi 1$：社会身份	—	0.25*	0.25*
$\xi 2$：公民政治态度	—	0.34*	0.34*
$\xi 3$：公民参与能力	—	0.23	0.23
$\xi 4$：公民参与环境	—	0.29*	0.29*
$\xi 5$：政府政策导向	—	0.27*	0.27*
$\xi 6$：政府公信力	—	0.24	0.24

注：*表明影响显著。

最后，我们进一步可以得出模型拟合假设的结果如表 4-13 所示。从表 4-13 可知，除假设 H3b、H6b、H3c、H6c 之外，其余假设均通过了显著性检验，得到支持。

表 4-13　　　　　干预因子模型拟合假设的结果

假设内涵	拟合结果
H1a：公众社会身份越高，公众从提高财政透明度中感知获益越多	支持
H1b：公众社会身份越高，公众从提高财政透明度中感知成本越少	支持

续表

假设内涵	拟合结果
H2a：公众政治态度越积极，公众从提高财政透明度中感知获益越多	支持
H2b：公众政治态度越积极，公众从提高财政透明度中感知成本越少	支持
H3a：公众参与能力越高，公众从提高财政透明度中感知获益越多	支持
H3b：公众参与能力越高，公众从提高财政透明度中感知成本越少	不支持
H4a：公众参与环境越好，公众从提高财政透明度中感知获益越多	支持
H4b：公众参与环境越好，公众从提高财政透明度中感知成本越少	支持
H5a：政府政策支持力度越大，公众从提高财政透明度中感知获益越多	支持
H5b：政府政策支持力度越大，公众从提高财政透明度中感知成本越少	支持
H6a：公众对政府支持力度越大，公众从提高财政透明度中感知获益越多	支持
H6b：公众对政府支持力度越大，公众从提高财政透明度中感知成本越少	不支持
H1c：公众社会身份越高，公众的财政透明度意愿越强	支持
H2c：公众政治态度越高，公众的财政透明度意愿越强	支持
H3c：公众参与能力越强，公众的财政透明度意愿越强	不支持
H4c：公众参与环境越好，公众的财政透明度意愿越强	支持
H5c：政府政策支持力度越大，公众的财政透明度意愿越强	支持
H6c：公众对政府支持力度越大，公众的财政透明度意愿越强	不支持
H7a：公众从提高财政透明度中收益感知越强，越倾向于提高财政透明度意愿	支持
H8a：成本感知越弱，越倾向于提高财政透明度意愿	支持

4.4.4 研究结论

综上所述，我们运用结构方程模型对我国公众财政透明度意愿进行了分析，得出以下结论：

结论一：影响公众财政透明度意愿的主要干预因子中，"社会身份""公众政治态度""公众参与环境""政府政策导向"都显示出显著的整体作用和正效应；"公众参与能力""政府公信力"则没有通过显著性检验。这说明：

1. 专业能力并不是影响公众推动财政透明度真实意愿的关键因素

这实际上是对财政透明度问题认识中存在的一个误区。一方面，这是政府推诿信息公开经常采用的一个理由。按照一般逻辑，公众既然没有这方面的专业知识，政府公开了财政信息公众也看不懂，看不懂也就没有用，而且还会增加行政成本。另一方面，我们也会认为，对财政预算缺乏一定知识的公众也会因为缺乏这方面的兴趣而对财政透明度缺乏真实意愿。其实，财政透明度问题从来就不是一个纯粹的经济问题，对我国这样的发展中国家来说，它在规范政府行为、保障公众利益方面有着更重要的意义。所以，当有条件可以监督政府行为时，公众的参与热情往往超过了我们的想象。

2. 政府公信力越高，公众对财政透明度的要求反而越低

财政透明度是促使政府承担起应负责任的重要工具。换句话说，财政透明度越高，政府越负责，这话反过来说也应该可以，政府越负责，财政透明度越高。但是，针对公众的意愿来说，既然财政透明度本身并不是目的，而是一种促进政府负责任的手段，如果公众已经很满意政府的作为，那么，财政透明与否，实际上并不是公众看重的。当然，一般情况下，政府公信力越高，财政透明度本身也不会低。这一认识对我国当前基层政府财政透明度的要求有重要意义。托尼·赛奇（2013）对我国政府公信力问题长期跟踪研究指出，公众对政府满意度是随着政府级次的下降而不断降低的，对中央政府的满意度最高，对基层政府的满意度最低。按照上述逻辑，相对于中央政府，公众对基层政府的财政透明度意愿更为强烈。

结论二：通过显著性检验的4个重要干预因子变量影响公众财政透明度意愿的整体作用程度的排序为："公众政治态度"≥"公众参与环境"≥"政府政策导向"≥"社会身份"，这说明：

决定公众财政透明度意愿的是公众的政治态度。态度决定一切，如果公众对财政透明度问题反映出来的公众和政府的关系有着明确的认识和正确的态度，他就可能克服其他的困难而保持强烈的透明意愿。但是，支撑这种意愿的除了自身的信念外，合适的条件和环境也是非常重要的，它可以大大降低公众参与的成本，提高参与收益，进而增强公众

的财政透明度意愿。政府的政策导向可以改善公众参与的环境,例如放松对社会组织的管制、给公众多创造参与机会。当然,更重要的是,政府相关政策推动释放出的积极信号可以大大减少公众参与的阻力、降低公众参与的成本,增加收益。最后,社会身份是一种客观存在的自然状态,在任何时期,都会存在不同身份的人群,也就是说,在其他条件不变的情况下,社会身份因素也会发挥作用,因此它的作用相对较为稳定。

结论三:通过显著性检验的 4 个干预因子变量都是通过影响"收益感知"和"成本感知"间接地对公众财政透明度意愿发生作用,其作用系数分别为:公众政治态度 = 0.34,公众参与环境 = 0.29,政府政策导向 = 0.27,社会身份 = 0.25。也就是说,这些因素不直接和公众的财政透明度意愿作用,通过公众的成本感知和收益感知,间接地影响公众的财政透明度意愿。当公众感觉收益大于成本时,其财政透明度意愿就较强,反之,其财政透明度意愿就较弱。因此,随着公众在推动财政透明度过程中,不断降低推动成本,能够感受越来越多的收益,其财政透明度意愿就越来越强。

4.5 本章小结

本章根据调查问卷所得到的数据,对我国现阶段社会公众对财政透明度的有效意愿进行了研究,并对其主要影响因素进行了解释性分析。研究指出:

第一,当前,社会公众尽管在参政议政方面的积极性已经有所提高,但是,公众参与公共活动主要还是为了实现和自己物质利益直接相关的权利,而社会公益方面的权利意识依然淡薄。

第二,尽管大部分社会公众认为政府应该公开财政信息,但是,就公众单方面而言,(1) 对已经公开的财政信息关注度却不够。偶尔或顺便看看可以,很少有人主动跟踪、查看财政信息;简单易懂的愿意去看,专业性强的不愿意看;(2) 对提高财政透明度参与不足。很少有人愿意花时间、精力去向政府部门申请自己认为应该公开的财政信息。

第三,通过因子分析发现,影响到公众有效财政透明度意愿的主要因素有公众的政治参与意识、对财政信息公开的认可度、对财政信息的关注度和申请财政信息公开的意愿等。而与此相关的对政府预算知识的掌握程度、对信息公开的一般认识及信息公开与自身利益的联系等因素对提高公众财政透明度意愿不足。

第四，通过结构方程模型分析发现，"社会身份""公众政治态度""公众参与环境""政府政策导向"都显示出显著的整体作用和正效应，但专业能力并不是影响公众推动财政透明度真实意愿的关键因素，政府公信力越高，公众对财政透明度的要求反而越低。

这些结果表明，由于当前我国的市场化改革进入到"深水区"，改革当中所暴露出来的种种社会矛盾使得公众潜意识里对政府的信任度不高，基层公众对财政透明度问题并不十分关注。这时候需要政府主动进行制度创新，提高财政透明度水平。那么，接下来的问题就是：基层政府在公众财政透明度意愿并不强烈的情况下，是不是能够按照法律法规的要求向社会公众披露财政信息呢？

第5章 我国基层政府财政透明度执行力研究

在一个公共问题成为政策议程后,对于如何解决它有各种各样可选择的建议,现在政府已在其中做出抉择,剩下的就是将决定付诸实施了,而确保执行完成的能力的手段就构成了执行力[①]。一直到20世纪70年代初期,在政策意义上,执行力还被认为是没有问题的。政策一旦制定出来,即可假设其会被立即执行。但是,普莱斯曼和威尔达夫斯基(Pressman and Wildavsky)的研究使得这种观点得到改变。他们对加利福尼亚奥克兰市失业居民的联邦计划的研究表明,职位扩增计划并未按照决策者预想的方式来执行[②],其他学者的研究也得出了类似的结论。自此以后,学术界开始研究执行力对于公共政策的作用与影响。

美国学者艾利森(Allison)指出:"在达到政策目标的过程中,方案确定的功能只占10%,而其余90%取决于有效的执行。"[③]但是,把计划转为实践并不像它看起来那么简单,由于问题的特性、周围的环境,或者主管任务的行政组织等方面相关的诸多原因,计划可能并不像当初设想的那样得到执行。对执行力的研究大致分三个角度进行:其中一些研究成果得出的分析和对策把政策的执行理解为一个"自上而下"的过程(Mazmanian,1983;Matland,1995),涉及怎样使执行官员更有效地工作的问题。自上而下方法研究的起点是政府的决策,它考察了行政人员在多大程度上执行决策或未能执行决策,并试图找到这种执行程度背后的原因。这种方法提供了对政策执行的清晰的研究方向。但缺陷是把重点放在了决策者身上,而在政策的执行上,高层决策者与低层

[①③] 詹姆斯·安德森,唐亮译:《公共决策》,华夏出版社1990年版。

[②] Jeffrey L. Pressman and Aaron B. Wildavsky, 1984, "Implementation", 3rd ed. Berkeley: University of California Press.

官员及公务人员相比,仅仅在扮演一个边缘化的角色。另一些研究则从那些被政策的执行所影响和牵涉的人的观点出发,认为政策的执行是一个"自下而上"的过程(Berfflan, 1978; Lipsky, 1980)。这种方法的研究起点是,在计划的执行中,所有公开的和私下的行动主体考察他们的个人和组织目标、他们的战略,以及他们所建立的联系网络,然后,去发现那些在计划的设计、筹资及执行中的相关人员的目标、战略及其联系。该方法把执行研究的方向从决策中解脱出来,引回到政策问题中去,从而引发了对问题中涉及的所有私下和公开的行动主体和机构的研究。第三种则是把上述两种研究结合起来,既考虑到决策者在政策执行过程中的地位与作用,又看到基层政策执行者所拥有的自由裁量权及其对政策执行的影响(Sabatier, 1986; Winter, 1990)。

在执行力的影响因素方面,范米特(VanMeter, 1975)提出组织变量因素,将"执行组织成员的意向"与"执行组织的特征"视为影响政策执行的重要变量因素。美国政策科学家琼斯(Jones, 1977)指出,组织、解释和应用是影响政府执行力最主要的因素。敦斯(Dunsire, 1990)以官僚制内部活动特点为基点去研究政策执行力,指出当政策执行涉及两个以上行动组织参与时,政策执行就需要组织间关系理论指导。

在我国,2006年温家宝总理在《政府工作报告》中提出了"把提高政府执行力作为当前政府自身改革和建设的一项重要任务",标志着政府执行力建设被正式纳入国家治理范畴。在此之前,学者们已经对政府执行力进行了较为全面的研究。一般认为,执行力是公共管理众多环节和因素复合作用的体现,因而,影响政府执行力建设的因素必然是多层次的。例如陈康团(2000)认为,政府执行力主要与政府组织结构、制度规范、人员素质和财力资源四个因素密切相关。汪永成(2004)认为,政府的人力资源、财力资源、权力资源、权威资源、文化资源、信息资源、制度资源构成了政府能力。莫勇波(2005)认为,政府执行力主要由政府执行主体、政府执行资源、政府执行制度和政府的生态环境构成。姚克利(2006)指出,政府执行力是一种合力,是内在的各种要素和现实的客观条件相互作用的结果。其中,执行环境是外部条件,执行主体是主导因素,执行客体是作用对象,执行资源是现实基础,执行绩效是最终结果。麻宝斌(2014)从目标和手段两个维度,将政府执行力划分为四类：基于权治的执行力、基于德治的执行力、基于法治的执行力和基于心治的执行力。针对我国现阶段地方政府执行力不足的问题，何植民（2009）认为，我国地方政府执行力弱化关键因素在于公共精神的缺失，应该从内生机制与外生机制两个方面培育公共精神。陈伟（2014）进一步认为我国地方政府执行力不足的根源在于功利主义盛行、双重激励机制和目标置换。要提升地方政府执行力，必须走出功利主义误区，培育公共精神，建设以人为本的行政伦理。胡象明（2010）则认为，地方政府执行力弱化的原因主要在于制度的缺陷，因此，要加强非正式制度建设，并确保制度落实到位。在地方政府执行力的衡量方面，魏红英（2008）、莫勇波（2009）、宋煜萍（2010）、李红岩（2012）等分别构建了地方政府执行力的评价指标体系，杨金江（2010）对基层政府的执行力进行了调查研究，指出基层政府执行力不高既有体制机制不适应、民众期望值过高等客观因素，也有执行主体自身素质不强等主观因素。陈世香（2011）以湖北省为例，通过调查问卷，对我国地方政府执行力的动力机制进行了实证分析，研究表明，当前我国各级政府已经形成了一个以"公共价值取向"为核心，以"公共性利益因素""机关外部动力因素""制度因素"为主要内外影响因子的一个主流动力机制功能体系，但该体系并没有完全排斥个体性利益与价值追求。

综上所述，已有成果对我国地方政府执行力进行了较为全面的论述，但是，目前的研究主要还是面向"地方政府执行力"这个整体概念，缺乏具体针对性，这样得出来的结论难免广而泛之，不利于具体问题的解决。因此，本章试图针对基层政府财政透明度的实施情况，构建评价指标体系，实证研究基层政府财政透明度的执行力状况及其影响因素。

5.1 基层政府财政透明度执行力评价指标体系构建

政策执行是一个复杂的系统工程，执行力的高低是一个多因素影响、综合作用的结果。这里面既涉及执行者与目标群体，又与执行方式与执行工具相关；既受制于规则，又为环境因素所左右。因此，构建一个多因素作用、相互联系的指标评级体系是衡量基层政府执行力的关键。

已经有学者开发出了不同的执行力测评体系。如魏红英从执行战略、执行主体、执行资源、执行环境、执行绩效五个维度设计了一套由4个层次、42个指标构成的测评地方政府执行力的指标体系。莫勇波采用执行刚度、执行力度、执行高度、执行速度和执行效度五个维度、16个指标来测评地方政府执行力。宋煜萍从计划确定力、组织运行力、资源整合力、领导影响力和控制实施力等5个维度出发，设计了一套包括5个一级指标、15个二级指标、40个三级指标的评估体系。李红岩从执行能力、执行条件和执行效力三个维度，构建了由13个指标构成的执行力评价指标体系。这些研究成果都对地方政府执行力的衡量进行了有益的探索，但是，已有成果重在从理论角度构建评价指标体系，重视执行力考核的全面性，主要表现在指标设计比较多，力求面面俱到，但操作性难以保证。另外，目前还缺乏基层政府执行力的实证研究检验，削弱了指标体系的可应用性。

我们在借鉴已有成果的基础上，针对基层政府在实施财政透明度有关要求方面所采取的措施，构建基层政府财政透明度执行力评价指标体系，以此考核、督促基层政府推动财政透明度的行为。

5.1.1 指标的选取与说明

我们在衡量基层政府执行力的时候，选择了美国政策科学家琼斯（Jones）的观点：政策执行是一个主要由解释、组织、实施和监控四个阶段所构成的行动过程。这里不同于其他研究者的是，我们没有把决策列入反映地方政府执行力的主要因素，原因是目前我国在推动财政透明度时主要是"自上而下"的行动，中央政府已经制定了相关的规章制度要求地方各级政府执行，现在的问题是地方政府如何去贯彻中央的要求而不是自主进行有效决策。对于基层县一级政府来说，要想正确履行中央政府关于提高财政透明度的要求，首先得正确理解中央政策意图，广为宣传动员，然后组织有关机构、人员专门履行该项职责，认真贯彻实施相关要求，最后，对实施结果要制定合理的考核监督办法，督促该项政策得到有效实施。这四个阶段环环相扣、彼此推动,相互协调才能实现提高财政透明度的目的。

我们在选择反映基层政府财政透明度执行力的指标时,主要依据是2008年以来到现在中央政府颁布的相关政策要求,如表5-1所示。

表 5-1　　　　　关于基层政府预算公开的制度安排

制定部门、时间	名称	预算公开要求
国务院,2008.5.1起实施	中华人民共和国信息公开条例	重点公开:财政预算、决算报告;行政事业性收费的项目、依据、标准;征收或者征用土地、房屋拆迁及其补偿、补助费用的发放、使用情况;抢险救灾、优抚、救济、社会捐助等款物的管理、使用和分配情况①
财政部	财政部关于进一步推进财政预算信息公开的指导意见	政府预算、部门预算、预算执行以及财政转移支付;公布内容包括月度数字、累计数字及简要分析和说明;适时向社会公开一般性转移支付的数据来源、测算办法和分配结果;选择一些与人民群众有直接利益关系、社会公众能感受得到的专项转移支付资金,如新型农村合作医疗补助资金、城乡最低生活保障资金、粮食直补和农资综合直补资金、救灾扶贫资金等作为重点内容向社会公开,重点公开资金补助(或救助)标准、分配依据、分配结果以及考核反馈等②
财政部	财政部关于进一步做好预算信息公开工作的指导意见	经同级人大或其常委会审议批准的预算、决算要主动向社会公开,原则上应包括一般预算收支预算表、一般预算收支决算表、政府性基金预算收支预算表、政府性基金预算收支决算表;一般预算收支预算表和一般预算收支决算表的收支项目按照收入分类和支出功能分类基本编列到款级科目,政府性基金预算收支预算表和政府性基金预算收支决算表按照具体的基金收支项目编列。对预算安排的教育、医疗卫生、社会保障和就业、"三农"、保障性住房等涉及民生的重大财政专项支出的管理办法、分配因素等,要积极主动公开③

---

① 国务院:《中华人民共和国信息公开条例》,http://www.most.gov.cn/yw/200704/t20070424_43317.htm,2007年4月27日。

② 财政部:《财政部关于进一步推进财政预算信息公开的指导意见》,http://www.mof.gov.cn/pub/yusuansi/zhengwuxinxi/zhengceguizhang/200809/t20080917_75533.html,2008年9月10日。

③ 财政部:《财政部关于进一步做好预算信息公开工作的指导意见》,http://www.gov.cn/gongbao/content/2010/content_1629133.htm,2010年3月1日。

续表

制定部门、时间	名称	预算公开要求
财政部，2011.1.28	财政部关于深入推进基层财政专项支出预算公开的意见	要重点公开与人民群众利益密切相关的教育、医疗卫生、社会保障和就业、住房保障支出以及"三农"等方面的财政专项支出。公开财政专项支出的资金管理办法、资金来源（按比例或数额）、分配标准以及到乡镇、部门的分配结果①
国务院办公厅 2013.7	当前政府信息公开重点工作安排	2015年之前实现全国县级政府全面公开"三公"经费②
财政部	关于深入推进地方预决算公开工作的通知	进一步细化地方政府预决算公开内容，政府预算全部细化到支出功能分类的项级科目，专项转移支付预算细化到具体项目。扩大地方部门预决算公开范围，除涉密部门外，地方所有使用财政拨款的部门均应公开本部门预算。细化地方部门预决算公开内容，除涉密内容外，部门预决算全部公开到支出功能分类的项级科目，逐步将部门预决算公开到基本支出和项目支出，研究将部门决算按经济分类公开。加大"三公"经费公开力度，细化公开内容，所有财政拨款安排的"三公"经费都要详细公开，"公务用车购置和运行费"细化公开为"公务用车购置费"和"公务用车运行费"③
全国人大 2015年1月1日起实施	中华人民共和国预算法	第14条

资料来源：作者根据相关资料整理得来。

从现有的制度安排不难看出，相比国际社会的财政透明度准则以及国内学术团体的评价标准，我国现阶段对于各级政府，尤其是对基层政府的财政透明度要求是比较低的。无论是从财政信息覆盖的范围、内容、具体化程度，还是财政信息披露的及时性、可理解性等方面，都只

---

① 财政部：《财政部关于深入推进基层财政专项支出预算公开的意见》，http://www.gov.cn/zwgk/2011-02/15/content_1803540.htm，2011年1月28日。

② 国务院办公厅：《当前政府信息公开重点工作安排》，http://www.china.com.cn/guoqing/2013-07/10/content_29383009.htm，2013年7月1日。

③ 财政部：《关于深入推进地方预决算公开工作的通知》，http://yss.mof.gov.cn/zhengwuxinxi/zhengceguizhang/201403/t20140318_1056686.html，2014年3月4日。

是提出了较低的要求，甚至没有要求。此外，现有的制度安排分为两个阶段：（1）2008年5月1日~2014年12月31日，这一阶段的制度安排尚缺乏正式立法的保障，相关制度并不是通过人民代表大会立法通过，而是政府部门制定的行政规章，这不可避免地会带有行政或部门利益的痕迹。尽管如此，这些部门规章在提出透明度要求时，其措辞也并非是要求严格执行，而是采用"争取""选择一些与人民群众有直接利益关系的信息""应该"等比较委婉的字眼来要求地方政府提高财政透明度。这一方面表明了中央政府渐进式推动财政透明度的整体思路，另一方面也表明中央政府也意识到基层政府公开财政信息的难度，有意放宽一要求。这里面既考虑到官员的接受程度，也涉及技术层面的一些难题。（2）2015年以后。这一阶段，新修订预算法开始正式实施，财政信息公开有了正式的法律要求。因此，在对基层政府财政透明度执行力的考察方面，我们也分别从这两个阶段进行考察，分析在有无正式法律制度下，基层政府财政透明度的执行力是否有较大区别。

对于基层政府财政透明度执行力，我们可以从解释、组织、实施和监控这四个阶段来入手，每个阶段又可设立若干指标来建立反映基层政府财政透明度执行力的指标评价体系。需要说明的是，在选择评价指标时，我们主要考虑指标的重要性、相关性和可测性，并没有片面追求全面性，以避免削弱指标体系的可操作性。

1. 解释力

一项政策一旦被采纳，就得到各级政府或官僚机构的多种解释，有些是协调的，有些则可能是矛盾的。在高度复杂的社会中，要使得基层政府把上级政府制定的政策转化为具体的计划来实施，首先就需要在政府机构内部和辖区内公众中明确政策含义并统一认识。公开政府财政信息是对传统行政管理的一次革命，意味着政府的一些权力必须要在社会公众的监督之下行驶，从而减少了政府官员自由裁量权的机会。而且信息披露的越多、越详细，政府官员行驶权力的自由空间就越少。此时，对中央政府财政公开的理解或解释对基层政府的信息公开就有着重要意义。基层政府的解释力主要表现为：对中央相关政策是否制定适用于当地的配套实施办法或实施细则，能否在当地政府网站上找到中央政府关于财政信息公开的规定或解释，便于普通社会公众查阅和了解其内容和意义。因此，该阶段可设置"对上级政策理解度"和"政策传播度"两项指标。

2. 组织力

任何一项政策、决议都必须经由一定的组织才能执行下去，需要专门的机构和人员来负责。财政信息是由很多部门分别产生的，如果按照"谁制作，谁发布"的原则，各部门只是在自己的政府网站上发布信息，不仅会增加公众查阅的难度，而且也会造成信息混淆而产生误解。因此，需要在政府网站上建设一个政府信息发布专栏，及时披露各类政府信息，当然，这需要专门的机构和人员来协调。基层政府的组织力主要表现为：是否在政府网站上设立专门财政信息发布专栏，是否有机构和其他政府职能部门就信息公开问题进行协调。该阶段我们可设置"机构设置合理度"和"组织协调度"两项指标。

3. 实施力

政府执行力主要表现在政府机构对有关政策的实际落实上，这是考察政府执行力的核心，其他的措施都是为这一核心内容而准备的。政府每天都要产生大量的财政信息，是不是都应该公开呢？从实际工作来看，既无必要也无可能，这里我们重点考察专门针对基层政府信息公开的要求，根据社会公众关心的财政信息，设置"县市本级政府预决算报告公开度""重大财政专项支出公开度""部门预算公开度""'三公'消费公开度"四项指标。

4. 监控力

监督考核是政策落实的保障，基层政府如果想把财政信息公开这项工作做好，适当的绩效考核和奖优罚劣机制是必不可少的。此外，财政信息公开的对象主要是公众，信息公开与否及其程度对公众知情权的维护有直接的影响，他们对政府信息公开的监督和推动才是财政透明度提高的力量源泉。因此，这里的监控力主要表现在：是否制定了财政信息公开的绩效考核机制，是否允许公众参与到政府部门财政信息公开的监督考核中来。相应的，我们设置了"绩效考核力"和"公众参与度"两项指标。

这样，根据基层政府执行财政透明度要求的四个阶段，我们构建了基层政府财政透明度执行力评价指标体系，包括 4 个一级指标，10 个二级指标（见表 5-2），这些都是可以通过直接查阅政府网站可以获得的指标。本指标体系力求简洁、实用，能够较为客观地衡量基层政府对财政透明度要求的执行情况。

表 5-2　　　　基层政府财政透明度执行力评价指标体系

目标层	准则层	指标层
基层政府财政透明度执行力 A	B1 解释力	C1 对上级政策的理解度
		C2 政策的传播度
	B2 组织力	C3 机构设置合理度
		C4 组织协调度
	B3 实施力	C5 县市本级政府预决算报告公开度
		C6 重大财政专项支出公开度
		C7 部门预算公开度
		C8 三公经费公开度
	B4 监控力	C9 绩效考核力
		C10 公众参与度

5.1.2　指标权重赋值

我们采用特尔菲（Delphi）法给指标的权重赋值，邀请专家对指标的权重进行估值打分。

特尔菲法对指标权重赋值的具体步骤为：

设有 n 个决策指标 f_1，f_2，…，f_n，组织 m 个专家咨询，每个专家确定一组指标权重估计值：

$$w_{i1}, w_{i2}, \cdots, w_{in}, (1 \leqslant i \leqslant m)$$

对 m 个专家给出的权重估计值平均，得到平均估计值：

$$\bar{w}_j = \frac{1}{m} \sum_{i=1}^{m} w_{ij}, (1 \leqslant j \leqslant n)$$

计算估计值和平均估计值的偏差：

$$\Delta_{ij} = |w_{ij} - \bar{w}_j|, (1 \leqslant i \leqslant m, 1 \leqslant j \leqslant n)$$

对于偏差 Δ_{ij} 较大的第 j 个指标的权重估计值，再请第 i 个专家重新估计 w_{ij}，经过几轮反复，直到偏差满足一定要求为止，这样，就得到一组指标权重的平均估计修正值 $\bar{w}_j(1 \leq j \leq n)$。

在对"基层政府财政透明度执行力评价指标"的权重赋值计算中，我们咨询了部分财政部门官员、高校教师、研究机构研究人员共42人，请他们对表5-2中的各层指标对上级指标的重要性（即权重）进行估值评分，分值在0~100分①，分值越高说明该指标对于透明度描述越重要。然后，根据专家的分值，采用特尔菲法，得到各个权重的平均估计值，对估计值和平均估计值的偏差 $\Delta_{ij} > 10$ 分的估计值 w_{ij}，再请第i个专家重新估计，直到偏差满足 $\Delta_{ij} < 10$ 分为止。最后，将得到的指标权重的平均估计修正值 $\bar{w}_j(1 \leq j \leq n)$ 进行归一化处理，归一化处理的计算公式为：

指标权重 $w_j = \bar{w}_j / 100$，$(1 \leq j \leq n)$

这样，就得到表5-3所示的各层指标的权重数值。

表5-3　　基层政府财政透明度执行力评价指标体系权重

目标层	准则层	权重	指标层	权重
基层政府财政透明度执行力A	B1 解释力	0.084	C1 对上级政策的理解度	0.719
			C2 政策的传播度	0.281
	B2 组织力	0.153	C3 机构设置合理度	0.593
			C4 组织协调度	0.407
	B3 实施力	0.512	C5 县市本级政府预决算报告公开度	0.107
			C6 重大财政专项支出公开度	0.345
			C7 部门预算公开度	0.251
			C8 三公经费公开度	0.297
	B4 监控力	0.251	C9 绩效考核力	0.692
			C10 公众参与度	0.308

在该指标体系中，解释力和组织力是政府执行力的准备，实施力是执行力的直接体现，监控力是执行力的保证。因此，对目标层政府执行力而言，实施力和监控力更重要，组织力和解释力重要性居后。在实施力方面，由于当前各级政府对财政预决算报告公开已经成为一个基本的要求，而且很多地方已经实施了很长时间，几乎对基层政府财政透明度

---

① 其中，80分以上为很重要；60~80分为基本重要；40~60分为略微重要；40分以下为不重要。

执行力的高低没有什实质性影响,其权重为 0.107;而部门预算和"三公"经费公开则是近年来的要求,对基层政府来说刚刚展开工作,在技术上和认识上都需要一个逐渐明确的过程,两者的重要性差不多,权重分别为 0.251、0.297;重大财政专项支出公开和社会公众的切身利益关系紧密,是基层公众最为关心的内容,其权重为 0.345。在监控力方面,目前自上而下的监督还是最为有效的,政府部门内部制定完善的考核体系来督促财政透明度的实现是基层政府提高执行力的坚实基础,其权重为 0.692,而公众的参与在一定程度上会促使政府部门履行财政公开的职责,对信息公开起到一种辅助作用,其权重为 0.308。在组织力方面,政府部门是否能够搭建合适的财政信息公开平台,对财政信息需求者来说意义重大,其权重为 0.593,各部门机构之间的协调其次,权重为 0.407;在解释力方面,基层政府要想切实贯彻上级政府意图,首先需要正确理解政策含义,其权重为 0.719,其次要看政策的有效传播,应该让辖区内公众都了解该政策的意义和内容,其权重为 0.281。

根据表 5-3 的指标权重数值,我们还可计算指标层 C 对于综合评价指标 A 的组合权重。指标层 C 的各指标 c_l,($l=1, 2, \cdots, 10$) 对于准则层 B 的各指标 B_k,($k=1, 2, 3, 4$) 的权重向量为:

$$\begin{bmatrix} 0.719 & 0.281 & 0 & 0 & 0 & 0 & 0 & 0 & 0 & 0 \\ 0 & 0 & 0.593 & 0.407 & 0 & 0 & 0 & 0 & 0 & 0 \\ 0 & 0 & 0 & 0 & 0.107 & 0.345 & 0.251 & 0.297 & 0 & 0 \\ 0 & 0 & 0 & 0 & 0 & 0 & 0 & 0 & 0.692 & 0.308 \end{bmatrix}$$

准则层 B 的各指标 B_k,($k=1, 2, 3, 4$) 对于综合评价指标 A 的权重为:

$$[0.084, 0.153, 0.512, 0.251]$$

于是,指标 c_l,($l=1, 2, \cdots, 10$) 对于综合评价指标 A 的组合权重为:

$(w_1^A, w_2^A, w_3^A, w_4^A, w_5^A, w_6^A, w_7^A, w_8^A, w_9^A, w_{10}^A) =$
$[0.084, 0.153, 0.512, 0.251] \times$
$\begin{bmatrix} 0.719 & 0.281 & 0 & 0 & 0 & 0 & 0 & 0 & 0 & 0 \\ 0 & 0 & 0.593 & 0.407 & 0 & 0 & 0 & 0 & 0 & 0 \\ 0 & 0 & 0 & 0 & 0.107 & 0.345 & 0.251 & 0.297 & 0 & 0 \\ 0 & 0 & 0 & 0 & 0 & 0 & 0 & 0 & 0.692 & 0.308 \end{bmatrix}$

= (0.0604, 0.0236, 0.0907, 0.0623, 0.0548, 0.1766, 0.1285, 0.1521, 0.1737, 0.0773)

可看出，对于综合评价指标 A 而言，各指标的重要性依次为：C6 重大财政专项支出公开度（0.1766）＞C9 绩效考核力（0.1737）＞C8 "三公"经费公开度（0.1521）＞C7 部门预算公开度（0.1285）＞C3 机构设置合理度（0.0907）＞C10 公众参与度（0.0773）＞C4 组织协调度（0.0623）＞C1 对上级政策理解度（0.0604）＞C5 预决算报告公开度（0.0548）＞C2 政策的传播度（0.0236）。

5.1.3 基层政府财政透明度执行力评价指标体系的信度与效度检验

1. 信度检验

我们采用内部一致性信度法来检验上述评价指标体系，信度公式为：

$$R_\alpha = \frac{k}{k-1}\left(1 - \frac{\sum s_i^2}{s^2}\right)$$

式中，K 为评价体系包含的指标数量，即第 i 个评价指标的方差，s^2 表示评价得分的方差。

我们利用 SPSS 统计软件，对指标数据进行信度分析处理，得出基层政府财政透明度执行评价指标体系的内部一致性信度（Cronbach's）α 系数（见表 5-4）。

表 5-4　　　　基层政府财政透明度执行力评价指标
体系内部一致信度（Cronbach's）α 系数

项目	4 个一级指标	10 个二级指标	B1 下的各二级指标
α	0.789	0.811	0.796
项目	B2 下的各二级指标	B3 下的各二级指标	B4 下的各二级指标
α	0.773	0.834	0.781

从表 5-4 可看出，基层政府财政透明度执行力评价指标体系的 α

系数均在 0.7 以上[①]，表明该指标体系可信度较高。

2. 效度检验

课题采用内容效度检验方法，进行指标体系的效度检验。效度公式为：

$$CV = \frac{n_e - n/2}{n/2}$$

式中，n 为评价者总人数，n_e 为认可评价指标体系的人数。对于本书所提出的指标体系，根据咨询专家意见，统计结果如表 5-5 所示。

表 5-5　　　　　　　　各评价指标的内容效度

指标	B1	B2	B3	B4	C1	C2	C3
CV	0.71	0.84	0.79	0.73	0.62	0.61	0.76
指标	C4	C5	C6	C7	C8	C9	C10
CV	0.66	0.69	0.77	0.78	0.83	0.81	0.79

从表 5-5 可以看出，所有指标的内容效度比值在 0.61 以上，其中，有 71% 的比值在 0.71 以上，说明该指标体系有较高的效度。

5.2　我国基层政府财政透明度执行力实证研究

根据前文已经构建的基层政府财政透明度执行力评价指标体系，本节我们选择部分县市来进行实证分析我国基层政府财政透明度执行力情况[②]。

5.2.1　数据来源及说明

我们对基层政府财政透明度执行力分析采取的方式是，在政府官方

[①]　一般认为，0.7 以上为比较好；0.6~0.7 为可接受值。
[②]　这里我们没有选用县级区政府，主要原因是县市一级政府相对于区政府来说独立性较强，更能反映出基层政府在财政透明度问题上所面临的实际问题。

网站上考察这些地区政府部门财政信息的公开情况，重在考察信息的可得性、全面性。新修订的《中华人民共和国预算法》于2015年1月1日起试行，为了检验新预算法对基层政府财政透明度的影响，我们将考察基层政府财政透明度执行力情况分为两个时间段，即预算法修订实施前的2013年和预算法实施后的2015年。

对于县市的选择，我们主要按照经济发展水平，分为"发达县""中等县"和"贫困县"三级。由于我国县级政府数量过多，为了简化工作，我们的选取原则是：每个省只选择一个县市进行考察（港澳台除外）。而且，由于无法得到每一个县市的统计数据，难以精确衡量每个县的经济发展水平，因此，我们尽量从国家公认的贫富标准中选择。例如，对发达县和贫困县分别从2013年国家评选的"经济百强县"和"国家级贫困县"中选择，中等县则在这两者之外的县市中随机选取，于是得到：(1) 发达县。我们从2013年"全国经济百强县"排名前十的省份中选择各省的第一位，包括江苏江阴市、福建晋江市、浙江慈溪市、内蒙古准格尔旗、山东龙口市、辽宁瓦房店市、湖南长沙县、广东增城市、四川双流县、陕西神木县。(2) 贫困县。我们从2013年被认定为"国家级贫困县"的县市中选择。首先，从拥有国家级贫困县数量较多省份中选择10个省[1]，然后，随机选择每个省排名靠前的国家级贫困县，包括云南禄劝县、贵州水城县、甘肃榆中县、山西娄烦县、河南兰考县、广西隆安县、新疆乌什县、江西莲花县、安徽潜山县、青海大通县。(3) 中等县。我们从剩下的省、自治区、直辖市中，首先按照人均GDP选择2013年经济发展水平中等的地市，然后再从中随机选择非全国经济百强和非国家级贫困县[2]，包括北京密云县、上海崇明县、天津静海县、重庆武隆县、吉林抚松县、黑龙江鸡东县、湖北京山县、西藏措美县、海南万宁、河北昌黎县、宁夏永宁县。综上所述，我们选择了31个省、自治区、直辖市的31个县市作为样本，来考察我国县级政府财政透明度执行力状况。

然后，我们要对财政透明度执行力评价指标进行赋值。根据各县市对财政透明度执行的实际情况，结合实证分析的要求，由上文提到的专

---

[1] 主要倾向于西部地区，且为了使得每个省都选择一个县市，贫困县的省份不能和发达县、中等县的省份重复。

[2] 北京、上海、天津、重庆四个直辖市只选择县，不选择区。

家组讨论分析，给出指标层各指标的赋值规则，具体如表 5-6 所示。

表 5-6　　　　基层政府财政透明度执行力评价指标赋值

评价指标	赋值说明
C1 对上级政策的理解度	对相关法律法规，县市作出解释或制定相应要求的，每一个得 0.2 分，5 个以上得 1 分，不制定不得分。
C2 政策的传播度	对相关法律法规在政府信息发布网站上每查到一个得 0.2 分，5 个以上得 1 分，查不到得 0 分。
C3 机构设置合理度	1 = 设置政府信息公开专栏，并集中公布财政信息； 0.5 = 设置政府信息公开专栏，但公布的财政信息不全面； 0 = 没有设置政府信息公开专栏
C4 组织协调度	1 = 有机构专门处理和其他部门的协调沟通　0 = 没有
C5 预决算报告公开度	1 = 预决算都公开；0.5 = 预决算只公开一个； 0 = 没有公开
C6 重大财政专项支出公开度	资金管理办法、资金来源、分配标准、分配结果，每公开一项得 0.25 分
C7 部门预算公开度	1 = 部门预算支出按功能分类公开到项级科目，并按经济分类的； 0.6 = 部门预算支出按功能分类公开到款级科目，并按经济分类的； 0.5 = 部门预算没支出按功能分类公开到类级科目，并按经济分类的； 0 = 没有公开部门预算
C8 "三公"经费公开度	1 = 所有财政拨款安排的"三公"经费都公开，且"公务用车购置和运行费"细化公开为"公务用车购置费"和"公务用车运行费"； 仅公开"出国费用"为 0.3； 仅公开"招待费"为 0.3； 仅公开"公车费用"，且细化为"公务用车购置费"和"公务用车运行费"为 0.4；仅公开"公车费用"为 0.2； 0 = 没有公开财政拨款安排的"三公"经费
C9 绩效考核力	1 = 制定了财政信息公开绩效考核办法； 0 = 没有
C10 公众参与度	1 = 制定了公众参与监督的办法； 0 = 没有

根据表 5-6 给出的指标赋值规则，给出 31 个县对应的指标数值，如表 5-7 所示。

表 5-7　31个基层政府对应的指标值（2013/2015）

		C1	C2	C3	C4	C5	C6	C7	C8	C9	C10
发达县	江苏江阴市	0.2/0.2	0.2/0.2	1/1	1/1	1/1	0.25/0.25	0.5/0.5	1/1	1/1	1/1
	福建晋江市	0.2/0.2	0.2/0.2	1/1	1/1	1/1	1/1	0.5/0.5	0.8/0.8	1/1	1/1
	浙江慈溪市	0.2/0.2	0.2/0.2	1/1	1/1	1/1	0/0	0.5/0.5	1/1	0/0	0/0
	内蒙古准格尔旗	0.2/0.2	0.2/0.2	0.5/1	1/1	0/1	0/0	0/0.5	0/1	0/0	0/0
	山东龙口市	0.2/0.2	0.2/0.2	0.5/1	1/1	0/1	0/0	0/1	0/1	0/0	0/0
	辽宁瓦房店市	0.2/0.2	0.2/0.2	0.5/1	1/1	1/1	0/0	0/1	0/1	0/0	0/0
	广东增城市	0/0	0/0	0.5/1	1/1	1/1	1/1	1/1	1/1	1/1	1/1
	湖南长沙县	0.2/0.2	0.2/0.2	1/1	1/1	1/1	1/1	1/1	0.8/1	1/1	1/1
	四川双流县	0.2/0.2	0.2/0.2	1/1	1/1	1/1	0.5/0.5	1/1	1/1	0/0	0/0
	陕西神木县	0.2/0.2	0.2/0.2	1/1	1/1	1/1	0.25/0.25	0.5/0.5	1/1	0/0	0/0
中等县	北京密云县	0.2/0.2	0.2/0.2	1/1	1/1	0/0	0/0	0.5/1	0.8/1	0/0	0/0
	上海崇明县	0.2/0.2	0.2/0.2	1/1	1/1	1/1	1/1	1/1	1/1	0/0	0/0
	天津静海县	0.2/0.2	0.2/0.2	1/1	1/1	1/1	0.75/0.75	0.5/1	1/1	0/0	0/0
	重庆武隆县	0.2/0.2	0.2/0.2	1/1	1/1	1/1	0.25/1	1/1	1/1	0/0	0/0
	吉林抚松县	0/0	0/0	0.5/0.5	0/0	0/0	0/0	0/0	0/0	0/0	0/0
	黑龙江鸡东县	0/0	0/0	0.5/0.5	0/0	1/1	0/0	0/0	1/1	0/0	0/0
	湖北京山县	0.2/0.2	0.2/0.2	1/1	1/1	1/1	1/1	1/1	0/0	0/0	0/0
	西藏错美县	0/0	0/0	0/0	1/1	1/1	0/0	0/0	1/1	0/0	0/0
	海南万宁	0.2/0.2	0.2/0.2	1/1	1/1	0/1	1/1	0.5/1	1/1	1/1	1/1
	河北昌黎县	0.2/0.2	0.2/0.2	1/1	1/1	1/1	0.25/0.25	0/0	0/0	0/0	0/0
	宁夏永宁县	0.2/0.2	0.2/0.2	1/1	1/1	1/1	0.5/0.5	1/1	0/0	0/0	0/0

续表

		C1	C2	C3	C4	C5	C6	C7	C8	C9	C10
贫困县	云南禄劝县	0.2/0.2	0.2/0.2	0.5/1	1/1	0/1	0/0	0.5/1	1/1	0/0	0/0
	贵州水城县	0.2/0.2	0.2/0.2	0.5/1	1/1	1/1	0/1	0.5/0.5	0.8/1	0/0	0/0
	甘肃榆中县	0.2/0.2	0.2/0.2	0.5/0.5	1/1	0/0	0/0	0.5/0.5	1/1	0/0	0/0
	山西娄烦县	0.2/0.2	0.2/0.2	0.5/1	1/1	0/1	0/0	0/0	0/0	0/0	0/0
	河南兰考县	0.4/04	0.2/0.2	0.5/1	1/1	1/1	0.25/0.25	0.5/1	0/1	0/0	0/0
	广西隆安县	0.2/0.2	0.2/0.2	0.5/1	1/1	0/1	0/0	0.5/0.5	0/1	0/0	0/0
	新疆乌什县	0.2/0.2	0.2/0.2	1/1	1/1	1/1	0.25/0.25	1/1	1/1	1/1	1/1
	江西莲花县	0.2/0.2	0.2/0.2	1/1	1/1	1/1	1/1	1/1	1/1	1/1	1/1
	安徽潜山县	0.2/0.2	0.2/0.2	0.5/0.5	1/1	0/0	0/0	0/0	0/0	0/0	0/0
	青海大通县										

5.2.2 基层政府财政透明度执行力计算方法的选择

1. 现有对政府执行力测度的方法评价

目前对政府执行力测度的方法比较简单，主要有多指标加权评价法和灰色关联评价法。

（1）多指标加权评价法。这是一种较常使用的政府执行力测评方法，主要在给定各级指标赋值的基础上进行加权平均计算得出政府执行力的分值。但目前这种方法还存在着一些不足：

①对政府执行力的评价指标体系中，除了含有可以量化的客观数值指标，还存在很多需要主观评价的指标，这些评价指标难以量化。而且，这类指标的赋值没有统一的标准，使得测度的计算结果和实际存在较大的偏差。

②在计算过程中，很多计算方法没有考虑不同度量单位对计算结果的影响，没有按照特定的法则和逻辑过程进行归纳和综合，以便建立各可行方案之间具有可比性的数量关系。

③在计算过程中，该方法对各样本数据的整理汇总，采取简单地取其平均值，没有进一步考虑最大样本数据和最小样本数据对结果的影响。

④对准则层指标的权重设计没有统一的赋值原则，很多文献简单地将各指标的权重平均化，取其算数平均值，没有考虑各指标对执行力测度结果影响程度的大小差异。

（2）灰色关联评价法。灰色关联分析的基本思想是根据序列曲线几何形状的相似程度来判断其联系是否紧密，曲线越接近，相应序列之间的关联度就越大，反之就越小。其处理数据的基本步骤如下：

①确定参考数列和比较数列。

设参考数列为：

$$\{x_0(k)\} = \{x_0(1), x_0(2), \cdots, x_0(n)\}$$

比较数列为：

$$\{x_i(k)\} = \{x_i(1), x_i(2), \cdots, x_i(n)\}, i=1, 2, \cdots, m$$

②数据的标准化。标准化处理是所有数据均减去该数列的平均数，

然后除以该数列的标准差。

标准化参考数列为：
$$\{y_0(k) = (x_0(k) - \bar{x}_0)/\sigma_{x_0}\}$$

其中 $\bar{x}_0 = \dfrac{1}{n}\sum\limits_{k=1}^{n} x_0(k)$, $\sigma_{x_0} = \sqrt{\dfrac{1}{n}\sum\limits_{k=1}^{n}(x_0(k) - \bar{x}_0)^2}$。

标准化比较数列为：
$$\{y_i(k) = (x_i(k) - \bar{x}_i)/\sigma_{x_i}\},\ i = 1, 2, \cdots, m$$

其中 $\bar{x}_i = \dfrac{1}{n}\sum\limits_{k=1}^{n} x_i(k)$, $\sigma_{x_i} = \sqrt{\dfrac{1}{n}\sum\limits_{k=1}^{n}(x_i(k) - \bar{x}_i)^2}$, $i = 1, 2, \cdots, m$。

③计算差数列。

差数列为：$\{\Delta y_i(k)\} = \{|y_i(k) - y_0(k)|\}$, $i = 1, 2, \cdots, m$; $k = 1, 2, \cdots, n$。

④找出最大值和最小值。

最大值为：$\max\{\Delta\} = \max\max\{\Delta y_i(k)\}$, $i = 1, 2, \cdots, m$; $k = 1, 2, \cdots, n$。

最小值为：$\min\{\Delta\} = \min\min\{\Delta y_i(k)\}$, $i = 1, 2, \cdots, m$; $k = 1, 2, \cdots, n$。

⑤计算关联系数。

关联系数 $\{\zeta_i(k)\} = \left\{\dfrac{\min\{\Delta\} + \rho\max\{\Delta\}}{\Delta y_i(k) + \rho\max\{\Delta\}}\right\}$, $i = 1, 2, \cdots, m$; $k = 1, 2, \cdots, n$，其中 ρ 为分辨系数，$0 \leq \rho \leq 1$。

⑥计算关联度。

关联度为：$\gamma_i = \dfrac{1}{n}\sum\limits_{k=1}^{n}\zeta_i(k)$。

采用灰色关联度对政府执行力进行测算，虽然思路清晰，可以在很大程度上减少由于信息不对称带来的损失，并且对数据要求较低，工作量较少，但是这种方法也存在明显的缺点：

①要求对各项指标的最优值进行现行确定，主观性过强，而且部分指标的最优值难以确定。

②对准则层指标的权重设计没有统一的赋值方法，必须借助其他研究方法确定权重，在目前的文献中，主要借助于 AHP 方法确定权重[①]。

---

① 王顺强：《科技政策地方政府执行力评价研究》，武汉理工大学论文，2011 年。

③在计算过程中，对各样本数据的处理，只考虑各样本数据与理想数据的几何差异，没有进一步考虑各样本数据与最不理想数据的差异，造成对执行力测度的评价考虑因素不全面。

鉴于这些方法的不足，笔者提出测算政府执行力的新方法——DELPHI—TOPSIS 综合分析法。采用 DELPHI 法，组织各方面的专家，经过反复信息交换、统计处理和综合归纳，形成客观、全面、科学的权重数值；然后对样本数据进行有效的检验后，采用 TOPSIS 法对政府执行力进行测算。TOPSIS 法已被应用到许多学科的评价分析中，但是在政府执行力的测算中尚未普遍使用，本书将 DELPHI 法与 TOPSIS 法结合应用于政府执行力的评价中尚属首次。

2. 一种测度政府执行力的新方法 DELPHI—TOPSIS 综合分析法

DELPHI 法是依据决策主体的总体设计，组织各方面的专家，通过一定的方式对指标权重独立的发表见解，形成科学的权重数值。TOPSIS 法是多目标决策分析中一种常用的有效方法，又称为优劣解距离法。TOPSIS 法通过构造多指标问题的理想解和负理想解，并以靠近理想解和远离负理想解两个基准，作为评价各可行方案的判据（陈伟，2005；张壮，2009）。我们将这两种方法结合形成"DELPHI—TOPSIS 综合分析法"，并采用 DELPHI—TOPSIS 综合分析法对政府执行力进行测算，具体步骤为：

（1）采用 DELPHI 法给指标的权重赋值，邀请专家对指标的权重进行估值打分。

DELPHI 法对指标权重赋值的基本步骤为：

设有 n 个决策指标 f_1，f_2，…，f_n，组织 m 个专家咨询，每个专家确定一组指标权重估计值 w_{i1}，w_{i2}，…，w_{in}，$(1 \leqslant i \leqslant m)$，取 m 个专家给出的权重估计值的平均估计值为：

$$\bar{w}_j = \frac{1}{m} \sum_{i=1}^{m} w_{ij}, (1 \leqslant j \leqslant n)$$

计算权重估计值与其平均值的偏差为：

$$\Delta_{ij} = |w_{ij} - \bar{w}_j|, (1 \leqslant i \leqslant m, 1 \leqslant j \leqslant n)$$

对于偏差 Δ_{ij} 较大的第 j 个指标，再请第 i 个专家重新估计权重值，并经过多次反复，直到计算的偏差满足设定要求为止，然后重新计算平均估计值，得到其修正值 $\bar{w}_j (1 \leqslant j \leqslant n)$。

(2) 对评价指标体系进行有效的检验,包括信度检验和效度检验。

①信度检验。基层政府财政透明度执行力的评价指标体系采用内部一致性信度法来检验可信度,公式为:

$$R_\alpha = \frac{k}{k-1}\left(1 - \frac{\sum s_i^2}{s^2}\right)$$

式中,k 表示指标量,s_i 表示第 i 个指标的方差,s^2 表示评价得分的方差。

②效度检验。对指标体系的效度检验,采用内容效度检验方法,公式为:

$$CV = \frac{n_e - n/2}{n/2}$$

式中,n 为评价者总人数,n_e 为认可评价指标体系的人数。

(3) 采用 TOPSIS 法对政府执行度进行评价测算。

假设决策矩阵为:

$$X = (x_{ij})_{m \times n}$$

采用 DELPHI 法计算得到的指标权重向量为:

$$W = (w_1, w_2, \cdots, w_n)^T$$

采用 TOPSIS 法进行评价分析的基本步骤是:

①对决策矩阵采用向量归一化法进行标准化处理,得到标准化矩阵:

$$Y = (y_{ij})_{m \times n}$$

标准化矩阵中,

$$y_{ij} = x_{ij}\bigg/\sqrt{\sum_{i=1}^{m} x_{ij}^2},\ (i=1, 2, \cdots, m;\ j=1, 2, \cdots, n)$$

②根据标准化矩阵,计算相应的加权标准化矩阵。

$$V = (v_{ij})_{m \times n} = (w_j y_{ij})_{m \times n}$$

③确定理想解和负理想解。

理想解的计算公式为:

$$V^* = \{(\max_{1 \leq i \leq m} v_{ij} | j \in J^+),\ (\max_{1 \leq i \leq m} v_{ij} | j \in J^-)\} = \{v_1^*, v_2^*, \cdots, v_m^*\}$$

负理想解的计算公式为:

$$V^- = \{(\min_{1 \leq i \leq m} v_{ij} | j \in J^+),\ (\max_{1 \leq i \leq m} v_{ij} | j \in J^-)\} = \{v_1^-, v_2^-, \cdots, v_m^-\}$$

式中,$J^+ = \{$效益型指标集$\}$,$J^- = \{$成本型指标集$\}$。

④分别计算指标到理想解、负理想解的距离。

指标到理想解的距离是：

$$S_i^* = \sqrt{\sum_{j=1}^{n}(v_{ij}-v_j^*)^2}, (i=1, 2, \cdots, m)$$

指标到负理想解的距离是：

$$S_i^- = \sqrt{\sum_{j=1}^{n}(v_{ij}-v_j^-)^2}, (i=1, 2, \cdots, m)$$

⑤确定各方案的相对贴近度，贴进度的计算公式为：

$$C_i^* = \frac{S_i^-}{S_i^- + S_i^*}, (i=1, 2, \cdots, m)$$

⑥对各方案进行排序，相对贴近度越大的方案越优。

在"基层政府财政透明度执行力"的计算中，我们结合各县市财政透明度执行的实际情况，采用 TOPSIS 法对各县市的财政透明度执行力情况进行评价计算。TOPSIS 法通过构造多指标问题的理想解和负理想解，并以靠近理想解和远离负理想解两个基准，作为评价各可行方案的判据。设决策矩阵为：

$$X = (x_{ij})_{m \times n}$$

指标权重向量为：

$$W = (w_1, w_2, \cdots, w_n)^T$$

理想解法的基本步骤是：

①用向量归一化法对决策矩阵做标准化处理，得到标准化矩阵：

$$Y = (y_{ij})_{m \times n}$$

其中，

$$y_{ij} = x_{ij} / \sqrt{\sum_{i=1}^{m} x_{ij}^2}, (i=1, 2, \cdots, m; j=1, 2, \cdots, n)$$

②计算加权标准化矩阵。

$$V = (v_{ij})_{m \times n} = (w_j y_{ij})_{m \times n}$$

③确定理想解和负理想解。

理想解 $V^* = \{(\max_{1 \leq i \leq m} v_{ij} | j \in J^+), (\max_{1 \leq i \leq m} v_{ij} | j \in J^-)\} = \{v_1^*, v_2^*, \cdots, v_m^*\}$

负理想解 $V^- = \{(\min_{1 \leq i \leq m} v_{ij} | j \in J^+), (\max_{1 \leq i \leq m} v_{ij} | j \in J^-)\} = \{v_1^-, v_2^-, \cdots, v_m^-\}$

式中，$J^+=\{效益型指标集\}$，$J^-=\{成本型指标集\}$。

④计算到理想解和负理想解得距离。

到理想解得距离是：

$$S_i^* = \sqrt{\sum_{j=1}^{n}(v_{ij}-v_j^*)^2}, (i=1, 2, \cdots, m)$$

到负理想解得距离是：

$$S_i^- = \sqrt{\sum_{j=1}^{n}(v_{ij}-v_j^-)^2}, (i=1, 2, \cdots, m)$$

⑤计算各方案的相对贴近度。

$$C_i^* = \frac{S_i^-}{S_i^- + S_i^*}, (i=1, 2, \cdots, m)$$

⑥按照相对贴近度的大小，对各方案进行排序，相对贴近度大者为优，相对贴近度小者为劣。

3. 31 个县级政府财政透明度执行力评价的计算

按照 DELPHI—TOPSIS 法，根据表 5 – 7 中指标值计算指标层 C 对于准则层 B 的加权标准化矩阵，经计算可得 31 个县级政府财政透明度执行力对于准则层的相对贴近度，如表 5 – 8 ~ 表 5 – 11 所示。

表 5 – 8　　各县市财政透明度执行力对于解释力（B1）的相对贴近度（2013 年、2015 年）

		到理想解的距离		到负理想解的距离		相对贴近度	
		2013 年	2015 年	2013 年	2015 年	2013 年	2015 年
发达县	江苏江阴市	0.131	0.131	0.142	0.142	0.520	0.520
	福建晋江市	0.131	0.131	0.142	0.142	0.520	0.520
	浙江慈溪市	0.131	0.131	0.142	0.142	0.520	0.520
	内蒙古准格尔旗	0.131	0.131	0.142	0.142	0.520	0.520
	山东龙口市	0.131	0.131	0.142	0.142	0.520	0.520
	辽宁瓦房店市	0.131	0.131	0.142	0.142	0.520	0.520
	广东增城市	0.268	0.268	0	0	0	0
	湖南长沙县	0.131	0.131	0.142	0.142	0.520	0.520
	四川双流县	0.131	0.131	0.142	0.142	0.520	0.520
	陕西神木县	0.131	0.131	0.142	0.142	0.520	0.520

续表

		到理想解的距离		到负理想解的距离		相对贴近度	
		2013 年	2015 年	2013 年	2015 年	2013 年	2015 年
中等县	北京密云县	0.131	0.131	0.142	0.142	0.520	0.520
	上海崇明县	0.131	0.131	0.142	0.142	0.520	0.520
	天津静海县	0.131	0.131	0.142	0.142	0.520	0.520
	重庆武隆县	0.131	0.131	0.142	0.142	0.520	0.520
	吉林抚松县	0.268	0.268	0	0	0	0
	黑龙江鸡东县	0.268	0.268	0	0	0	0
	湖北京山县	0.131	0.131	0.142	0.142	0.520	0.520
	西藏措美县	0.268	0.268	0	0	0	0
	海南万宁	0.131	0.131	0.142	0.142	0.520	0.520
	河北昌黎县	0.131	0.131	0.142	0.142	0.520	0.520
	宁夏永宁县	0.131	0.131	0.142	0.142	0.520	0.520
贫困县	云南禄劝县	0.131	0.131	0.142	0.142	0.520	0.520
	贵州水城县	0.131	0.131	0.142	0.142	0.520	0.520
	甘肃榆中县	0.131	0.131	0.142	0.142	0.520	0.520
	山西娄烦县	0.131	0.131	0.142	0.142	0.520	0.520
	河南兰考县	0.131	0.131	0.142	0.142	0.520	0.520
	广西隆安县	0	0	0.268	0.268	1	1
	新疆乌什县	0.131	0.131	0.142	0.142	0.520	0.520
	江西莲花县	0.131	0.131	0.142	0.142	0.520	0.520
	安徽潜山县	0.131	0.131	0.142	0.142	0.520	0.520
	青海大通县	0.131	0.131	0.142	0.142	0.520	0.520
均值						0.4683	0.4683

表 5-9　各县市财政透明度执行力对于组织力（B2）的相对贴近度（2013 年、2015 年）

		到理想解的距离		到负理想解的距离		相对贴近度	
		2013 年	2015 年	2013 年	2015 年	2013 年	2015 年
发达县	江苏江阴市	0	0	0.155	0.138	1	1
	福建晋江市	0	0	0.155	0.138	1	1
	浙江慈溪市	0	0	0.155	0.138	1	1
	内蒙古准格尔旗	0.067	0	0.102	0.138	0.603	1
	山东龙口市	0.067	0	0.102	0.138	0.603	1
	辽宁瓦房店市	0.067	0	0.102	0.138	0.603	1
	广东增城市	0.067	0	0.102	0.138	0.603	1
	湖南长沙县	0	0	0.155	0.138	1	1
	四川双流县	0	0	0.155	0.138	1	1
	陕西神木县	0	0	0.155	0.138	1	1
中等县	北京密云县	0	0	0.155	0.138	1	1
	上海崇明县	0	0	0.155	0.138	1	1
	天津静海县	0	0	0.155	0.138	1	1
	重庆武隆县	0	0	0.155	0.138	1	1
	吉林抚松县	0.102	0.096	0.067	0.057	0.397	0.373
	黑龙江鸡东县	0.102	0.096	0.067	0.057	0.397	0.373
	湖北京山县	0	0.000	0.155	0.138	1	1
	西藏措美县	0.155	0.138	0	0	0	0
	海南万宁	0	0	0.155	0.138	1	1
	河北昌黎县	0	0	0.155	0.138	1	1
	宁夏永宁县	0	0	0.155	0.138	1	1

续表

		到理想解的距离		到负理想解的距离		相对贴近度	
		2013年	2015年	2013年	2015年	2013年	2015年
贫困县	云南禄劝县	0.067	0	0.102	0.138	0.603	1
	贵州水城县	0.067	0	0.102	0.138	0.603	1
	甘肃榆中县	0.067	0.057	0.102	0.096	0.603	0.627
	山西娄烦县	0.067	0	0.102	0.138	0.603	1
	河南兰考县	0.067	0	0.102	0.138	0.603	1
	广西隆安县	0.067	0	0.102	0.138	0.603	1
	新疆乌什县	0.067	0	0.102	0.138	0.603	1
	江西莲花县	0	0	0.155	0.138	1	1
	安徽潜山县	0	0	0.155	0.138	1	1
	青海大通县	0.067	0.057	0.102	0.096	0.603	0.627
均值						0.7751	0.9032

表5-10 各县市财政透明度执行力对于实施力（B3）的相对贴近度（2013年、2015年）

		到理想解的距离		到负理想解的距离		相对贴近度	
		2013年	2015年	2013年	2015年	2013年	2015年
发达县	江苏江阴市	0.096	0.085	0.088	0.076	0.479	0.470
	福建晋江市	0.039	0.031	0.139	0.123	0.781	0.797
	浙江慈溪市	0.036	0.029	0.145	0.128	0.800	0.817
	内蒙古准格尔旗	0.158	0.111	0	0.071	0	0.389
	山东龙口市	0.158	0.107	0	0.087	0	0.447
	辽宁瓦房店市	0.156	0.107	0.024	0.087	0.133	0.447
	广东增城市	0.119	0.107	0.104	0.087	0.467	0.447
	湖南长沙县	0.014	0	0.152	0.138	0.915	1
	四川双流县	0.059	0.054	0.120	0.102	0.669	0.655
	陕西神木县	0.096	0.085	0.088	0.076	0.479	0.470

续表

		到理想解的距离		到负理想解的距离		相对贴近度	
		2013年	2015年	2013年	2015年	2013年	2015年
中等县	北京密云县	0.125	0.107	0.071	0.087	0.364	0.447
	上海崇明县	0	0	0.158	0.138	1	1
	天津静海县	0.047	0.027	0.122	0.118	0.722	0.815
	重庆武隆县	0.089	0	0.108	0.138	0.549	1
	吉林抚松县	0.158	0.138	0	0	0	0
	黑龙江鸡东县	0.139	0.122	0.075	0.065	0.350	0.347
	湖北京山县	0	0	0.158	0.138	1	1
	西藏措美县	0.158	0.138	0	0	0	0
	海南万宁	0.036	0	0.145	0.138	0.800	1
	河北昌黎县	0.137	0.118	0.030	0.027	0.178	0.185
	宁夏永宁县	0.092	0.081	0.097	0.081	0.511	0.500
贫困县	云南禄劝县	0.126	0.107	0.080	0.087	0.386	0.447
	贵州水城县	0.125	0.029	0.071	0.128	0.364	0.817
	甘肃榆中县	0.126	0.113	0.080	0.068	0.386	0.374
	山西娄烦县	0.158	0.136	0	0.021	0	0.134
	河南兰考县	0.158	0.107	0	0.087	0	0.447
	广西隆安县	0.119	0.101	0.053	0.067	0.306	0.399
	新疆乌什县	0.145	0.111	0.036	0.071	0.200	0.389
	江西莲花县	0.089	0.080	0.108	0.091	0.549	0.530
	安徽潜山县	0	0	0.158	0.138	1	1
	青海大通县	0.158	0.138	0	0	0	0
均值						0.4318	0.5411

表 5-11　各县市财政透明度执行力对于监控力（B4）的相对贴近度（2013 年、2015 年）

		到理想解的距离		到负理想解的距离		相对贴近度	
		2013 年	2015 年	2013 年	2015 年	2013 年	2015 年
发达县	江苏江阴市	0	0	0.309	0.309	1	1
	福建晋江市	0	0	0.309	0.309	1	1
	浙江慈溪市	0.309	0.309	0	0	0	0
	内蒙古准格尔旗	0.309	0.309	0	0	0	0
	山东龙口市	0.309	0.309	0	0	0	0
	辽宁瓦房店市	0.309	0.309	0	0	0	0
	广东增城市	0.309	0.309	0	0	0	0
	湖南长沙县	0	0	0.309	0.309	1	1
	四川双流县	0	0	0.309	0.309	1	1
	陕西神木县	0.309	0.309	0	0	0	0
中等县	北京密云县	0.309	0.309	0	0	0	0
	上海崇明县	0.309	0.309	0	0	0	0
	天津静海县	0.309	0.309	0	0	0	0
	重庆武隆县	0.309	0.309	0	0	0	0
	吉林抚松县	0.309	0.309	0	0	0	0
	黑龙江鸡东县	0.309	0.309	0	0	0	0
	湖北京山县	0.309	0.309	0	0	0	0
	西藏措美县	0.309	0.309	0	0	0	0
	海南万宁	0	0	0.309	0.309	1	1
	河北昌黎县	0.309	0.309	0	0	0	0
	宁夏永宁县	0.309	0.309	0	0	0	0

续表

		到理想解的距离		到负理想解的距离		相对贴近度	
		2013 年	2015 年	2013 年	2015 年	2013 年	2015 年
贫困县	云南禄劝县	0.309	0.309	0	0	0	0
	贵州水城县	0.309	0.309	0	0	0	0
	甘肃榆中县	0.309	0.309	0	0	0	0
	山西娄烦县	0.309	0.309	0	0	0	0
	河南兰考县	0.309	0.309	0	0	0	0
	广西隆安县	0.309	0.309	0	0	0	0
	新疆乌什县	0.309	0.309	0	0	0	0
	江西莲花县	0.309	0.309	0	0	0	0
	安徽潜山县	0	0	0.309	0.309	1	1
	青海大通县	0.309	0.309	0	0	0	0
均值						0.1935	0.1935

然后，计算得出指标层 c_l，($l=1, 2, \cdots, 10$) 对于综合评价指标 A 的加权标准化矩阵。最后，计算得出 31 个县市政府财政透明度执行力对于总体评价指标 A 的相对贴近度，如表 5-12 所示。

表 5-12　各县市的财政透明度执行力对于总体评价指标 A 的相对贴近度（2013 年、2015 年）

		到理想解得距离		到负理想解得距离		相对贴近度		排序	
		2013 年	2015 年	2013 年	2015 年	2013 年	2015 年	2013 年	2015 年
发达县	江苏江阴市	0.050	0.045	0.094	0.090	0.650	0.667	6	4
	福建晋江市	0.023	0.019	0.108	0.103	0.826	0.841	4	2
	浙江慈溪市	0.081	0.080	0.079	0.070	0.494	0.467	8	6
	内蒙古准格尔旗	0.113	0.097	0.020	0.044	0.148	0.310	22	13
	山东龙口市	0.113	0.096	0.020	0.050	0.148	0.345	22	10
	辽宁瓦房店市	0.112	0.096	0.023	0.050	0.171	0.345	21	10
	广东增城市	0.102	0.098	0.056	0.049	0.353	0.334	13	12
	湖南长沙县	0.013	0.011	0.113	0.108	0.895	0.907	2	1
	四川双流县	0.032	0.030	0.102	0.097	0.760	0.766	5	3
	陕西神木县	0.093	0.090	0.052	0.046	0.361	0.337	12	11

续表

		到理想解得距离		到负理想解得距离		相对贴近度		排序	
		2013年	2015年	2013年	2015年	2013年	2015年	2013年	2015年
中等县	北京密云县	0.101	0.096	0.045	0.050	0.309	0.345	14	10
	上海崇明县	0.078	0.078	0.085	0.075	0.521	0.487	7	5
	天津静海县	0.082	0.080	0.068	0.065	0.453	0.450	9	7
	重庆武隆县	0.091	0.078	0.061	0.075	0.404	0.487	10	5
	吉林抚松县	0.115	0.108	0.010	0.009	0.082	0.075	23	19
	黑龙江鸡东县	0.109	0.103	0.040	0.034	0.267	0.249	18	15
	湖北京山县	0.078	0.078	0.085	0.075	0.521	0.487	7	5
	西藏措美县	0.117	0.109	0	0	0	0	24	20
	海南万宁	0.022	0.011	0.111	0.108	0.837	0.907	3	1
	河北昌黎县	0.105	0.099	0.031	0.028	0.225	0.219	19	16
	宁夏永宁县	0.092	0.089	0.056	0.048	0.380	0.352	11	9
贫困县	云南禄劝县	0.102	0.096	0.045	0.050	0.307	0.345	15	10
	贵州水城县	0.102	0.080	0.042	0.070	0.290	0.467	16	6
	甘肃榆中县	0.102	0.098	0.045	0.039	0.307	0.287	15	14
	山西娄烦县	0.113	0.105	0.020	0.026	0.148	0.202	22	17
	河南兰考县	0.113	0.096	0.020	0.050	0.148	0.345	22	10
	广西隆安县	0.099	0.093	0.038	0.046	0.279	0.331	17	22
	新疆乌什县	0.108	0.097	0.027	0.044	0.199	0.310	20	13
	江西莲花县	0.091	0.089	0.061	0.052	0.404	0.371	10	8
	安徽潜山县	0.011	0.011	0.115	0.108	0.913	0.907	1	1
	青海大通县	0.113	0.106	0.020	0.019	0.148	0.152	22	18
均值						0.3854	0.4223		

4. 政府执行力评价结果的分析

从表5-8至表5-12的计算结果可看出:

（1）基层政府财政透明度的执行力整体水平较低。2013年和2015年31个基层政府平均相对贴近度分别只有0.3854和0.4223，整体上处于较低的状态。其中，两年都只有6个县市的相对贴进度超过0.6，占比仅为19.35%。在剩下的25个县市中，2013年相对贴进度在0.5～0.6的只有2个，在0.4～0.5的有4个，19个县市的相对贴进度在0.4以下，占总数的61%。2015年相对贴进度在0.4～0.5的有6个，在0.4以下的有19个，占总数的61%。也就是说，只有少数县市能够贯彻中央提升财政透明度的要求，大部分县市政府按照执行力的系统要求来考察财政透明度问题时做得还远远不够。

（2）基层政府还没有用治理的思维来看待财政透明度问题。在基层政府财政透明度执行力中，组织力的平均相对贴进度最高，为0.7751，以下依次为解释力（0.4683）、实施力（0.4318）、监控力（0.1935）。2015年新预算法实施后，基层政府的财政透明度实施力有所改善，平均相对贴进度为0.5411，上升到第二位，而解释力和监控力分别为0.4683和0.1935，依然排在后两位，表明基层政府在向社会公众的宣传、动员、解释方面努力还很不够。这说明，对于提高财政透明度的要求，基层政府还没有上升到政府治理的高度，没有把它当成是提升政府公信力、维护公众权益、规范政府行为的重要手段，仅仅是把它当成是一项财政信息公开的工作，是为了完成上级或中央政府布置的任务，反映出基层政府在财政透明度问题上还缺乏足够的认识。

（3）新预算法的实施对基层政府财政透明度执行力影响并不明显。新修订的预算法承载了党的十八届三中全会对于现代财政制度的构想，提出了建立透明预算制度的改革理念。但从已经实施的情况来看，对于财政信息公开的要求基层政府贯彻的并不彻底。表现在基层政府财政透明度执行力上，从2013年的均值0.3854提高到2015年的0.4223；表现在财政透明度实施力上，从2013年的均值0.4318提高到2015年的0.5411，上升幅度并不大，这和新预算法本身对财政透明度的要求不高有关。新预算法在财政透明度问题上，只是对现有制度安排的法律化，并没有提出更高的要求，而且在监督执行上也缺乏具体明确的措施，削弱了法律的严肃性。

5.3 影响我国基层政府财政透明度执行力因素的灰色关联度分析

前文我们研究了我国基层政府财政透明度执行力情况，从研究结果来看，并没有发现明显的规律性来指导实践。那么，影响我国基层政府财政透明度执行力的因素是什么呢？哪些因素可以对提升基层政府财政透明度执行力有较好的推动作用？对这些问题的回答，有助于我国整体上提升对基层政府财政透明度执行力水平的认识。

5.3.1 理论基础

在借鉴国内外财政透明度研究成果的基础上，结合相关专家的咨询意见，我们初步确定影响地方政府财政透明度执行力的因素主要有：GDP（亿元）、人均GDP（元）、公共财政收入、城镇居民人均可支配收入、第三产业比重、进出口额、领导受教育程度、省级政府财政透明度和市级政府财政透明度等。其中，GDP（亿元）和人均GDP（元）水平代表一地经济发展水平，从经验看，发达国家较之发展中国家有着更高的财政透明度，我们因此假设，经济发展水平越高的政府财政透明度执行力水平也越高；公共财政收入反映政府的规模，费雷约翰（Ferejohn，1999）、詹姆斯（James，2002）等的研究指出，财政透明度越高，政府的规模是越大的，因为公众更加信任政府，愿意将更多的资源交给政府来使用。我们也可以认为政府规模越大，政府越应该提高财政透明度水平，推动政府提高财政透明度水平的动力越强，相应地，政府财政透明度执行力越高；城镇居民人均可支配收入反映社会公众的经济地位，有研究指出，居民经济地位越高，政治参与意识越强，推动财政透明度的动力就越强[1]，因此，我们假设，对政府财政透明度执行力的影响就越大；第三产业比重和进出口额是体现经济结构的指标，在一定意义上能够反映市场的成熟度，地方的市场越成熟，越能够对政府的行

---

[1] Verba, S., & Nie, N. 2004. "Participation in America". *Chicago*: University of Chicago Press.

为起到规范作用，也能够促使政府提高财政透明度①；领导受教育程度对基层政府财政透明度执行力的影响是可想而知的，领导受教育程度越高，越容易接受财政民主管理观念，推动提高地方财政透明度的可能就越大；省市财政透明度水平则是反映了上级政府对基层政府执行财政透明度要求的影响力，一般来说，上级政府财政透明度越高，对基层政府的财政透明要求也越高，其执行力也越强。

以上我们从理论上分析了影响财政透明度政府执行力的影响因素，那么，这些因素是否在我国基层政府也同样发挥着重要影响呢？下面我们采用灰色关联分析的方法分析这些因素与基层政府财政透明执行力的相关性及影响程度。

5.3.2 基层政府财政透明度执行力影响因素的灰色关联度分析

1. 灰色关联度的计算步骤

灰色关联度分析是以参考点和比较点之间的距离为基础，找出各因素的差异性和接近性的一种分析方法。它根据分析对象时序数列曲线的相似程度来判断其关联程度，两条曲线越相似，其关联度越大，反之越小②。

根据灰色关联分析理论，给出下面数据处理的基本步骤如下：
①确定参考数列和比较数列。
设参考数列为：

$$\{x_0(k)\} = \{x_0(1), x_0(2), \cdots, x_0(n)\}$$

比较数列为：

$$\{x_i(k)\} = \{x_i(1), x_i(2), \cdots, x_i(n)\}, i = 1, 2, \cdots, m$$

②数据的标准化。标准化处理是所有数据均减去该数列的平均数，然后除以该数列的标准差。

---

① 彭军、邓淑莲：《财政管理透明度的市场实现机制：美国的经验及其启示》，载于《公共行政评论》2009 年第 1 期，第 159~173 页。

② 刘思峰、党耀国：《灰色系统理论及其应用》，北京科技出版社 2008 年版。

标准化参考数列为:
$$\{y_0(k)=(x_0(k)-\bar{x}_0)/\sigma_{x_0}\}$$
式中:
$$\bar{x}_0=\frac{1}{n}\sum_{k=1}^{n}x_0(k),\ \sigma_{x_0}=\sqrt{\frac{1}{n}\sum_{k=1}^{n}(x_0(k)-\bar{x}_0)^2}$$
标准化比较数列为:
$$\{y_i(k)=(x_i(k)-\bar{x}_i)/\sigma_{x_i}\},\ i=1,2,\cdots,m$$
式中:
$$\bar{x}_i=\frac{1}{n}\sum_{k=1}^{n}x_i(k),\ \sigma_{x_i}=\sqrt{\frac{1}{n}\sum_{k=1}^{n}(x_i(k)-\bar{x}_i)^2},\ i=1,2,\cdots,m$$

③计算差数列。

差数列为:
$$\{\Delta y_i(k)\}=\{|y_i(k)-y_0(k)|\},\ i=1,2,\cdots,m;\ k=1,2,\cdots,n$$

④找出最大值和最小值。

最大值为:
$$\max\{\Delta\}=\max\max\{\Delta y_i(k)\},\ i=1,2,\cdots,m;\ k=1,2,\cdots,n$$
最小值为:
$$\min\{\Delta\}=\min\min\{\Delta y_i(k)\},\ i=1,2,\cdots,m;\ k=1,2,\cdots,n$$

⑤计算关联系数。

关联系数为:$\{\zeta_i(k)\}=\left\{\dfrac{\min\{\Delta\}+\rho\max\{\Delta\}}{\Delta y_i(k)+\rho\max\{\Delta\}}\right\}$,$i=1,2,\cdots,m$;$k=1,2,\cdots,n$,式中 ρ 为分辨系数,$0\leqslant\rho\leqslant1$。一般情况下,$\rho=0.5$。ρ 的作用是消除 $\max\{\Delta\}$ 值过大从而使计算的关联系数失真的情况(不失一般性,在下面数据的计算中,取 $\rho=0.5$)。

⑥计算关联度。关联系数是一个数列,信息比较分散,不便于比较,为此需要计算关联度,用来集中反映某个比较数列与参考数列的关联程度[1]。

关联度为:$\gamma_i=\dfrac{1}{n}\sum_{k=1}^{n}\zeta_i(k)$。

---

[1] 莫勇波、刘国刚:《地方政府执行力评价体系的构建及测度》,载于《四川大学学报》(哲学社会科学版),2009 年第 5 期,第 69~76 页。

2. 县政府财政透明度执行力的灰色关联分析

由于在计算基层政府财政透明度执行力时，我们是考察基层政府对 2013 年财政信息公开的程度，因此，在确定影响因素时，我们选择各基层政府 2013 年的数据，主要是从各县市《2013 年国民经济和社会发展统计公报》中查询有关数据。关于领导的受教育程度，我们选择的是现任县长或市长的最高学历；在省市财政透明度得分方面，由于上海财经大学公共政策研究中心 2014 年省级财政透明度报告在本书写作时尚未颁布，我们只能选择 2013 年省级财政透明度，所反映的情况是 2012 年各省披露的财政信息；关于市级财政透明度，我们选择清华大学颁布的 2014 年市级财政透明度，反映的是 2013 年各市披露的财政信息。

（1）确定参考数列和比较数列。在灰色关联分析中，确定参考数列和比较数列如下：

①参考数列。

Y：县政府财政透明度执行力对于总体评价指标 A 的相对贴近度。

②比较数列。

$X1$：GDP；

$X2$：人均 GDP；

$X3$：公共财政收入；

$X4$：城镇居民人均可支配收入；

$X5$：第三产业比重；

$X6$：进出口额；

$X7$：领导受教育程度；

$X8$：2013 年省财政透明度；

$X9$：2014 市财政透明度。

31 个县对应的比较数列的数据如表 5-13 所示。

在表 5-13 中，指标 X8（领导受教育程度）为定性指标，为了便于分析，我们将"领导受教育程度"给出的数据进行定量化，定量化原则如表 5-14 所示。

表 5-13　　县政府财政透明度执行力的影响因素数据表

	GDP（亿元）	人均GDP（元）	公共财政收入（亿元）	城镇居民人均可支配收入（单位：元）	第三产业比重（%）	进出口额/GDP	领导受教育程度	2013年省财政透明度得分	2014年市财政透明度
江苏江阴市	2706	166000	182	43144	42	46	大学	25.12	20.7
福建晋江市	1363.94	66696	182.79	30825	31.2	48.24	大学	68.46	62.31
浙江慈溪市	1031.09	70186	164.53	41254	37.65	53	研究生	19.44	36.11
内蒙古准格尔旗	1050.54	285473	73.86	37586	36.5	0	研究生	21.14	27.78
山东龙口市	935	135605	71.57	35315	35.8	21.39	大学	36.2	20.44
辽宁瓦房店市	1100	104702	74.3	23000	/	46	大学	18.69	49.44
广东增城市	989.45	94072	62.98	32996	35.89	26.47	研究生	22.08	85.83
湖南长沙县	976	97249	130	30548	22	16.43	研究生	20.18	41.89
四川双流县	746.1	60078	62.12	31752	42.5	31.16	研究生	20.86	74.02
陕西神木县	925.5	202282	50.1	30100	26.24	0	大学	20.77	15.13
北京密云县	195.1	41084	25.4	32538	43.3	2	研究生	30.57	84.63
上海崇明县	252.3	34642	40.6	31842	41.6	0	博士	32.1	82.96
天津静海县	502.21	68763	42.21	/	28	35.7	研究生	21.88	75.93
重庆武隆县	107.9	30871	9.7	22984.6	28.4	0.46	博士	30.54	29
吉林抚松县	170.3	56505	11	18049	34.2	0.7	研究生	14	16.11
黑龙江鸡东县	78.89	26572	2.8	/	/	/	研究生	47.13	9.26

续表

	GDP（亿元）	人均GDP（元）	公共财政收入（亿元）	城镇居民人均可支配收入（单位：元）	第三产业比重（%）	进出口额/GDP	领导受教育程度	2013年省财政透明度得分	2014年市财政透明度
湖北京山县	268	41875	10	17794	25	2.7	研究生	42.7	21.78
西藏措美县	2	14285	0.1	6380	49	0	/	50.89	/
海南万宁市	147.12	26580	12.36	22038	45.1	1.1	博士	77.7	/
河北昌黎县	187	33392	7.9	21587	/	0	大学	42.72	40.65
宁夏永宁县	103.57	44844	10.89	21483	31.8	0	大学	23.07	23.24
云南禄劝县	58.2	12583	5.98	22082	40.3	0	大学	23.82	53.24
贵州水城县	13.7	16190	20	5421	28	0	大学	20.61	22.17
甘肃榆中县	76.4	18190	3.51	13363	24	0	大学	26.79	9.54
山西娄烦县	17	13821	5.5	15435	/	0	研究生	20.53	37.22
河南兰考县	193	22976	9.2	16538	33	0.2	大学	37.26	27.93
广西隆安县	54.6	13471	4.6	19332	28	0	研究生	38.68	82.13
新疆乌什县	18.46	8733	1.5	16727	51	4.3	/	51.96	/
江西莲花县	48.39	20475	5.1	16490	36.5	20.4	大学	24.18	60.35
安徽潜山县	115.2	19556	5.6	/	26	4.2	/	22.57	70.74
青海大通县	110.3	26902	5.02	17432	14.88	0	大学	20.84	34.19

注：表中"/"为缺省数据，该数据在官网上没有公布。
数据来源：各县市官网公布数据。

表 5-14　　　　标 X8（领导受教育程度）的定量化原则

教育程度	初中及初中以下	高中	大学	研究生	博士
代表教育程度数字	0	1	3	4	5

在灰色关联分析中，由于部分数据的缺省，对部分县的数据不予考虑，这些县为：辽宁瓦房店市、天津静海县、黑龙江鸡东县、西藏措美县、海南万宁市①、河北昌黎县、山西娄烦县、新疆乌什县、安徽潜山县②。去除这些数据后，参考数列和比较数列的数据如表 5-15 所示。

表 5-15　　　　　　参考数列和比较数列的数据

	Y	X1	X2	X3	X4	X5	X6	X7	X8	X9
江苏江阴市	0.57	2706	166000	182	43144	42	46	3	25.12	20.7
福建晋江市	0.816	1363.94	66696	182.79	30825	31.2	48.24	3	68.46	62.31
浙江慈溪市	0.771	1031.09	70186	164.53	41254	37.65	53	4	19.44	36.11
内蒙古准格尔旗	0.362	1050.54	285473	73.86	37586	36.5	0	4	21.14	27.78
山东龙口市	0.172	935	135605	71.57	35315	35.8	21.39	3	36.2	20.44
广东增城市	0.441	989.45	94072	62.98	32996	35.89	26.47	4	22.08	85.83
湖南长沙县	0.927	976	97249	130	30548	22	16.43	4	20.18	41.89
四川双流县	0.715	746.1	60078	62.12	31752	42.5	31.16	4	20.86	74.02
陕西神木县	0.57	925.5	202282	50.1	30100	26.24	0	3	20.77	15.13
北京密云县	0.484	195.1	41084	25.4	32538	43.3	2	4	30.57	84.63

---

① 海南万宁市直属于海南省，上面没有对应的市级政府，因此，清华大学市级财政透明度中没有万宁的得分。西藏措美县隶属于山南地区，清华大学市级财政透明度报告中没有山南的得分。

② 天津静海县和安徽潜山县公开的是农民纯收入，而不是城镇居民可支配收入。

续表

	Y	X1	X2	X3	X4	X5	X6	X7	X8	X9
上海崇明县	0.978	252.3	34642	40.6	31842	41.6	0	5	32.1	82.96
重庆武隆县	0.612	107.9	30871	9.7	22984.6	28.4	0.46	5	30.54	29
吉林抚松县	0.097	170.3	56505	11	18049	34.2	0.7	4	14	16.11
湖北京山县	0.234	268	41875	10	17794	25	2.7	4	42.7	21.78
宁夏永宁县	0.6	103.57	44844	10.89	21483	31.8	0	3	23.07	23.24
云南禄劝县	0.356	58.2	12583	5.98	22082	40.3	0	3	23.82	53.24
贵州水城县	0.47	13.7	16190	20	5421	28	0	3	20.61	22.17
甘肃榆中县	0.356	76.4	18190	3.51	13363	24	0	3	26.79	9.54
河南兰考县	0.364	193	22976	9.2	16538	33	0.2	3	37.26	27.93
广西隆安县	0.441	54.6	13471	4.6	19332	28	0	4	38.68	82.13
江西莲花县	0.586	48.39	20475	5.1	16490	36.5	20.4	3	24.18	60.35
青海大通县	0.356	110.3	26902	5.02	17432	14.88	0	3	20.84	34.19

（2）数据的标准化。数据标准化如表5-16所示。

表5-16　　　　参考数列和比较数列的数据标准化

Y	X1	X2	X3	X4	X5	X6	X7	X8	X9
0.24893	3.29326	1.36103	2.16926	1.76111	1.24357	1.87829	-0.88708	-0.26111	-0.83489
1.31644	1.23131	-0.05911	2.18243	0.50606	-0.19607	2.0029	-0.88708	3.46751	0.77046
1.12116	0.71992	-0.0092	1.87806	1.56855	0.66371	2.26768	0.61414	-0.74977	-0.24036
-0.65368	0.7498	3.06962	0.36669	1.19486	0.51042	-0.68054	0.61414	-0.60351	-0.56174
-1.47818	0.57228	0.92635	0.32852	0.9635	0.41711	0.50931	-0.88708	0.69213	-0.84493

续表

Y	X1	X2	X3	X4	X5	X6	X7	X8	X9
-0.31086	0.65594	0.33239	0.18533	0.72724	0.42911	0.7919	0.61414	-0.52264	1.67789
1.79812	0.63528	0.37783	1.30248	0.47784	-1.42244	0.23341	0.61414	-0.6861	-0.01736
0.87815	0.28206	-0.15376	0.171	0.60051	1.31022	1.05279	0.61414	-0.6276	1.22225
0.24893	0.55769	1.8799	-0.02936	0.4322	-0.85724	-0.68054	-0.88708	-0.63534	-1.04979
-0.12427	-0.5645	-0.42539	-0.44108	0.68058	1.41686	-0.56929	0.61414	0.20777	1.63159
2.01944	-0.47662	-0.51752	-0.18771	0.60967	1.19025	-0.68054	2.11535	0.33939	1.56716
0.43119	-0.69848	-0.57145	-0.70278	-0.2927	-0.56931	-0.65496	2.11535	0.20519	-0.51467
-1.80365	-0.6026	-0.20485	-0.68111	-0.79553	0.20383	-0.64161	0.61414	-1.21778	-1.01198
-1.20914	-0.4525	-0.41408	-0.69778	-0.82151	-1.02254	-0.53035	0.61414	1.25133	-0.79323
0.37911	-0.70513	-0.37162	-0.68294	-0.44568	-0.11609	-0.68054	-0.88708	-0.43747	-0.7369
-0.67972	-0.77484	-0.83298	-0.76479	-0.38466	1.01696	-0.68054	-0.88708	-0.37295	0.42053
-0.18502	-0.84321	-0.7814	-0.53109	-2.08206	-0.62263	-0.68054	-0.88708	-0.64911	-0.77818
-0.67972	-0.74687	-0.7528	-0.80596	-1.27294	-1.15584	-0.68054	-0.88708	-0.11743	-1.26546
-0.645	-0.56773	-0.68435	-0.71112	-0.94947	0.04387	-0.66942	-0.88708	0.78332	-0.55595
-0.31086	-0.78037	-0.82028	-0.78779	-0.66482	-0.62263	-0.68054	0.61414	0.90548	1.53514
0.31836	-0.78991	-0.72012	-0.77946	-0.95436	0.51042	0.45424	-0.88708	-0.34198	0.69485
-0.67972	-0.69479	-0.62821	-0.78079	-0.85839	-2.37154	-0.68054	-0.88708	-0.62932	-0.31444

（3）计算差数列。Y 与 X1、X2、…、X9 的差数列，如表 5-17 所示。

表 5-17   Y 与 X1、X2、…、X9 的绝对差值

|Y-X1|	|Y-X2|	|Y-X3|	|Y-X4|	|Y-X5|	|Y-X6|	|Y-X7|	|Y-X8|	|Y-X9|
1.0838	4.1282	2.1959	3.0042	2.596	2.0785	2.7132	0.0522	0.5738
0.546	0.4608	0.8296	1.412	0.2644	0.9665	1.2324	1.6575	2.697
1.3615	0.9603	0.2312	2.1184	1.8089	0.9041	2.508	0.8545	0.5094
0.0919	1.3115	3.6314	0.9284	1.7566	1.0722	0.1188	1.1759	0.0418
0.6333	1.4172	1.7713	1.1734	1.8084	1.262	1.3542	0.0422	1.5371

续表

Y-X1	Y-X2	Y-X3	Y-X4	Y-X5	Y-X6	Y-X7	Y-X8	Y-X9
1.9888	1.0219	1.3455	1.4926	0.9506	1.2488	0.886	1.0638	2.2005
1.8155	0.6526	0.3952	1.3198	0.4952	1.4051	0.2508	0.6315	0.6687
0.3441	0.9402	1.376	1.0512	0.6217	0.088	0.1695	0.6081	1.8498
1.2987	1.6075	2.9297	1.0204	1.482	0.1925	0.3692	0.1627	0.4144
1.7559	2.1961	2.057	2.0727	0.951	0.2147	2.2009	1.0175	1.4238
0.4523	2.0438	2.0847	1.7549	0.9575	0.3769	2.2477	0.5482	1.2278
0.9459	0.1838	0.0568	0.1881	0.222	0.0546	0.1403	2.63	0.7199
0.7917	0.4094	0.8071	0.3309	0.2164	1.2158	0.3704	1.6261	0.2058
0.4159	0.3407	0.3791	0.0954	0.0283	0.2293	0.2629	1.4074	2.0446
1.116	0.0318	0.3653	0.054	0.2912	0.6208	0.0564	0.1502	0.2994
1.1003	1.1954	1.2535	1.1853	0.8052	0.5964	1.1011	1.3076	0.7935
0.5932	0.065	0.0032	0.2471	1.3039	0.1555	0.0976	0.1089	0.1291
0.5857	0.5186	0.5127	0.4595	0.0075	0.1096	0.5849	0.3784	0.148
0.0891	0.0118	0.1284	0.1552	0.3935	0.5998	0.1135	0.3311	1.3393
1.846	2.3155	2.3554	2.3229	2.2	2.1578	2.2157	0.921	0.6297
0.3765	1.4848	1.415	1.4743	1.6492	0.1844	0.2406	1.5819	1.0368
0.3653	0.3804	0.3138	0.4664	0.544	2.0571	0.3661	0.5726	0.3149

(4) 确定最大值和最小值。

差值为: $\Delta min = 0.00322$，最大差值为: $\Delta max = 4.12815$。

(5) 计算关联系数和关联度。

计算得，关联系数为:

G(Y, X1) = 0.72496   G(Y, X2) = 0.70983

G(Y, X3) = 0.68890   G(Y, X4) = 0.69371

G(Y, X5) = 0.72002   G(Y, X6) = 0.75603

G(Y, X7) = 0.75533   G(Y, X8) = 0.74090

G(Y, X9) = 0.71148

相应的关联度为:

$\gamma_{Y-X1} = 0.72496$, $\gamma_{Y-X2} = 0.70983$, $\gamma_{Y-X3} = 0.68890$,

$\gamma_{Y-X4}=0.69371$,$\gamma_{Y-X5}=0.72002$,$\gamma_{Y-X6}=0.75603$,$\gamma_{Y-X7}=0.75533$,$\gamma_{Y-X8}=0.74090$,$\gamma_{Y-X9}=0.71148$。

关联序为：

X6 > X7 > X8 > X1 > X5 > X9 > X2 > X4 > X3。

5.3.3 基层政府财政透明度执行力的灰色关联度结果分析

从前文计算结果可看出，对基层政府财政透明度执行力影响力由高到低的因素分别是：进出口额、领导受教育程度、省财政透明度、GDP、第三产业比重、市财政透明度、人均GDP、城镇居民人均可支配收入和公共财政收入。这一结果有以下经济含义：

1. 基层政府的市场成熟度对政府的财政透明行为具有较强的约束力

在市场经济条件下，要求市场在资源配置过程中发挥基础性作用，政府应该定位于服务、弥补市场失灵的角色。市场经济发展有其自身的规律，对追求经济发展的基层政府有着较强的约束力。在我们所考察的基层政府中，对进出口依赖较强的、市场成熟度较高的基层政府，财政透明度执行力较强，这是市场对基层政府行为的要求，在一定程度上超过了基层政府本身的意愿。

2. 基层政府领导的认识对财政透明度的提高有着举足轻重的作用

在我国现行分税制下，基层政府承担了大量的公共服务责任，而同时，基层政府却又缺乏足够的财力来承担这一责任。这一方面使得基层政府在很大程度上依赖上级政府和中央政府的转移支付，另一方面，正是由于这一体制造成的困境，使得基层政府的领导有了和上级政府讨价还价的资本，表现出一定意义上权力的下放。基层政府领导对财政透明度的作用是决定性，他们对这一问题的认识一定程度上决定了财政信息的公开程度。

3. 上级政府的财政透明行为对基层政府影响较大

在现行体制下，尽管基层政府在经济上有了一定的独立性，但是，在政治上还是受到上级政府的约束，基层政府官员的任免、政绩的考核很大程度是由上级政府决定，而不是辖区内的公众。因此，上级政府的要求对于基层政府的重要性是不言而喻的。近年来，由于基层财政困难，我国大力推行财政上"省直管县"，这使得省级政府对于基层财政具有更强的约束力。因此，省级财政透明度比市级财政透明度对基层政府来说影响更大。

4. 经济发展水平和政府财政收入规模和基层政府的财政透明度关系不紧密

多年来，我国经济的快速增长是在财政透明度较低的情况下进行的。尽管公众对政府财政信息的公开并不满意，但这并没有对基层政府经济发展有实质性影响。因此，在重视经济发展的基层政府，对财政透明度如何并不十分在意。只是在近年来，自上而下的经济转型、政府管理创新的大的环境下，基层政府不得不加入推动财政透明度的进程中来。由于公众对基层政府的约束有限，基层政府的经济发展和财政收入水平和公众知情权的保障并无直接紧密的联系；由于公众的参与意识、参与能力不足，以及基层政府财政透明环境有待改善，尽管公众的经济地位提高了，相应的，公众的权利意识并没有随之增长，进而去推动基层政府财政透明度的提高。

5.3.4 基层政府财政透明度执行力较低的原因分析

综上所述，现阶段，我国基层政府在执行中央政府关于财政信息公开方面，还没有做出让社会公众满意的成绩，考虑到我国现在的有关财政透明度法律法规要求本身还存在着不少缺陷，距离国际规范，甚至国内学者们提出的要求相差甚远，可以说我国当前基层政府的财政透明度水平还处于很低的状态，距离提高政府公信力、密切官民关系、构建和谐社会的要求任重而道远。

基层政府提高财政透明度的困境主要表现在：

1. 基层政府行政权力过大，缺乏信息公开的内在驱动力

这实际上是目前我国基层政治领域中比较普遍存在的现象，现阶段，推动财政透明度的不是法律制度，而是人为影响比较严重。由于市场主体的不成熟和民间组织缺乏独立性的现实，使得基层社会权力分布往往存在两极化：一极是掌握国家权力的政府机关，一极是弱小分散的公众，面对强大的政府机关，公众缺乏有效手段来监督基层政府，只能寄希望于上级和中央政府来规范基层政府的行为。但是，由于政府管理链条太长，中央政府很难及时了解和掌握基层政府的负面信息。因此，在缺乏有效权力制约的条件下，某些基层政府领导人往往随心所欲地支配政府财政资金。而基层政府官员因为习惯了现行权力结构，很难在短时间内适应受监督被约束的格局，而财政透明度正是公众对政府行为实施监督和约束的起点。财政透明度不仅涉及传统思想观念和长期工作习惯的转变，也涉及现有利益格局的调整。提高财政透明度一方面会削弱政府部门权力，更重要的是，基层政府和社会公众联系紧密，政府支出是否规范、真实容易被公众识别，不合理的支出一旦公开恐怕引发群体性事件。因此，基层政府一般缺乏推动财政透明度的内在动力。

2. 现行规则不利于基层政府推动财政透明度

《中华人民共和国信息公开条例》规定信息公开"以公开为原则，不公开为例外"的原则，在实施过程中政府部门遵循"谁主管、谁制定、谁公开、谁负责"的原则。这两项规定实际上从落实的角度看是冲突的。一方面强调信息应该公开，另一方面又强调谁公开的责任，这使得官员为了避免由于公开敏感信息而承担的责任，最安全的办法就是公开政府政绩一类的信息，如财政收入方面的信息，或者将信息笼统公开，缺乏保障公民知情权的意识和责任。

在现行制度框架下，基层政府官员的政治生存和发展压力较大。一方面，他们承担着许多诸如计划生育、社会治安、信访等上级政府规定的、实行"一票否决"的硬任务，另一方面，由于基层公务员人数众多，他们向上升迁的路径和机会也就十分有限。有研究表明，从科员到县处级干部的升迁比例仅为4.4%[①]。于是，基层官员很容易体现出以回避责任为主的短期性和逐利性行为。

---

① 胡颖、廉叶岚：《科员到处级升迁比例仅4.4% 有人自嘲患"副科病"》，http://news.sohu.com/20140415/n398228649.shtml，2014年4月15日。

3. 基层政府自下而上的推动力不足

我国现阶段的财政透明度状况主要是自上而下由政策推动的，而基层政府正是政策推动力最薄弱的地方[①]。制度变迁理论指出，公众"自下而上"的推动在一定条件下也可以提高财政透明度水平。但是，要想公众推动政府提高财政透明度水平，至少具备推动的意愿、能力及环境等三个条件[②]。而目前这三个条件在基层政府都不完全具备。尽管市场经济改革后，我国公民的权利意识已经有所提高，但是，面对政府财政信息公开这类公共权益时，不少公众还是愿意扮演"搭便车者"的角色。其次，在如何采取行动方面，由于缺乏学者、媒体和社会组织的引导，公众缺乏相应的知识和经验。更重要的是，由于缺乏公众和政府部门有效沟通的渠道，公众"自下而上"的推动力量难以发挥。再加上政府缺乏积极回应公众的主动性，使得公众对提高财政透明度态度淡漠，进一步削弱了公众的公共精神。

5.4 本章小结

本章试图构建一个基层政府财政透明度执行力评价指标体系，来衡量基层政府对中央政府布置的提高财政透明度的要求的贯彻情况。在借鉴已有研究成果的基础上，我们以政策的解释、组织、实施和监控四个阶段为框架，形成了解释力、组织力、实施力和监控力四个准则层，每一准则层又下设若干指标，构建基层政府财政透明度执行力评价指标体系。然后，我们选择了31个县市政府网站上所披露的财政信息来分析基层政府的财政透明度执行力情况。我们运用DELPHI—TOPSI法计算了我国基层政府的财政透明度执行力，结果表明：现阶段基层政府财政透明度的执行力整体水平较低；基层政府财政透明度执行力区域性特征并不明显；在财政透明度执行力中，基层政府的组织力＞解释力＞监控

[①] 王锡锌：《县级政府是行政透明的薄弱处》，http://www.21county.com/News/201111/20111221602373540_1.html，2011年11月22日。

[②] 申亮、王玉燕：《我国政府投资透明度问题研究》，载于《中央财经大学学报》2013年第1期，第1~6页。

力＞实施力；在财政透明度的实施力中，政府预决算透明度最高，重大财政专项支出透明度最低。最后，我们运用灰色关联度法分析了影响我国基层政府财政透明度执行力的因素，研究表明，基层的市场成熟度、政府领导的受教育程度和上级政府的财政透明度水平对基层政府的财政透明度执行力有较强的影响，而地区经济发展水平和财政收入水平的影响力并不强。本书将基层政府财政透明度较低的原因归结为：行政权力过大、现行规则的缺陷和基层公众的推动力较弱等原因。

第6章 基层政府推动财政透明度的路径分析——一个博弈研究

第5章我们已经从财政信息的需求方和供给方研究了现阶段我国基层政府财政透明度的基本情况，结果发现，普通公众对财政透明度的认知和基层政府对财政信息的公开程度不都不能够满足当前和谐社会发展对财政透明度的要求。这给我们提出了一个问题：造成这一结果的原因是什么？是普通公众不需要政府公开财政信息？还是基层政府的阻力造成财政透明度低下？还是两者都存在着动力不足的问题？对这个问题的理清有助于我们正确认识基层政府财政透明度的实施路径，因为归根结底，我们需要解决的问题是：如何才能提高基层政府的财政透明度水平。

从理论上来说，基层政府提高财政透明度，符合公众和基层政府的利益。对公众一方来说，提高财政透明度可保障公众知情权，满足公众在工作、学习、研究、投资和生活中的信息需要，提高公众对政府经济行为的认知程度，并会同人大代表有效监督政府。对基层政府一方来说，提高财政透明度，有助于公众理解政府决策，增强政府公信力，减少群体性事件的发生，提高政府治理水平；通过公开财政信息，"倒逼"基层政府主动进行财政改革创新，节约公共资金，提高行政效率；在公开的压力之下，促使政府部门有效使用公共资金，防止资源挪用、滥用等腐败行为；此外，透明的财政还有利于基层政府招商引资，促进当地经济发展；更为重要的是，这一做法符合现在中央政府倡导的民主和法治的精神，从而使得基层政府采取积极措施提高财政透明度及产生的以上经济社会效果都有利于基层政府行政首长得到上级政府的赏识而得以政治升迁。

当然，提高财政透明度给公众和政府带来的成本也是存在的，从公众的角度说，需要公众主动参与到促进政府提高财政透明度的活动中来，不仅在经济上耗费一定的资金，还可能给自己的生活带来不便。而对政府部门而言，提高财政透明度，削弱了政府部门的权力，原本可由政府部门拍板决定的事情，现在由于考虑到要向公众公开而比较被动，使得行政部门对信息公开抵触；增加了政府行政成本，因为对财政信息的公开需要专业技术人员执行和维护，而且其成本也会随着公众要求的不断增加而有所增加；财政信息公开增加了对基层政府部门的考核要求，使得行政人员对此也有抵触情绪；对某一基层政府来说，如果财政透明水平高于同级其他地区，可能会引起其他地区的反感，而出现"孤岛效应"，而不利于地区经济的发展。同时，财政透明也减少了基层政府同上级政府联络感情的资本，如招待费减少，可能会不利于向上级政府争取资源。

综上所述，当前在我国提高财政透明度实际上是对公众认知理念和政府执政理念的一场革命。从表面上看，提高基层政府财政透明度是政府部门内部的事，只需要要求基层政府严格执行就行。实际上，基层政府的每一项决策都必须得到公众的认可和支持才能顺利贯彻下去，在有公众的推动，甚至是压力的时候，才能持续执行下去。每一项决策都离不开公众的互动，因此，提高基层政府财政透明度之路，就是处理好公众和政府部门各种利益矛盾交织的博弈之路。在互联网时代，政府很难隐匿信息，公开财政信息是基层政府必须要做的，但是考虑到政府部门自身利益和公众的反应，这一过程可能是缓慢而渐进的，需要不断创造条件来促使各方推动财政透明度的提高。

6.1 假设与说明

针对基层政府推动财政透明度过程中可能种种情况，下面我们采用博弈工具对基层政府推动财政透明度的路径进行分析。

首先需要说明的是，在推动财政透明度过程中，我们把政府行为和政府官员的行为区分开来。已有研究在财政透明度问题上往往把政府和公众放在对立面上，实际上，政府和公众的立场应该是一致的，政府本身不应该有自身的利益，它追求的是社会利益，用公众获得的形式和程度表现出来，因此，这里我们用公众利益代表社会利益。而政府官员是有独立的自身利益的，官员在做决策时，很大程度上要考虑自身的收益，因此，在一定程度上，基层官员并不代表基层政府，在行使政府行动策略时，基层官员代表的是自身的收益。这样，在推动财政透明度过程中，基层政府官员和公众就可能产生利益冲突：公众希望财政信息公开到达到能够使社会收益达到最优的程度，而官员希望将财政信息公开到到达使自身收益最大化的程度，两者是不一致的，一般情况下，前者要求的财政透明度大于后者。为了促使官员进一步公开财政信息，需要公众会对基层政府官员的信息公开情况进行监督，这样基层政府官员和公众构成了利益博弈关系。

在博弈模型中，我们假设财政透明度为 λ，λ = 公开的财政信息／全部的财政信息，$0 < \lambda < 1$。

假设公众的收益为 ϕ，公众收益代表社会利益，基层政府财政透明度 λ 的变化会带来公众收益的变化，公众收益是关于 λ 的函数，即可以表示为 $\phi(\lambda)$。

假设基层政府官员的收益为 π，同样的，基层政府财政透明度 λ 的变化会带来官员收益的变化，官员收益也是关于 λ 的函数，即可以表示为 $\pi(\lambda)$。

推动财政透明度实际上是关于"度"的正确把握，信息公开过少和过多都是对社会不利的。英国学者大卫·希尔德（David Heald，2003）的研究认为，不管是从乐观主义还是悲观主义的角度出发，财政透明度超过一定程度都会导致效率的损失，因为它会带来较高的交易成本和极端的政治化[①]。因此，基层公众的收益函数 $\phi(\lambda)$、基层政府官员的收益函数 $\pi(\lambda)$ 是关于 λ 的凹函数，$\phi(\lambda)$、$\pi(\lambda)$ 的函数如图6-1所示。

对公众需要而言，并不是财政透明度 λ 越大越好，过多的信息也会带来信息混淆，而增加公众的选择成本，降低公众收益。从图6-1可知，当 $\lambda \in (0, \lambda_0)$ 时，$\phi'(\lambda) > 0$，$\phi(\lambda)$ 随着 λ 的增大而增大，当 $\lambda = \lambda_0$ 时，公众的收益达到最大值，即 $\max\phi(\lambda) = \phi(\lambda_0)$。当 $\lambda \in (\lambda_0, 1)$ 时，$\phi'(\lambda) < 0$，$\phi(\lambda)$ 随着 λ 的增大而减小。而在现实中，基层政府

---

① Tanzi, Vito, 1998, "Corruption Around the World", *IMF Staff Papers*, Vol. 45 (December), pp. 559–594。

的财政透明度不存在超多 λ_0 的情况,即 $\lambda \in (0, \lambda_0)$。因此,在下面模型研究中,我们也只对 $\lambda \in (0, \lambda_0)$ 的情况进行分析讨论。

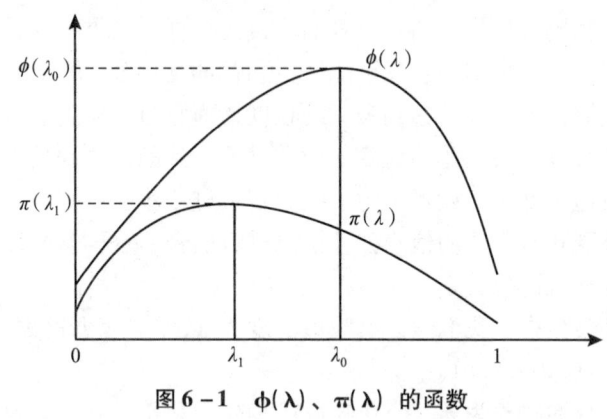

图 6-1　$\phi(\lambda)$、$\pi(\lambda)$ 的函数

对基层政府官员而言,完全隐蔽财政信息也不利于自身收益的增加,在一定程度上,公开财政信息有利于体现官员自己工作的努力程度,并在工作成绩不良的情况下能够让公众更加理性地看待官员作为,增加公众对官员的理解和信任度,从而提升自身的收益。因此,当 $\lambda \in (0, \lambda_1)$ 时,$\pi'(\lambda) > 0$,$\pi(\lambda)$ 随着 λ 的增大而增大,当 $\lambda = \lambda_1$ 时,官员的收益达到最大值,即 $\max \pi(\lambda) = \pi(\lambda_0)$。此时,若进一步公开财政信息,则会对官员的利益产生负面影响,即当 $\lambda \in (\lambda_1, 1)$ 时,$\pi'(\lambda) < 0$,$\pi(\lambda)$ 随着 λ 的增大而减小。因为 $\lambda_1 < \lambda_0$,要想让官员进一步公开财政信息,只能加强公众对官员的监督。但是,公众的监督是需要付出监督成本的,假设公众的监督成本为 c,监督成本是关于 λ 的分段函数,当 $\lambda \in (0, \lambda_1)$ 时,官员会主动推动财政透明度,直到 $\lambda = \lambda_1$,此时,无须公众的监督,$c(\lambda) = 0$;当 $\lambda \in (\lambda_1, \lambda_0)$ 时,官员公开的财政透明度 λ 越大,所需的监督成本 $c(\lambda)$ 越高,即 $c'(\lambda) > 0$。因此,监督成本 $c(\lambda)$ 可以表示为:

$$c(\lambda) = \begin{cases} 0 & 0 < \lambda < \lambda_1 \\ c(\lambda) & \lambda_1 < \lambda < \lambda_0 \end{cases}$$

监督成本 $c(\lambda)$ 的函数形式如图 6-2 所示。

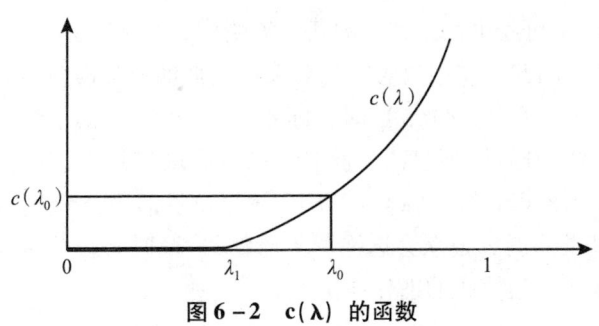

图 6-2 c(λ) 的函数

6.2 博弈模型构建

6.2.1 没有奖惩机制下的财政透明度博弈模型

首先，我们构建公众与基层政府官员关于财政信息公开的基本博弈模型。在模型中，假设基层政府官员和公众关于财政透明度的行为没有任何外力的影响，即基层政府官员的财政信息公开行为没有受到上级政府的压力，公众的推动财政信息公开的行为也没有得到额外的奖励。在这种情况下，官员的策略有两个，一是"公开财政信息达标"，即公开财政信息到公众满意的程度，$\lambda = \lambda_0$；二是"公开财政信息不达标"，即在公众的监督压力下，官员会公开财政信息，但不会公开到满足公众需要的程度，即 $\lambda_1 < \lambda < \lambda_0$。而公众的策略也有两个，一个是对官员的财政信息公开行为进行"监督"，当然，公众监督会存在监督成本 $c(\lambda)$；另一个是对官员的财政信息公开行为"不监督"。两者的博弈收益矩阵如表 6-1 所示。

表 6-1　基层官员与公众财政信息公开博弈的收益矩阵

官员 \ 公众	监督	不监督
财政信息公开不达标	$\pi(\lambda)$, $\phi(\lambda) - c(\lambda)$，其中 $\lambda_1 < \lambda < \lambda_0$	$\pi(\lambda_1)$, $\phi(\lambda_1)$
财政信息公开达标	$\pi(\lambda_0)$, $\phi(\lambda_0) - c(\lambda_0)$	$\pi(\lambda_0)$, $\phi(\lambda_0)$

从表 6-1 可看出，在官员的两个策略中，"公开财政信息不达标"是占优策略，因此，基层政府官员会选择较低的财政透明度。对公众而言，当 $\phi(\lambda)-c(\lambda)>\phi(\lambda_1)$ 时，即 $\phi(\lambda)$、$c(\lambda)$ 满足图 6-3 所示的关系时，公众会选择"监督"，此时（公开财政信息不达标，监督）为博弈的纳什均衡点。当 $\phi(\lambda)-c(\lambda)<\phi(\lambda_1)$，即 $\phi(\lambda)$、$c(\lambda)$ 满足图 6-4 所示的关系时，公众会选择"不监督"，此时（公开财政透明度不达标，不监督）为博弈的纳什均衡点。

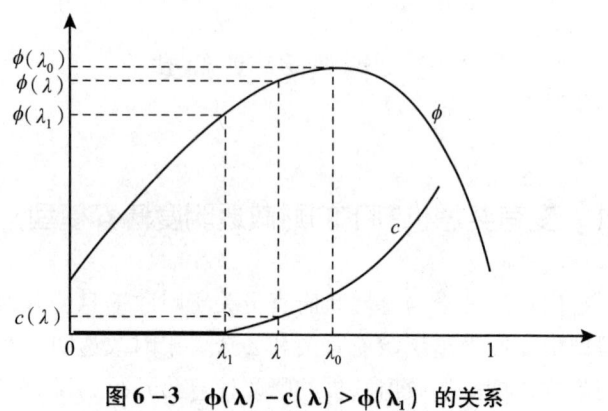

图 6-3　$\phi(\lambda)-c(\lambda)>\phi(\lambda_1)$ 的关系

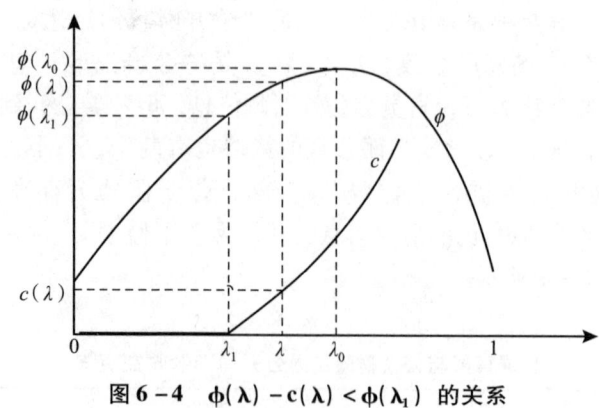

图 6-4　$\phi(\lambda)-c(\lambda)<\phi(\lambda_1)$ 的关系

这说明，当基层政府官员在没有上级政府的问责制度下，尽管会主动公开财政信息，但是，在财政透明度达到 $\lambda=\lambda_1$ 后，官员就没有进一步公开财政信息的意愿，此时，需要辖区内公众加强监督力度，来推动

第6章 基层政府推动财政透明度的路径分析——一个博弈研究

官员公开财政信息。在这种情况下，官员只是稍微进一步公开财政信息满足 $\lambda_1 < \lambda < \lambda_0$，而不会公开到 $\lambda = \lambda_0$。而对公众而言，若要公众主动监督官员的财政信息公开行为，必须满足 $\phi(\lambda) - c(\lambda) > \phi(\lambda_1)$，即 $\phi(\lambda) - \phi(\lambda_1) > c(\lambda)$，也就是说，当公众通过监督所获得的收益大于其付出的监督成本时，公众才会加强监督，否则，公众不会过多地关注政府的财政透明度状况。

实际上，在《中华人民共和国信息公开条例》颁布实施之前，各级政府和公众在财政信息公开方面便一直处于自发状态。我国的各项法律法规中几乎没有要求政府必须向社会公众公开财政信息，各级政府也鲜有向社会公众主动公开财政信息之举①。财政信息只是在政府各部门内部进行流通，对外则很少公开。即使是人大代表在开"两会"审阅预算报告时，预算报告的封面上也注明着"绝密"二字，会后不能带走。尽管也有人呼吁政府应该公开财政信息，但是，大多数公众对此还是比较陌生的，主动实施"监督"权的很少，没有形成足够的舆论力量对政府公开财政信息举动形成实质性影响。此时，对财政透明度的做法就是"政府不公开，公众不监督"。这种状态在 2008 年《中华人民共和国信息公开条例》颁布实施后的最初几年内也继续保持着，这时，中央政府已经开始对基层政府的财政信息公开情况提出了各项要求，如 2008 年《财政部关于进一步推进财政预算信息公开的指导意见》要求县级政府选择一些与人民群众有直接利益关系、社会公众能感受得到的专项转移支付资金向社会公开，2010 年《财政部关于进一步做好预算信息公开工作的指导意见》要求各级政府主动公开政府预决算信息，对涉及民生的重大财政专项支出的管理办法、分配因素等，要积极主动公开。但由于上述要求是以"指导意见"的形式下达的，没采用强制性手段，结果缺乏压力的基层政府的财政信息公开状态并没有质的变化。在自上而下的政策推动下，基层政府成为信息公开最薄弱的地方②。

这一阶段，受国际货币基金组织发布《财政透明度准则》并推动

---

① 但在这一时期，河南省焦作市为摆脱财政危机而开始了"预算透明"改革之路，浙江省温岭市新河镇等在基层政府领导的带动下启动了"民主恳谈会"，形成了我国参与式预算雏形。

② 米艾尼：《"县级政府是信息公开的最薄弱处"——专访〈中国行政透明度年度报告〉负责人王锡锌》，http://news.163.com/11/1121/12/7JCPJKE500014AED.html，2011 年 11 月 21 日。

各国提高财政透明度的影响,学术界首先发声开始研究财政透明度问题,通过阐述财政透明度的意义、内容,比较国内外财政透明度的差距,来提升全社会对于财政透明度的认识。一些经济发达地区的人大代表和公民也公开提出加强财政信息公开的倡议,例如早在2003年,广东省的人大代表就提出"透明钱柜"的问题,引发了社会各界的关注。深圳的吴君亮创办了"中国预算网",宣传预算公开的知识。这一阶段尽管只有部分社会精英在关注财政透明度问题,他们的作为起到了开启民智的作用。但在缺乏来自上级政府的问责下,基层政府"官本位"意识的强大阻力使得公众的监督进展缓慢。

6.2.2 实施惩罚机制下的财政透明度博弈模型

从前文的分析可看出,如果上级政府对基层官员的财政信息公开行为不加以约束的话,基层官员不会主动公开财政信息到公众满意的程度。因此,对基层官员采取一定的约束机制是保证基层财政透明度的必要措施,下面我们考虑对基层官员的信息不公开行为进行惩罚的机制下,官员策略选择的变化。对官员的行为实行惩罚机制,即当发现基层政府财政透明度较低情况时,上级政府会对基层官员进行一定的惩罚,惩罚力度与官员公开的财政信息透明度相关,财政透明度 λ 越大,惩罚的力度越小,假设惩罚函数为 $f(\lambda)$,当 $0 < \lambda < \lambda_0$ 时,$f'(\lambda) < 0$,当 $\lambda = \lambda_0$ 时,惩罚函数取最小值,为 $\min f(\lambda) = f(\lambda_0) = 0$,$f(\lambda)$ 的函数形式如图6-5所示。

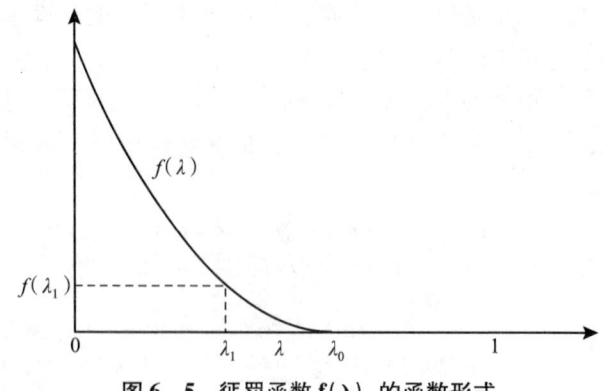

图6-5 惩罚函数 $f(\lambda)$ 的函数形式

第6章 基层政府推动财政透明度的路径分析——一个博弈研究

加入惩罚机制后，基层官员与公众的财政透明度博弈收益矩阵如表 6-2 所示。

表 6-2 惩罚机制下基层官员与公众的财政透明度博弈收益矩阵

官员＼公众	监督	不监督
财政信息公开不达标	$\pi(\lambda)-f(\lambda)$, $\phi(\lambda)-c(\lambda)$, 其中 $\lambda_1<\lambda<\lambda_0$	$\pi(\lambda_1)$, $\phi(\lambda_1)$
财政信息公开达标	$\pi(\lambda_0)$, $\phi(\lambda_0)-c(\lambda_0)$	$\pi(\lambda_0)$, $\phi(\lambda_0)$

下面给出表 6-2 的博弈模型均衡解。

（1）当 $\phi(\lambda)-\phi(\lambda_1)<c(\lambda)$（其中 $\lambda_1<\lambda<\lambda_0$），即公众通过监督所获得的收益小于其付出的监督成本时，显然，选择"不监督"是公众的占优战略。当公众选择"不监督"时，基层政府官员的最优选择策略是"公开财政信息不达标"，因此，在这种情况下，（公开财政信息不达标，不监督）便构成博弈的 NASH 均衡解。

可见，让公众在监督基层政府信息公开过程中获益，是公众进行监督的必要条件。这不仅要求公众能够在财政透明的环境下获得更多的收益，同时也要求尽可能降低公众的监督成本，调动社会公众参与监督的积极性。《中华人民共和国信息公开条例》颁布实施后，公众参与监督主要是通过向基层政府申请信息公开的方式展开的。《条例》第 13 条规定，"公众可以根据自身生产、生活、科研等特殊需要，向县级以上地方人民政府部门申请获取相关政府信息"。这本是鼓励公众参与的有效措施，但是，2010 年 1 月国务院办公厅出台了《关于做好政府信息依申请公开工作的意见》，又对申请公开的范围和程序进行了诸多限制，例如：将"与生产生活科研等特殊需要无关"作为拒绝公开政府信息的理由；将"内部管理信息""过程信息"作为拒绝公开申请的理由；规定了"一事一申请"制度，即一个政府信息公开申请只对应一个政府信息项目，这大大提高了公众申请的成本。例如，上海财经大学公共政策与研究中心每年进行的省级政府财政透明度调研报告，他们一共需要调研 113 项问题，原本只需要向每个省级政府递交 1 份信息公开申请书包括这 113 个问题就可以，现在则需要递交 113 封申请书。

（2）当 $\phi(\lambda)-\phi(\lambda_1)>c(\lambda)$（其中 $\lambda_1<\lambda<\lambda_0$），即公众通过监

督所获得的收益大于其付出的监督成本时,有两种情况:

①当 $\pi(\lambda) - f(\lambda) > \pi(\lambda_0)$ (其中 $\lambda_1 < \lambda < \lambda_0$)时,博弈的 NASH 均衡解为(公开财政信息不达标,监督)。$\pi(\lambda) - f(\lambda) > \pi(\lambda_0)$,即 $\pi(\lambda) - \pi(\lambda_0) > f(\lambda)$,$\pi(\lambda)$、$f(\lambda)$ 的关系如图 6-6 所示。这说明中央政府给予的惩罚力度不足,此时,过弱的惩罚力度不足以影响官员的决策,官员仍然会选择公开财政信息不达标。

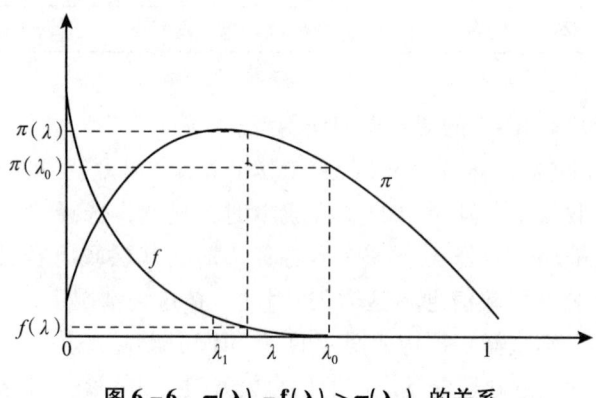

图 6-6　$\pi(\lambda) - f(\lambda) > \pi(\lambda_0)$ 的关系

尽管《条例》规定了各级政府不公开信息要受到一定程度的惩罚,但是,对此并没有做出具体规定。而且,时至今日,也没有任何有关各级政府官员由于公开政府信息不全面而受到行政惩罚的消息见诸媒体。2015 年开始实施的新《中华人民共和国预算法》是第一次以法律的形式要求公开财政信息,这大大增强了各级政府公开财政信息的强制性。其中,第 92 条规定:"未依照本法规定对有关预算事项进行公开和说明的,将对相关人员追究行政责任。"这种责任追究制度使得预算公开要求真正可能成为各级政府的一项硬任务,将极大推动我国财政透明度的进程。但是,现行法律还没有明确指出何种行为会受到何种制裁?责任人如何确定?不同的责任人会受到什么样的惩罚?而且,对于责任人的追究也不应仅仅局限于行政责任,严重的还应追究法律责任。因为如果惩罚力度不够,也难以起到保障财政信息公开的作用。在这种情况下,即使公众监督政府信息公开的积极性很高,基层官员的最佳策略依然是"公开财政信息不达标"。由此可见,对基层政府官员实施强有力的惩罚,即 $\pi(\lambda) - \pi(\lambda_0) < f(\lambda)$ (其中 $\lambda_1 < \lambda < \lambda_0$)是保障基层政府官员

进一步公开财政信息的另一个重要条件。在下面的研究中，我们仅对 $\pi(\lambda) - \pi(\lambda_0) < f(\lambda)$ 情况下的模型进行分析。

②当 $\pi(\lambda) - f(\lambda) < \pi(\lambda_0)$（其中 $\lambda_1 < \lambda < \lambda_0$）时，博弈的不存在纯战略均衡解。此时，基层公众和基层政府官员的策略选择呈现一种无限循环的状态：当公众选择策略"监督"→官员选择策略"公开财政透明度达标"→公众选择策略"不监督"→官员选择策略"公开财政透明度不达标"→公众选择策略"监督"→……，结果形成循环，此时博弈模型存在混合策略均衡解，下面我们对此进行求解：

假设公众以概率 q 选择策略"监督"，则公众选择策略"不监督"的概率为 1 - q；假设官员以概率 p 选择策略"公开财政信息不达标"，则官员选择策略"公开财政信息达标"的概率为 1 - p。

官员的期望收益为：

$$\pi = pq(\pi(\lambda) - f(\lambda)) + p(1-q)\pi(\lambda_1) + q(1-p)\pi(\lambda_0) + (1-q)(1-p)\pi(\lambda_0)$$

公众的期望收益为：

$$\phi = pq(\phi(\lambda) - c(\lambda)) + p(1-q)\phi(\lambda_1) + q(1-p)(\phi(\lambda_0) - c(\lambda_0)) + (1-q)(1-p)\phi(\lambda_0)$$

官员对概率 p 进行决策，以使得自身期望收益最大化，即满足：

$$\frac{\partial \pi}{\partial p} = 0 \qquad (6-1)$$

公众对概率 q 进行决策，以使得自身期望收益最大化，即满足：

$$\frac{\partial \phi}{\partial q} = 0 \qquad (6-2)$$

将式（6-1）、式（6-2）联立求解，得到：

$$q^* = \frac{\pi(\lambda_1) - \pi(\lambda_0)}{\pi(\lambda_1) - \pi(\lambda) + f(\lambda)}, \quad p^* = \frac{c(\lambda_0)}{c(\lambda_0) - c(\lambda) + \phi(\lambda) - \phi(\lambda_1)},$$

（其中 $\lambda_1 < \lambda < \lambda_0$）。

可见该模型的混合战略均衡解为（$\frac{c(\lambda_0)}{c(\lambda_0) - c(\lambda) + \phi(\lambda) - \phi(\lambda_1)}$，$\frac{\pi(\lambda_1) - \pi(\lambda_0)}{\pi(\lambda_1) - \pi(\lambda) + f(\lambda)}$），即公众以概率 $\frac{\pi(\lambda_1) - \pi(\lambda_0)}{\pi(\lambda_1) - \pi(\lambda) + f(\lambda)}$ 选择策略"监督"，以概率 $1 - \frac{\pi(\lambda_1) - \pi(\lambda_0)}{\pi(\lambda_1) - \pi(\lambda) + f(\lambda)}$ 选择策略"不监督"；官员以

概率 $\dfrac{c(\lambda_0)}{c(\lambda_0)-c(\lambda)+\phi(\lambda)-\phi(\lambda_1)}$ 选择策略"公开财政信息不达标",以概率 $1-\dfrac{c(\lambda_0)}{c(\lambda_0)-c(\lambda)+\phi(\lambda)-\phi(\lambda_1)}$ 选择策略"公开财政信息达标"。

当 $\pi(\lambda)-f(\lambda)<\pi(\lambda_0)$ 时,即 $\pi(\lambda)-\pi(\lambda_0)<f(\lambda)$($\pi(\lambda)$、$f(\lambda)$ 的关系如图 6-7 所示)。

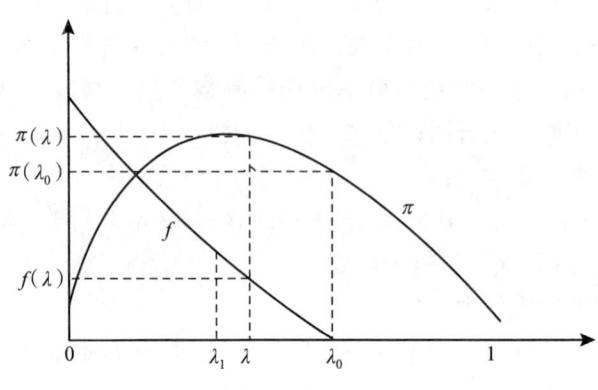

图 6-7　$\pi(\lambda)-f(\lambda)<\pi(\lambda_0)$ 的关系

这说明,当中央政府对基层政府官员的惩罚力度超过其不按照要求公开财政信息所获得的收益时,在公众监督的情况下,官员会自觉地选择"公开财政信息达标",但是,在官员公开财政信息达标后,公众的监督就会有所懈怠。在缺乏公众有效监督的情况下,官员就又开始不按照公众及中央政府的要求来公开财政信息。由此可见,仅仅依靠对官员的惩罚机制并不能让基层政府官员一直使财政透明度处于达标状态。事实上,基层财政透明度的推动过程是基层官员和公众的互动过程,在这个过程中,要想官员一直选择"公开财政信息达标"这个策略,除了需要上级政府强有力的惩罚措施外,还需要给公众制定一定的激励措施。例如,《信息公开条例》第 29 条规定,各级政府应当建立健全社会评议制度;第 33 条规定,公民、法人和其他组织可以对各级政府不履行信息公开义务的可以举报,侵犯其合法权益的可以申请行政复议或行政诉讼。新修订《预算法》第 91 条也规定,公民、法人或者其他组织发现有违反预算公开要求的行为,可以依法向有关国家机关进行检举、控告。这些规定表明公众有权力参与财政信息公开的监督,但同时并没有创造良好的环境来鼓励公众去参与。而且,现实中各级政府部门以各种理由拒绝公众信息申请要求的事件也屡见不鲜,一定程度上也削弱了公众参与的热情。

下面我们就对奖惩机制并存情况下的财政透明度博弈模型进行分析。

6.2.3 奖惩机制并存下的财政透明度博弈模型

假设中央政府目前致力于基层政府财政透明度的提高,除了给予"公开财政信息不达标"的官员给予有效的惩罚(惩罚力度满足 $\pi(\lambda) - \pi(\lambda_0) < f(\lambda)$)外,还给予公众的监督行为以一定的奖励,具体而言,当在公众的监督下,官员公开财政信息达标时,公众获得收益为 A。此时,基层政府官员与公众的博弈收益矩阵如表 6-3 所示。

表 6-3　奖惩机制下基层公众与基层官员的博弈收益矩阵

官员＼公众	监督	不监督
公开财政信息不达标	$\pi(\lambda) - f(\lambda)$,$\phi(\lambda) - c(\lambda)$,其中 $\lambda_1 < \lambda < \lambda_0$	$\pi(\lambda_1)$,$\phi(\lambda_1)$
公开财政信息达标	$\pi(\lambda_0)$,$\phi(\lambda_0) - c(\lambda_0) + A$	$\pi(\lambda_0)$,$\phi(\lambda_0)$

下面,在保障基层政府官员进一步公开财政信息的条件:$\phi(\lambda) - \phi(\lambda_1) > c(\lambda)$,$\pi(\lambda) - \pi(\lambda_0) < f(\lambda)$(其中 $\lambda_1 < \lambda < \lambda_0$)的情况下,我们对模型进一步分析。

(1) 当 $A < c(\lambda_0)$ 时,由于公众的收益 A 不足以弥补公众监督付出的成本,此时,公众和基层政府官员的策略选择仍然呈现出一种无限循环的状态:当公众选择策略"监督"→官员选择策略"公开财政透明度达标"→公众选择策略"不监督"→官员选择策略"公开财政透明度不达标"→公众选择策略"监督"→……循环反复,博弈模型存在混合策略均衡解。

混合战略均衡解为 ($\dfrac{c(\lambda_0) - A}{c(\lambda_0) - A - c(\lambda) + \phi(\lambda) - \phi(\lambda_1)}$,

$\frac{\pi(\lambda_1) - \pi(\lambda_0)}{\pi(\lambda_1) - \pi(\lambda) + f(\lambda)}$），即公众以概率 $\frac{\pi(\lambda_1) - \pi(\lambda_0)}{\pi(\lambda_1) - \pi(\lambda) + f(\lambda)}$ 选择策略"监督"，以概率 $1 - \frac{\pi(\lambda_1) - \pi(\lambda_0)}{\pi(\lambda_1) - \pi(\lambda) + f(\lambda)}$ 选择策略"不监督"；官员以概率 $\frac{c(\lambda_0) - A}{c(\lambda_0) - A - c(\lambda) + \phi(\lambda) - \phi(\lambda_1)}$ 选择策略"公开财政信息不达标"，以概率 $1 - \frac{c(\lambda_0) - A}{c(\lambda_0) - A - c(\lambda) + \phi(\lambda) - \phi(\lambda_1)}$ 选择策略"公开财政信息达标"。与仅存在"惩罚机制的模型"相比，虽然公众的策略选择没有发生变化，但是官员选择策略"公开财政信息达标"的概率提高了。而且 A 越大，官员选择策略"公开财政信息达标"的概率越大。当 $c(\lambda_0) = A$ 时，官员选择"公开财政透明度达标"的概率达到 1。因此，使得公众从监督政府财政信息公开行为中获得更多的收益，对官员进一步公开财政信息透明度是有利的。

（2）当 $A > c(\lambda_0)$ 时，显然，博弈的 NASH 均衡解为（公开财政信息达标，监督）。此时，公众会一直加强对基层政府官员财政信息公开工作的监督，在公众的有效监督下，政府官员也会一直按照公众的意愿公开财政信息。

由此可见，保障基层政府官员完全按照公众意愿公开财政信息透明度的第三个重要条件为 $A \geq c(\lambda_0)$：

当 $A > c(\lambda_0)$ 时，公众会一直坚持对基层政府官员的行为进行监督；

当 $A = c(\lambda_0)$ 时，公众会以概率 $\frac{\pi(\lambda_1) - \pi(\lambda_0)}{\pi(\lambda_1) - \pi(\lambda) + f(\lambda)}$ 选择策略"监督"，以概率 $1 - \frac{\pi(\lambda_1) - \pi(\lambda_0)}{\pi(\lambda_1) - \pi(\lambda) + f(\lambda)}$ 选择策略"不监督"。

从上面三个博弈模型的分析可知，保障基层政府官员完全按照公众意愿公开财政信息的条件为：

（1）$\phi(\lambda) - \phi(\lambda_1) > c(\lambda)$（其中 $\lambda_1 < \lambda < \lambda_0$），即公众监督基层政府官员公开财政信息的成本应该小于其获得的收益，换句话说，从制度设计上，应该创造条件，减少公众监督的成本，提高公众监督积极性。

（2）$\pi(\lambda) - \pi(\lambda_0) < f(\lambda)$（其中 $\lambda_1 < \lambda < \lambda_0$），即中央政府或上级政府对于基层政府公开财政信息不达标的情况，应采取强有力的惩罚

措施。

（3） $A \geq c(\lambda_0)$，即政府应该给予公众监督政府财政信息公开的行为一定程度的奖励，以鼓励公众持续参与对基层官员财政信息公开的监督行为。一方面增加了公众的监督收益，更重要的是向社会公众传递一种信息，政府是在下决心提高财政透明度。尤其是在社会公众的公民意识尚待提高的情况下，适当的激励措施是推动公众积极参与的必要方式。

6.3 本章小结

基层政府在推动财政透明度进程时，一方面要面对上级政府的要求，另一方面还要结合当地的实际情况。因此，当提高财政透明度水平不是一个硬性要求的时候，基层政府就会有多种理由不断将之推后实现。而基层的公众由于参与意识、能力和环境的不足，自下而上推动的力量也有限，结果造成了基层政府财政透明度一直处于较低水平的现状。实际上，在财政透明度的推动过程中，公众和基层政府的官员形成了利益博弈关系，这一博弈关系在不同的环境下，其博弈力量对比会发生变化。本章分别构建了无奖惩条件下、实施惩罚机制下和奖惩并存机制的财政透明度博弈模型，研究表明，当中央政府或上级政府对基层政府的财政透明度水平不足会采取严厉惩罚措施，且公众推动财政透明度的成本较低，并能获得一定奖励时，才能得到（公众监督，政府财政透明度达标）这样的理想均衡解。

第7章 国外地方政府推动财政透明度的经验及借鉴

欧美国家的政府体系一般都是三级政府，联邦政府（中央政府）、州政府（省政府）和地方政府，地方政府就类似于我国的基层政府。以美国为例，州政府以下的行政单位都被称为地方或地方政府，不管是称为市、县、镇，还是特别区，不管规模大小，人口多少，都一样是地方政府。地方政府相对于中央政府而言，与社会公众的接触最为频繁和密切，因此在国家的治理结构中显得尤为重要。

自治性和民主性是欧美国家地方政府的一般特征。例如，在加拿大，任何社区的居民达到一定人数规模，都可以向省政府要求成立市政府，实行自治。在美国，地方政府自治则是美国地方政府治理的基本原则，所有议员和官员一律由选民直接选举产生，地方政府的管理方式由各地自主选择。市镇会议、市民立法机构、陪审制度和市民社团一起构成了美国地方政府的权力机构，形成了独立的法律制度。而且，美国地方政府还有一项独特的传统：大多数地方政府官员是志愿者，而不是专职官员，他们有自己的谋生职业，而把为所在地区服务看作是一种义务。由于是自治，选民就有更大的空间来表达自己的意愿，而不用担心是否会得到上级政府的认可，因此，也更具有制度创新的动力。由于要维护民主，地方政府的治理结构中就充满着制度设计者们精心设计的权力制衡，这也是欧美国家基本的治国理念，即绝对权力导致绝对腐败，因此，只要有形成权力集中的可能，就应该设计相应的权力制衡加以约束，即使这种做法会导致政府管理更大的行政成本也在所不惜。

这种自治和民主的传统使得纳税人普遍希望知道他们交给政府的税收是怎么使用的，他们希望能近距离地和政府官员对话，反映纳税人的意见，监督政府的运作。因此，欧美国家的地方政府都有着较高的透明度，在很多方面可以给我们借鉴和启示。

7.1 美　　国

美国宪法第1条第9款就明确规定"一切公款收支的报告和账目，应经常公布"。《预算与会计法》《联邦管理者财务一体化法》《信息自由法》《政府阳光法案》《联邦机构政策和程序指南手册》[①]等法律文件中都有关于财政信息公开的条款。这些法律法规奠定了地方政府财政信息公开的法律基础。本章我们以美国的一些市镇为例，研究并借鉴其提高财政透明度的有效做法。

美国地方政府的组织形式主要有市（镇）委员会领导下的市（镇）经理负责制，和议会领导下的市（镇）经理负责制。

7.1.1　剑桥市（Cambridge）的民主管理

美国的中等城市一般都通过市政委员会来管理城市，据统计，在全美国8.3万个地方政府中，至少有3万个中等以上的城市采用了市政委员会的方式来管理城市[②]。例如，由9人组成的剑桥市市政委员会都是由选民直接投票选举产生的，这些议员分别代表着各个不同选区选民的利益，在预算案中有没有涉及自己选区中选民所反映出的问题是他们最关心的。然后，市政委员会再面向全国公开招聘市政经理（City Manager），由市政经理领导政府机构来运作剑桥市的财政。这一管理模式类似于现代企业制度，由股东选出董事会，由董事会聘请经理人经营公司。在这一模式中，市政委员会就是董事会，市政经理就是公司经理。这一模式削弱了传统官僚制中的威权政治带来的弊端，使得选民的利益能够更好地得到保证，也促进了地方政府的财政透明度。

[①] 曹顺宏：《美国政府预算信息公开制度》，载于《学习时报》2011年11月21日。
[②] 高新军：《美国地方政府的预算管理》，http://www.chinesetax.com.cn/caishuiwenku/caizhengwenku/guowaicaizheng/200711/5045271.html，2007年11月21日。

1. 预算编制详细具体

例如在2000年的时候，剑桥市大概只有10万人口，年财政预算大约是2.5亿~3亿美元，但他们编写的年度财政预算案却厚达400多页，城市资产中的任何变化都在预算中详细列出。而且每一项支出都有相应的收入来支撑，甚至具体到市政经理的年薪也列出，供选民监督。

2. 市民积极参与预算审议

按照马萨诸塞州的法律规定，市政经理要在每年1月1日开始的160天内向市政委员会提出下一财年的预算案，在下一个财政年度开始之前，由市政委员会讨论、审批。这种讨论一般是公开的，普通市民可以自由参加。而且，为方便选民参与，市政委员会也会提前公布预算审议的日程安排。长达半年的市财政预算案的审议过程，为选民和纳税人提供了广泛的参与机会。在预算审议过程中，选民还可以在遵守会场秩序的前提下，向市政经理提出自己的意见和问题，要求市政经理给予回答。在美国的地方政府，涉及社会公众利益的公共政策制定，一般都要经过公开听证，然后由立法机构表决，甚至举行全民公决；政府所有文献材料、所有会议记录与讨论均对外公开，任何人都可以向政府申请索要；政府的会议一般都公开进行；重要的决策事项都会在政府网站上公布或者通过电视直播，让公众能够及时了解政府决策的制定情况。由于美国地方政府财政收入的2/3来自于当地居民缴纳的土地税、房产税和财产税等，因此，公众有了解并监督地方政府合理使用税收的意愿，公众参与公共治理的积极性很高。

3. 依法监督预算执行

在美国，财政预算草案一旦在市政委员会上获得通过，就成为法律，具有和其他法律一样的强制性。任何违背财政预算法案的举动都是违法的，都要受到法律的制裁，出现严重问题的甚至相关责任人还要坐牢。因此，财政预算对政府的约束性很强。

4. 对城市管理经营者的有效监督

市政经理必须严格执行市政委员会通过的财政预算法案，其执行结果是否能让选民满意是其政绩考核的重要方面,也是市政委员会考核的重要内容之一。因为,对市政议员来说,只有选民和纳税人满意,他们才可能继续当选。而对市政经理来说,只有市政议员们满意,他才可能继续留任。

7.1.2 图森市(Tucson)的内部审计

图森市是美国亚利桑那州的第二大城市、美国第32大城市和第52大都会区。图森市财政透明度的一大特色是通过协同审计来监督财政预算。财政预算与审计办公室专门收集并筛选部门财政数据,分析部门的公共服务水平;定期公布历史财政数据;监控各部门提供公共服务能力的变化趋势,如发现有下降的可能,内部审计将注明问题并分析原因,然后给出改正建议,各部门要及时回应审计建议,最后形成季度总结报告。协同审计能迅速识别和解决财政预算执行过程中出现的问题,加强关键部门和人员之间的沟通,使部门可能出现的问题得到早期预警,并且跟踪重要的财务信息,及时改进政府服务和减少服务成本。

此外,地方法律要求市政府必须向公民提供评论预算的机会,公众可以在政府网站上详细地了解图森市财政预算的历史、现在与未来,例如,在预算报告中,每项收支和活动都会列出三年的数据,包括财政年度的预算数、前一年度的预算数、修订数和再前一年的决算数。公众还可以参与预算的制定、修改与监督,在每次修订与讨论中都有公众的听证,公众积极提议或者参与预算修订,公众提出意见之后能够得到有关部门相当程度的采纳与重视,哪怕是网站上每个小小的提议都能得到政府的关注。政府会尽量让公众读懂公开的预算文件,通过不同的角度展示预算,以期让不同专业层次的人根据自己的能力了解、领会政府披露的财政信息。

7.1.3 美国芝加哥第49街区的参与式预算

2009年11月,美国芝加哥49街区在市议员乔·摩尔(Joe Moore)的带领下,第一次在社区实施参与式预算。在这项实验中,社区居民表示了极大的关注和参与热情,因为他们可以通过民主程序来决定如何分配可由议员乔·摩尔自由支配的 130 万美元的预算经费①。通过社区网站，居民可以了解参与式预算过程的最新进展，通过在 BBS 论坛上发表评论和建议，社区居民可以为自己倡议和支持的项目争取更多的选票。为了这次参与式预算顺利进行，议员摩尔还邀请了专家学者对整个预算过程进行跟踪辅助，从最初的组建督导委员会到最后的投票选举的每一个步骤都对居民进行指导，大大提高了社区公众的参与能力。

在参与式预算过程中，保持高度的信息透明是这次成功试验的基本条件。组织者借助多种传播方式，及时让居民了解最新消息。除了传统的发放传单等手段外，组织者们还通过社区网站、社会组织、博客、电子邮件等方式向社区公众发布信息。公众可随时在社区网站上查询和索取资料，包括每年的预算金额，督导委员会和专题委员会成员名单，备选的项目资格，投票的人员资格，投票时间安排，投票选举的时间地点，最终的选举结果等等。整个预算过程都是在公开透明中进行。

经过几年的实践，芝加哥第 49 街区的参与式预算有效培育了公民的民主意识，推动了预算编制的公开透明，得到了社区居民、政府官员、社会组织、学者以及联合国、世界银行各方面的认可。

7.1.4 非营利组织的推动

非营利组织是美国地方政府推动财政透明度的主要力量之一。早在 1904 年，由纽约、芝加哥、波士顿等城市的 12 个民间组织就组成了"城市会计和统计联合委员会"。该委员会提出，预算制度改革应使得普通公众也和中产阶级及精英一起，成为民主政治的一部分，城市政府必须向公众报告自己的活动。在民间力量和纽约州议会的强大压力下，纽约市的预算民主改革开始起步。

现在，在美国的社区，一般都有很多各种各样的非营利组织，这些组织有自己的明确利益导向，通常发出同一种声音与政府和政治家对话，在财政预算透明的推动方面有着重要的影响。例如，2013 年 1 月，加州公共利益研究小组（CALPIRG）公布了 2013 年美国大城市财政透

---

① 王珏青：《美国芝加哥第 49 街区参与式预算的实践和启示》，载于《上海人大》2013 年第 1 期，第 50~51 页。

明度报告①。该报告涵盖了美国 30 个人口最多的大城市，报告显示：旧金山，纽约和芝加哥 3 个城市获得 90 分或以上的成绩；只有 17 个市政府提供了有关财政预算的在线资料库；亚特兰大、底特律、圣路易斯、沙加缅度和克利夫兰等 5 个城市的财政透明度不及格。报告主要根据美国各地市政府公开的财政信息，及其可追踪度、可靠性以及可访问度等标准来评分。该项活动也得到了城市政府的认可，纽约市市长李孟贤就指出，市民们有权利了解他们缴纳的税金都用在什么地方及如何被使用，并对此给予建议，帮助政府改进工作质量。

7.2 加 拿 大

加拿大地方政府是指省政府以下的政府，但是，不同的省份地方政府的设置并不一样。例如，在不列颠哥伦比亚省，区政府是省政府下设的一级政府，但区政府下面还有市、镇和村政府。而在安大略省，省政府下设有市、县、区、乡、镇、村政府。尽管各省在地方政府的设置上有所不同，但是，地方政府的权力运行结构是一样的，对预算公开的要求也是一样的。

7.2.1　地方政府预算公开是法定职责

1983 年，加拿大联邦政府实施了《信息获取法》，明确规定获得信息是人的基本权利，任何人有权利获得各政府单位控制或监管的信息（法定例外的除外），从法律上保障了公众的知情权。后来各省政府纷纷制定并实施各自的信息自由法，并规定了地方政府信息公开（因为地方政府的管理是省政府的权力，联邦政府无权管辖②）。

---

① 李修语：《全美大城市财政透明度报告出炉，旧金山位列前三》，http：//usa.fjsen.com/2013-01/24/content_10456072.htm，2013 年 1 月 24 日。

② 地方政府预算主要受各省地方政府法的约束。加拿大的法律有一个特点，即联邦政府的《财政管理法案》（Financial Administration Act）只是针对联邦政府，对省政府和地方政府无效。一些省法律，如不列颠哥伦比亚省的《预算透明与责任法》（Budget Transparency And Accountability Act）、安大略省的《财政透明与责任法》（Fiscal Transparency And Accountability Act）只是针对省政府，对地方政府无效。

省政府规定地方政府信息公开主要有两部法律，即《信息自由和隐私保护法》和地方政府法。《信息自由与隐私保护法》规定，除了特殊场合的记录，地方政府掌握的信息都可以公开。政府主动公开的信息包括：政策及程序手册、指导方针、政策说明、年度报告和地方法规。对于公众申请公开的信息，收到信息申请的单位必须尽量公开记录（法定例外的除外）。地方政府法规定了要公开的预算内容，包括预估收入和支出，预估收入用于支付政府储备金、沉没资金和退休金的比例等。

除此以外，预算的执行情况也被法律要求公开。而且地方政府预算要接受有资质的单位审计，提交给地方议会的审计报告被列入公共记录，社会公众可以在正常上班时间到秘书办公室查询该报告。地方政府还要对上一年的财务报告表进行审计，并在60日内要把审计后的财务报表在本辖区发行的报纸上公开发表。如果有本地纳税人或居民索要财务报告表，政府必须向纳税人提供且不得收费[①]。

7.2.2 预算公开的具体化与可得性

加拿大地方政府预算内容公开得非常详细，公开到具体支出的每个项目每一笔账。例如安大略省伦敦市2014年预算篇幅按照A4纸的规格有240页，2013年有305页。而伦敦市只是一个人口36万的城市，这样的篇幅也可以说明政府预算公开的详细程度。

预算内容也很容易获取，预算草案提交给议会后就发布在政府网站上，可以浏览和下载。在预算会议召开的时候，印刷的预算草案在议会入口也有，民众可以在现场取。各级政府公开的预算文件或其背景资料必须反映中期宏观经济预测与财政预测、负债等综合信息，还要有明确的财政政策目标、财政规则、主要财政风险，财政可持续性分析、会计准则，支出估算的格式和内容等[②]。各级政府对预算执行情况应定期及时地向社会各阶层发布。目前，加拿大各级政府将所有预决算文件，包括支出估算、绩效计划和绩效报告，包括预算的执行情况、预算执行结

---

① 郑国栋：《浅谈加拿大地方政府的预算公开》，载于《楚雄师范学院学报》2016年第31卷第1期，第98～103年。

② 李杰刚、徐卫、刘鹏：《加拿大政府预算透明度考察》，载于《经济研究参考》2011年第50期，第47～50页。

果偏离预期的主要原因等全部在法律规定的时间内在官方网站公布，公众能够非常方便及时地浏览到联邦、省、市三级政府预算的情况，查询各部门的政策、职责、服务计划、所需资源与绩效结果。

7.2.3 地方政府的参与式预算

加拿大地方政府也引入了参与式预算，大致可分为三种类型，第一，政府主导型参与式预算，例如安大略省的谷付市、温哥华市等；第二，由非政府组织发起的参与式预算，例如"民主观察"和"国际参与式预算项目"等；第三，由公众自发进行的参与式预算，主要有"多伦多参与式预算网络"、安大略汉密尔顿的"市民议程"等。

以谷付市为例，该市从1999年起实施采用参与式预算，由社区组织分配用于社区项目的资金，包括休闲项目、青少年项目以及社区设施维修项目等。谷付市在2001年年底还启动了名为"科学的谷付市"的公众咨询程序，由1100名当地居民组成若干个小组，对来源于部分省政府、地区政府和市政府的预算资源进行分配。他们负责460个支出项目，首先由小组确定项目的优先顺序，然后上报给市政府，最后由市政府审批。在整个过程中，市政府主要起着组织和协调作用，参与者的意见是决定性的，体现了多数人的意愿。此外，各种社会运动、社区组织和自愿团体等构成的社会网络，为参与式预算提供了支持。

7.2.4 公众参与政府预算意愿强烈

在加拿大，公民与政府的关系简单明了。公众为自己可享用的福利项目交纳税金，选举他们信赖的官员管理和运营公共项目，而且可以随时就自己和自己社区关切的利益参与公共事务，影响公共决策。公共事务和公共利益对他们来说是十分具体和贴近生活的，完全是在他们的理解和可把握的范围内。我们以渥太华为例，政府每年征收房产税时，每户人家会接到市政府向他们发出的税收通知单，这张税收通知单上不仅列出房产税当年的税率，而且税款在各级公共机构的分配比例和各项用途及所占金额比例都列了出来，明白地告诉公民房产税用到哪里去了。当公众知道自己为什么交税，交的税收用到哪去了，公共事务对他们来说就不是一个抽象概念，而是和自身利益密切相关的事情。同时，公众也能够通过选区议员、社区中心或其他社会组织监督公共资金的运作，促进服务的改善。这样，他们不仅能够了解到缴纳税收的情况，而且也能影响到税金的使用情况，因此，公众非常关注公共事务，也愿意参与公共事务。

　　加拿大各级政府也会利用各种渠道，采取各种方式，提早向社会宣布其施政纲领和相关的预算政策，并作出详细的解释说明，来争取公众的理解与支持。在预算编制过程中，各级政府十分重视鼓励和吸收社会公众参与，通过实地走访、举行听证会等形式，广泛听取各方面的意见和建议。政府预算最终是由议会集体投票表决，市长并没有预算决定权。当每年夏天市政预算开始后，由市长告诉行政部门一个房产税增幅，行政部门据此制作预算表，然后行政部门再把表格提交议会，由议会审议并批准预算。整个过程都是公开的，社会公众可以到议会列席旁观。例如，在审批2013财年预算时，安大略省伦敦市市长由于在2010年竞选市长时承诺在其任职4年内房产税实现零增长，因此希望2013年房产税也像过去两年那样零增长。但是，这样的话，政府财政收入就不足以弥补增加的支出，政府将不得不削减公共服务，比如减少公共图书馆开馆时间，以及对低收入家庭的支持服务等。结果，在公众的压力下，房产税被提高了1.2%，而市长也因为竞选诺言落空黯然下台[①]。

　　加拿大地方政府政务公开的具体要求由各省立法制定，一般是通过《地方政府法》来规范地方政府行为[②]。例如，安大略省《地方政府法》规定：除法律规定的外，如涉及劳资关系、土地买卖、个人隐私的讨论会等可以不公开，其他所有会议向民众开放。地方政府预算会议是常规的地方政务会议，必须对民众开放的。每当政府预算开会时，人多得坐不下。政府官方网站同步播放会议过程，而且这些录像在会后都挂在其官方网站上，供社会公众随时观看和下载。这样的决策过程不仅公开了决策内容，也公开了每个议员的政治立场、态度和能力，每个议员都尽

[①] 郑国栋：《加拿大特色的地方"集体领导"》，载于《南风窗》2015年第17期，第29~31页。

[②] 各省法律名称有所不同，大多数叫《地方政府法》。萨斯喀彻温省有《地方政府法》(The Municipalities Act) 和《城市法》(The Cities Act)。不列颠哥伦比亚省有《地方政府法》(Local Government Act) 和《社区宪章》(Community Charter)。魁北克省有《地方政府法典》(Municipal Code of Quebec)。

量把自己最好的一面表现出来，免得下次选举不受人欢迎，大大提高了议员为民众服务的意识和水平。各级政府财政报告都是公共信息，公开发布在网上和专门的文献中，任何公民可查询和检索。

7.2.5　公众参与政府预算的环境良好

在编制预算前，地方政府就广泛宣传，公布了电子邮件、电话号码、推特（Twitter）账号、脸书（Facebook）账号，方便公众参与并保持联系。在预算过程中，地方政府积极听取民意。安大略省伦敦市听取民意的办法有以下三种。

1. 建立预算专用网站

为了让民众充分了解预算过程和内容，伦敦市政府每年建立一个以预算为主题的网站，让民众浏览和下载预算内容，了解每项预算对居民意味着什么。网站还设计了问题让民众投票，例如"行人过铁路安全问题，政府要投入 135000 加元，你同意吗？"

2. 政府召开预算听证会

地方政府一般都召开预算听证会，听取民众的看法。公证会对预算的影响很大，给政府官员带来不小的压力。

3. 举办"预算工作室"

政府举办"预算工作室"主要目的是普及预算常识和了解民意，例如 2013 年 2 月 12 日的"预算工作室"会场分成了四组。第一组是预算基本知识，由政府官员简单介绍市预算财政过程、背景。第二组是"我问财务长"专题，公众可以随便问关于预算的问题。第三组是询问专家，讨论市民普遍关心的问题。第四组是图说预算，利用图表、图画来让政府预算更容易被公众理解。此外，会场还设置了"优先项目墙"，按轻重缓急的次序分成三组：基本需要、有更好、不必要，公众可以把自己对预算的意见放在不同的组里。还有"留言角"，民众可以对自己最关心的部分写下留言。

在政府推动、公众积极参与的情况下，加拿大地方政府的财政透明度体现出了很高的水平。

7.3 其他国家地方政府的预算公开

7.3.1 德国

德国是联邦制国家，实行联邦、州、地方三级政权管理体制，州以下各级政府统称为地方政府，包括县、市、镇等。各级地方政府都由公众选举产生，依法自主管理当地事务，具有高度的独立性。各级政府机构根据德国基本法明确各自的职责，它们之间是一种相互合作的关系。地方政府承担了联邦政府和州政府 80% 的行政任务。地方自治是德国地方政府的重要特征，地方自治的地位受到联邦宪法和州宪法的保障。

1. 地方政府的公共行政改革和新型预算管理

德国地方政府从 20 世纪 90 年代开始公共行政改革，在地方全部普及质量管理，实行新型预算管理，即把公共行政机构当作服务型企业，把公民当作消费者，行政领导当作企业管理者。20 世纪 90 年代以前，德国地方政府均实行代议制的形式，而现在市长由选民直接选举产生，而不是由议会选举产生。这项改革的原因有主要有两个方面：一是扩大选民直接民主的权利，二是扩大市长的权利。他既是行政首长，又由直接选举产生，选举赋予他更大的权力。为了避免市长滥用职权，公民可以通过全民公决罢免市长。这意味着在地方政府这一级，对一些地方事项，选民可自主决定。

德国政府要求在 2005 年底联邦政府的所有服务都要上网①。这使得公众能够更方便、快捷地享受联邦政府的各种服务。地方政府之间也形成了交会费性质的政府间交换信息网，可以通过出版物、会议、研讨、咨询公司、社区内的网络等各种途径成功地传播政府信息。在新型管理

---

① 曹海洋、赵人坤：《论我国地方政府行政体制改革——兼评德国政府地方行政改革》，http://www.qikanchina.net/qkshow.asp？classid＝8&Oneid＝6&Oneqid＝1204&Onewid＝24705&step＝cis，2008 年 7 月 4 日。

体制下,地方政府预算引进内部成本核算技术,改革地方政府核算体系,发展出新的、更为广泛的稽查、评估成本和单位绩效体系。

新型预算管理还赋予了公民更多的参与权,由公民和地方政府共同参与决定公共资金使用的事宜,增加政府决策的透明度,保障公共资金合理规范使用。市民参与预算管理的途径包括网络、信件和集会。如波茨坦市通过参与式预算管理,实施了降低市内交通学生票价格、扩建城市道路等一系列的方案。

2. 民间团体对财政透明度的推动作用

德国的一些民间团体热衷于监督政府的财政支出。比如德国纳税人联盟协会专门监督政府的公共支出[①]。该协会的宗旨是,政府的每一分钱都是纳税人辛苦挣得的,因此政府在花钱的时候也要节约,把钱用在刀刃上。自从1972年起,该协会每年发布"黑皮书",2012年的"黑皮书"长达110页,详细披露并评价政府的开支是否符合法律规范,内容涉及德国各个地方政府的具体支出项目,包括规划失误、过度昂贵的公共开支和形象工程,虽然投入了资金却没有取得预期成效的交通建设项目,费用比规划大幅提高的项目等。"黑皮书"可在网上免费下载。

7.3.2 英国

英国是中央集权型单一制国家,由英格兰、苏格兰、威尔士、北爱尔兰四个地区和大伦敦市组成。地区下辖郡,郡下辖区,全国共有405个区及区以上地方政权机构。英国实行由中央和地方两级财政组成的高度集中的分税制财政管理体制。由选举产生的地方政府行使议会授予的权力并承担义务。

1. 完善的财政透明度法律体系

1911年,英国正式出台了《国会法》,正式确立了现代宪政意义上的议会对财政公开的规定。1998年,英国颁布实施了《财政稳定法》(Code for Fiscal Stability,CFS),将财政透明定位为财政管理五大准则

---

① 郑红:《如何管好"钱袋子":公共财政就要公开透明》,http://theory.people.com.cn/n/2013/0523/c49150-21582846-2.html,2013年5月23日。

中的首要准则，为英国的财政预算透明管理提供了一个强有力的制度框架①，是英国财政透明度最重要的法案之一。该法案指出，政府应该公布足够的信息以使得公众可以监督财政政策行为和公共财政状况，除了特殊的原因之外，政府不能限制信息公开。2000年，英国颁布了《信息自由法案》，赋予公众获取公共部门的有关信息的权利。同年，《政府资源和会计法案（2000）》要求财政部为每个履行公共职能的实体，以及部分或全部由公共资金支持的实体准备政府统一账户。英国政府还根据欧盟的《公共部门信息再利用指令》制订了英国的《公共部门信息再利用条例》，该条例自2005年7月生效。此外，英国还于1999年和2000年分别推出《地方政府法》，以确保地方议会的政治决策能够高效、透明和负责任地进行。

2. 详细的财政信息报告

2008年伦敦开始例行发布大伦敦区财政开支明细，凡超过1000磅的支出均会记录在案②，2010年夏天更进一步，要求超过500磅的所有政府开支会被记录在案。政府开支信息，可以在大伦敦区当地政府网站③上轻易查到。英国首相卡梅伦在2010年还发起了"政府联合项目"，要求中央政府在既定的时间内公布财政预算的历年信息，例如超过25000英镑的新中央项目都必须在2010年11月之前对外公布④。地方政府和一些特别的数据也要求对外公开。为此，卡梅伦专门向政府各部门发出一封公开信，要求所有政府部门提高预算透明度。

3. 地方政府的参与式预算

英国的一些地方现在正在试验参与式预算，让民众通过公共辩论或者举行社区公投来决定地方财政预算的用途。英国民众将能够支配当地

---

① International Monetary Fund. 1999, "Experimental report on transparency practices: United Kingdom". (1999 – 05 – 15) http：//www. imf. org/external/np/rosc/gbr/index. htm.

② 梁发芾：《民主制度不完善，预算制度只会障人耳目》，载于《中国经营报》2014年7月26日。

③ london. gov. uk。

④ Prime Minister's Office. Letter to government departments on opening up data. http：//www. number10. gov. uk/news/letter – to – government – departments – on – opening – up – data/, 2010 – 05 – 31.

的财政资金,他们可以决定是把钱用于修建新的娱乐设施,还是用来美化城市环境,政府相信,当地公众比任何人都知道当地的需要是什么。为了使这一计划得到顺利实施,英国政府将伯明翰、桑德兰、纽卡斯尔、南安普敦、布拉德福德等 10 个城市定为试点城市。其中仅在桑德兰,市政委员会就将在两年内拨出 2300 万英镑归当地居民支配[①]。在这些试点城市,人们将对当地重大预算有直接发言权。布拉德福德市已经率先开展了试点工作。试验中出现了一个非常有意思的结果,许多年轻人最初认为他们也许会投票将全部资金用于年轻人的项目,但经过大型讨论,他们还是决定将一些资金也用于为老年人服务。

7.3.3 日本

日本的地方政府是由市、町、村等基础性自治体构成。日本财政体制属于集权分散型,即财政收入的大部分集中到中央,地方政府却负责提供公共服务和公共投资。因此,中央政府的转移支付对地方政府来说至关重要。

《日本宪法》第 91 条规定:"内阁必须定期,至少每年一次,就国家财政状况向国会及国民提出报告。"《行政信息公开法》规定政府要向公众公开预算信息,使全体国民了解政府预算的内容。1999 年,日本颁布了《有关行政机关持有信息公开法》。2001 年,日本制定了《有关独立行政法人等持有信息公开法》,逐渐进入了政府信息全面公开的时代[②]。此外,日本各个地方公共团体(都道府县和市村町)在各自的自治范围之内也都相继制定了有关行政信息公开的地方性法规。在财政信息公开方面,日本也建立了较为完备的制度,公开范围和程度都较大,民众参与预算管理的程度也较深。

1. 通俗易懂的财政公报

日本地方政府的财政透明度主要表现在四个方面:(1)各级政府

[①] 王辉:《布朗内阁推新政,居民支配地方财政资金》,http://www.chinadaily.com.cn/hqgj/2007-07/06/content_911342.htm,2007 年 7 月 6 日。

[②] 宋健敏:《日本:如何让公众读懂政府预算信息》,载于《团结》2010 年第 3 期,第 36~38 页。

均按财政年度编制并公布财政公报,将政府财政收支比喻为家庭收支,以便让公众能够看明白政府的财政收支信息。例如,将各项税收比喻为家庭收入;上级转移支付或补助比喻为亲戚帮助;地方债比喻为家庭借款,转入准备基金(结转下年结余)比喻为家庭增加银行存款等。(2)议会对政府财政情况及其重大财政收支项目的听证会,要在网上全面公开,及时接受媒体和市民的质询与监督。(3)各级政府每月均发布"政府公报",即政府每月的财政收支情况,比如,普通市民均能看懂的政府借贷对照表、行政成本计算书、净资产计算书、资金收支计算书,相关指标的绩效评价等,都要全面、通俗地向市民公开。(4)各级政府的每一项财税政策的出台都要经由透明的程序:先由政府提出议案,然后组织专家论证和电视辩论,最后经相应层级的议会审议通过才能实施。整个过程漫长而复杂,而且必须要电视直播以便让公众了解全过程,来增强政府决策的透明度。

2. 公民团体的推动

公众对地方政府腐败行为的高度关注成为日本政府预算公开的一大助力。在20世纪90年代,一些公民团体要求各级政府公开"粮食费"等预算信息,并对拒绝公开的地方政府提出了诉讼,这一举动大大推动了日本财政透明度进程。而且,从1996年起,一个全国联盟的市民团体开始每年对全国省级地方政府和部分大城市进行政府透明度排名调查,其中,公款招待费用等财政信息成为调查的主要内容,深受社会各阶层的关注。再加上20世纪90年代日本泡沫经济破灭,地方政府陷入了债务危机,这对地方政府的治理提出了严峻的挑战。几方面原因使得提高财政透明度成为提高政府公信力、促进市民参与公共管理的一种有效选择。

3. 地方政府的公车管理

日本地方政府的公车大多配给水务、教育、总务等实际用车需求较大的部门。据统计①,日本各都道府县和市町村政府的公车数量约为30余万辆,其中,轿车和专车较少,轻型车辆较多,尤其是实用的"面包

---

① 温如军:《"三公"消费超标,可撤职》,载于《法制晚报》2011年7月10日。

车"等厢式车辆较多。以有 8 万多人口的越前市为例，该市共计 130 辆公车中，轿车仅有 25 辆，而小型和轻型厢货车则有近 80 辆。地方政府用车部门基本都会定期向社会公开公车配备和使用情况的详细报告。

7.3.4 其他有特色的地方政府财政信息公开

1. 官员财产公示制度

丹麦在反腐败和政府廉洁方面被公认为世界上最好的国家之一。2005 年，政府就要求所有内阁大臣要公开个人收入状况。2007 年，丹麦又提出各区域（相当于省一级）及市级政府的官员需公开个人财务状况。根据 2007 年通过的《地方政府法》修正案，从 2008 年开始，丹麦市一级政府官员、市议员及管理人员也需将上年的工资收入和担任其他机构或董事会的职务所获的报酬情况上报给市议会，市议会则在每年第一季度结束之前在政府网站上公开发布上述数据[1]。官员必须如实申报个人财产情况，一旦被发现弄虚作假，就将会面临着名誉扫地，饱受公众指责的境地。

2. 地方政府债务报告制度

新西兰议会于 1989 年通过的《地方政府改善法》要求，地方议会要向社会公开的文件包括：关于财政形势的声明；总体运作状况的声明；用金融和非金融术语对每一项重要活动发布的声明；现金流量表[2]。在该法律框架下，新西兰建立了较为完整的地方政府债务报告制度，在政府财政状况报告中的债务项目包括：应付账款、地方政府借款、对政府养老基金的支付等。政府预算平衡表、政府综合财务报表（包括资产负债表、利润表和现金流量表）、年度计划报告、财政状况报告及融资效果报告都从不同角度反映地方政府债务情况[3]。

---

[1] 杨敬忠：《丹麦如何公开官员财产》，http://jjckb.xinhuanet.com/opinion/2013-04/10/content_438266.htm，2013 年 4 月 10 日。

[2] June Pallot, Transparency in local Government: antipodean initiatives, The European Accounting Review, 10 (3), 2001: 645-60.

[3] 财政部预算司：《新西兰的地方政府债务管理》，http://www.mof.gov.cn/pub/yusuansi/zhengwuxinxi/guojijiejian/200809/t20080919_76699.html，2008 年 9 月 22 日。

澳大利亚地方政府公开包括债务在内的政府财政状况。地方政府必须将借款委员会批准的借款分配及其调整情况真实、完整地反映在地方政府预算报告中。澳大利亚州政府要求地方政府除了报告直接债务外，还需要披露或有负债和有关风险的报告，此报告必须详细解释影响州财政状况的主要因素①。

南非市政府必须披露对预期贷款人或投资人决策有重大影响的所有信息，并对所披露信息的准确性负责。依法必须上网公布的消息包括：年度预算、调整预算等所有与预算相关的资料；所有与预算相关的政策；预算年度报告；所有服务提供协议；所有长期借款合同等②。

7.4 国际经验借鉴

尽管发达国家的政治体制、历史文化、风俗信仰和我国有着明显的差别，在它们国家行之有效的经验不一定能够直接拿到我国来使用。但是，财政透明度作为一个国际社会共同努力推动的活动，已经得到了绝大多数国家的积极响应，加上我国基层政府民主化改革的趋势，使得上述发达国家地方政府的财政透明度做法给我国基层政府提高财政透明度提供了有益的经验和启示，在以下方面是值得我们借鉴的。

1. 地方政府的民主性

西方发达国家的基层政府一般都有着较为明确的民主性。它们对基层政府的管理思路一般是：要让公众能够监督和管理选民选出来的政府官员。为了便于当地公众参与公共决策，西方发达国家基层政府一般规模都比较小，这样全体公众可以就某些问题展开讨论，甚至可以进行全民公决。基层政府首脑是公众投票选出来的，而不是上级政府任命的，这使得民选行政长官必须对公众负责，公众就有了约束、规范政府的权力。公众有权力了解政府是如何使用纳税人缴纳的税金的，进而去判断

---

① 《澳大利亚的地方政府债务管理》，http://www.mof.gov.cn/pub/yusuansi/zhengwuxinxi/guojijiejian/200809/t20080916_75445.html，2008年9月16日。

② 财政部预算司：《南非的地方政府债务管理》，http://www.mof.gov.cn/pub/yusuansi/zhengwuxinxi/guojijiejian/200809/t20080919_76696.html，2008年9月22日。

现任政府官员的业绩,以决定是否继续支持。这种地方政府的民主性是基层政府能够保持财政透明度的政治保障。

2. 完善的财政透明法律体系

西方发达国家从上而下都构建了基本完善的关于信息公开的法律体系,对财政透明度的要求形成了一个全面的法律框架。上至《宪法》,下至地方法律法规,都对财政预算公开的各个方面作出了详细的规定,并且互相说明、补充,形成一个较为完善的财政透明度法律体系。使得各级政府在公开财政信息方面有法可依,而且法律规定较为详细,使之具有很强的操作性。完善的法律体系、全面具体的法律要求是基层政府实施财政透明度的管理保障。

3. 非营利组织的强力推动

西方国家财政透明度的提高很大程度上和非营利组织的贡献分不开的。良好的公民社会培育出了高效的公民团体,将分散的社会公众有效组织起来,形成可以和政府部门对话、协商,乃至协作的强有力的团体。它们的公益性、组织性和在社会中享有良好的声誉,使得它们能够在和政府和普通公众之间搭建合作的桥梁,并且提高了政府治理能力。各国在提高财政透明度进程中,非盈利组织起到了破冰、推动和保障的作用,从组织上、技术上支持地方政府提高财政透明度。

4. 高效的公众参与

公众参与是地方公共治理的核心。只有公众愿意并且能够参与到公共管理中来,地方政府才有可能集合各方的力量向社会公众提供更好的公共服务,从而赢得公众的支持。在各国地方政府推动财政透明度过程中,公众参与的积极性非常高,这主要和公众认为自己是辖区的主人有关,即自治性和民主性提高了公众的参与意识。而在参与预算决策的过程中,为争取自身的利益进行的各类投票行为,不断提高了公众的公共精神和参与能力。参与式预算成为基层政府提高财政透明度的有效途径。

5. 良好的政府推动和回应

政府部门推动财政透明度具有成本低、见效快的特点。各国地方政府从本国特点出发，对公众知情权的保障进行了卓有成效的试验。充分发挥预算听证会、预算工作室、网站等工具的作用，积极回应公众的信息申请和对于预算的意见和建议，培育了公众参与公共事务的意愿和能力，为公众能够积极参与预算过程创造了良好的环境。政府的努力推动和积极回应是基层政府有效提高财政透明度水平的根本保障。

7.5 本章小结

本章对部分发达国家的地方政府财政透明度的实施情况进行了阐述。这些国家的地方政府大都具有较强的直接民主性，其治理情形和我国的基层政府有一定的相似之处，因此，希望能够从这些国家地方政府的具体实践中找到我们能够借鉴的经验。研究发现，来自国家完善的法律体系是地方政府财政透明度的制度保障；充分的民主性是公众主动推动财政透明度的政治保障；发达的非营利组织和高效的公众参与是提高地方政府财政透明度水平的力量之源，政府部门的推动和积极回应是推动财政透明度的根本保障。从中央政府到地方政府，从法律规范到公众推动，体现了"自上而下"和"自下而上"相结合的推动财政透明度发展进程。这是值得我们认真学习和总结的经验成果，也是我们研究进一步提高基层政府财政透明度，进而提升全国财政透明度水平的政策建议时需要着重思考的方面。

第8章 提高我国基层政府财政透明度水平的政策建议

西方国家的经验显示，推动财政透明度的发展路径是在立足于预算权规范化的基础之上，通过地方政府自治民主框架下的预算参与式予以完善，形成两条路径的互动与补充。这一思路也可以适用于我国的财政透明度发展。我国目前的财政透明度进程主要是由中央政府"自上而下"来推动。中央政府制定规则，然后要求地方政府一级一级贯彻执行。此时，地方政府的执行力就成为决定财政透明度实现程度的关键因素。而政策的执行力度在政策传递过程中，由于各地的执行环境、执行意愿与执行能力的差异，导致政府执行力随着政府级次的降低越来越弱。越到基层政府，政策的执行效力越弱，因此，仅靠中央政府"自上而下"推动财政透明度是不够的，还需要基层社会力量来支持、推动基层政府财政透明度的提高。因此，我们的思路是：通过中央政府"自上而下"的制度规范，结合基层社会公众"自下而上"的推动，在改革中实现上下对接，积极稳妥地进行基层政府预算民主改革，提高基层政府财政透明度，进而提高基层政府治理能力。

8.1 中央层面的政策建议

提高基层政府的财政透明度，首先需要中央政府履行好规范制度安排的责任。地方政府的政策执行力在很大程度上取决于中央政府决策的合理程度。财政透明度的提高是政府的一次"自我革命"，由于限制的对象是政府权力，因此，由政府本身去实施时，必然存在着一些不足。我们从前面的分析结果已经得知，基层政府在实施财政透明度时，一方面是自身的原因导致的执行不力，另一方面也有上层制度安排的缺陷，给基层政府造成了客观上的执行困难。因此，要在我国全方位地推动财政透明度，首先需要来自中央层面科学合理的顶层设计，"自上"进行规范，然后再考虑地方政府的贯彻实施。

8.1.1 完善财政信息公开的法律法规体系，强化法律对政府财政信息披露的约束作用

完善的法律体系是财政透明度实施的基础保障。纵观发达国家财政透明度的实施情况，上至宪法、具体的财政公开立法、总统命令，下至财政部门推出的部门规章，构成了全面细致、相互配合补充的法律体系，保证财政信息公开的要求在各个领域都能得到实施，这是其保证财政信息公开透明的根本。这一点值得我们认真学习，发达国家通过构建系统的财政透明度法律体系，使得"公开为原则，不公开为例外"成了真正可以落实的制度，并渗入各级行政部门的执政理念，深入社会公众的基本生活。而我国在推动财政透明度过程中，法律方面的建设滞后于思想上的进步，公众的行动滞后于制度的要求。尽管政府和社会各界对财政透明公开已经成为共识，但由于制度建设上的缺陷，使得财政信息的供给者和需求者的利益都不能得到保证。

2014年10月召开的十八届四中全会颁布了《中共中央关于全面推进依法治国若干重大问题的决定》，为我国国家建设的法制化、民主化指明了方向。依法治国，首先要完善法律制度。要求各级政府提高财政透明度，当前最为迫切的就是尽快完善财政透明度法律法规体系，使各级政府部门做到"有法可依、有法必依、执法必严、违法必究"。

1. 继续完善《中华人民共和国预算法》

1994年《中华人民共和国预算法》颁布实施以来，对于规范预算管理、推进依法理财、加强国家宏观调控、促进经济社会发展发挥了重要作用。但是，随着社会主义市场经济体制和公共财政体制的建立和完善，1994年版《预算法》已不能完全适应新形势发展要求，有必要修改完善。十二届全国人大常委会第十次会议2014年9月1日表决通过了全国人大常委会关于修改预算法的决定，新修订的预算法于2015年1

月 1 日起施行，这是预算法出台 20 年后第一次修改。对于新修订的预算法，全国人大常委会预算工委于 2014 年 8 月 11 日至 12 日邀请全国人大代表、专家学者、中央有关部门、地方人大和财政部门等方面的代表，就修正案草案主要修改内容的可行性、出台时机、实施后的社会效果及实施中可能出现的问题进行论证评估。总体评价是：草案有利于增强预算的完整性、科学性和透明度。各项规定符合实际、具体、明确、可行，是一部比较成熟的法律案。①

但是，鉴于预算法目前是我国唯一一部财政法，其对我国财政改革的重要性不言而喻，还需要我们不断地发展和完善。从财政透明度的角度看，该法尚有不完善之处。下面，我们就新修订《预算法》中关于财政信息公开的条款一一列举，并作出评价和修改建议。

【第一条】："建立健全全面规范、公开透明的预算制度"②。

评论：预算法总则中提出要建立公开透明的预算制度，指明了财政公开透明的重要地位，使得财政公开不再是各级政府随心所欲的事情，而是法律的强制性要求，这一条款对提高我们财政透明度意义重大。

【第五条】："预算包括一般公共预算、政府性基金预算、国有资本经营预算、社会保险基金预算"③。

评论：预算公开应该是将全部公共资金都向社会公众公开，这一条涵盖了全部的预算资金，保证了预算的完整性，有利于财政透明度提高。

【第十四条】："经本级人民代表大会或者本级人民代表大会常务委员会批准的预算、预算调整、决算、预算执行情况的报告及报表，应当在批准后二十日内由本级政府财政部门向社会公开，并对本级政府财政转移支付安排、执行的情况以及举借债务的情况等重要事项作出说明"。

"经本级政府财政部门批复的部门预算、决算及报表，应当在批复后二十日内由各部门向社会公开，并对部门预算、决算中机关运行经费的安排、使用情况等重要事项作出说明。"

"各级政府、各部门、各单位应当将政府采购的情况及时向社会

---

① 《促进预算公开透明，加强预算审查监督》，http://www.legalinfo.gov.cn/index/content/2014-09/01/content_5743358.htm，2014 年 9 月 1 日。

②③ 《中华人民共和国预算法》（2014 年修订），http://www.kuaiji.com/fagui/1899495，2014 年 10 月 20 日。

公开。"

"本条前三款规定的公开事项，涉及国家秘密的除外。"①

评论：这是预算法中对预算公开的主要提法。这一条款列举了政府应当向社会公开的预算信息，并且明确了公开时间，提高了各级政府执行的可能性。但是，条款中提高的向社会公开依然是预算报告及报表，而不是预算本身。而众所周知，预算报告是预算的一个概括性内容，类似于"预算演讲词"，即使有部分报表列出佐证，并且对一些重要事项进行说明，也不能涵盖预算的全部内容。从这个角度说，新修订的预算法还是没有要求把预算向社会公开，只是将现在财政部和国务院下发的关于预算安排的一些通知变成了法律条款。向社会公开的只是预算的一部分内容，公众还是不能观察到预算全貌。另外，"政府采购的情况及时向社会公开"，这种表述太笼统，要公开哪些内容？怎么公开？没有明确的规定，在执行起来就可能出现多种情况。

【第四十五条】："县、自治县、不设区的市、市辖区、乡、民族乡、镇的人民代表大会举行会议审查预算草案前，应当采用多种形式，组织本级人民代表大会代表，听取选民和社会各界的意见。"②

评论：这一条款可以弥补某些人大代表对预算知识不足的缺点，有重点地去审查政府预算。但是，让代表在审查预算草案之前去听取社会公众的意见，不如在政府部门编制预算前就做这项工作，让代表更多地参与到政府预算的编制中来，这样会使得预算本身更能体现出公众的意愿。

【第四十六条】："报送各级人民代表大会审查和批准的预算草案应当细化。本级一般公共预算支出，按其功能分类应当编列到项；按其经济性质分类，基本支出应当编列到款。本级政府性基金预算、国有资本经营预算、社会保险基金预算支出，按其功能分类应当编列到项。"③

评论：这一条款一方面是对政府预算编制、公开具体化的一种规定，即必须要做到这一步。但另一方面，也是对提高财政透明度的一项限制。财政支出可分为"类""款""项""目""节"五个层次，新修订预算法要求支出按功能编列到项，按经济性质编列到款，这实际上还是一个较为粗略的分类。现实中，仅"项"一级动辄即有数百上千亿

---

①②③《中华人民共和国预算法》（2014 年修订），http：//www.kuaiji.com/fagui/1899495，2014 年 10 月 20 日。

元预算,如果没有进一步细化,这些资金分配到哪里公众根本难以得知,立法机关也难以审查。现在,法律规定了预算支出只细化到款或项,那么政府部门只需将财政信息具体到这一步就可以了,如果公众需要更具体的信息,政府就可以不予提供,法律也不会支持公众的要求。从而该项条款又成为限制财政透明度进一步提高的障碍。

预算透明需以预算编制的准确、细化和具体为前提条件,否则难以落实。当然,实现预算的精细化需要过渡期,但法律应该提出明确的要求有利于促进预算的精细化进程。报送各级人代会审批的预算草案应当按政府收支科目的功能分类和经济分类分别编制,并尽可能细化到"目";本级公共预算一般收支至少编列到"项",重点支出至少编列到"目"。

【第八十九条】:"县级以上政府审计部门依法对预算执行、决算实行审计监督。""对预算执行和其他财政收支的审计工作报告应当向社会公开。"①

评论:这是对现行审计法第36条的一个补充,审计法的要求是:"审计机关可以向政府有关部门通报或者向社会公布审计结果。"从措辞来看,是"可以"而不是"应当"或"必须",体现的是一种权力并非义务,说明审计机关有权自行决定公开或者不公开。这一条款强调审计部门"应当"向社会公开财政收支的审计结果,明确了审计部门的公开义务。

【第九十二条】:"各级政府及有关部门有下列行为之一的,责令改正,对负有直接责任的主管人员和其他直接责任人员追究行政责任:(三)未依照本法规定对有关预算事项进行公开和说明的。"②

评论:本条款规定了未按照规定公开财政信息的部门和官员应受到的处罚,提出了财政信息公开法律救济,使得预算公开成为政府部门强制性的要求。但是,该条款并没有明确何种行为会受到何种制裁,规定不够明确具体,实际执行中不可避免地会削弱执行力度。此外,如果惩罚力度不够,也难以起到保障财政信息公开的作用。因此,对于未按照规定公开财政信息的责任人应加大惩处力度,至少不仅仅局限于追究行政责任,严重的应追究法律责任。

---

①② 《中华人民共和国预算法》(2014年修订),http://www.kuaiji.com/fagui/1899495,2014年10月20日。

综上所述，我们列举了新修订预算法中关于财政信息公开的若干条款，我们发现，尽管这些条款提出了公开透明的法律要求，但还存在要求难度低、规定不具体等不足。例如，政府的资产负债信息、风险信息、绩效信息就没有要求公开，国有资本经营预算现在只是一个收支预算，而且只有不到10%的国有资本收入列入，大部分在公众视野之外。因此，全口径预算还要继续努力实现。这些都需要今后在实践中进一步发现不足和改进。

2. 继续完善《中华人民共和国保密法》

实现预算透明仅仅靠一部《中华人民共和国预算法》的支持是不够的，相关法律法规的完善和修订同样重要，尤其是对财政信息公开要求配套的法律法规的修订。例如，2010年新修订的《中华人民共和国保密法》虽然加强了政府信息保密的规定和措施，但对哪些信息可以公开、哪些信息不可以公开还是没有做出任何实质性的规定，尤其是对国家秘密事项没有做出明确具体的规定。例如，第4条规定，国民经济和社会发展中的秘密事项需要保密，实际上这一定义非常含糊。保密法所制定的七条国家秘密中只有一条是真正具有法律含义的，即"国家保密工作部门认定的就是保密事项"。这实际上强化了保密部门的权力，这一条甚至可以推翻所有信息公开的要求。因此，需要继续修订保密法，尤其是应该对一些能够具体化的保密事项尽可能明确，防止保密法和预算法及政府信息公开条例发生冲突。

3. 提升《中华人民共和国政府信息公开条例》的法律层次

目前，政府信息公开条例是我国政府信息公开方面的唯一一部专门法规，对提高我国政府透明度有着重要的推动作用。但是，该法规是以国务院颁发的条例形式出台，在实施过程中，由于其法律层次较低、强制性不足而屡屡受到各级政府的挑战，甚至以各种借口推诿。当前，应该进一步完善条例，明确规定政府应当公开的政府信息的内容、披露方式、范围和步骤，并对其发布信息的真实性、完整性和及时性负责。在此基础上提升该条例的法律层次，由全国人大立法，制定《中华人民共和国政府信息公开法》，重点规定信息公开的法律救济和责任惩处，以增强其强制性和法律效力。

4. 完善《中华人民共和国审计法》

在政府部门自我监督乏力和公众监督不足的情况下，我国目前在政府信息公开监督方面主要依赖于审计部门。但是，审计部门在发挥监督功能方面目前尚具有较大的局限性。主要表现在：(1) 法律规定不明确。审计公开受到我国保密制度的限制。《中华人民共和国审计法》第36条规定，"审计机关通报或者公布审计结果，应当依法保守国家秘密和被审计单位的商业秘密，遵守国务院的有关规定"[①]。这使得某些部门可以"国家机密"作为挡箭牌向审计部门施压，抵制信息公开；(2) 权力设置不科学。由于审计部门和其他部门隶属于同级政府，经费来源于同级财政，人事任免也要受到政府控制，这就使得审计部门监督缺乏强制力和权威性，难以实现真正的独立审计，从而无法保证公开财政信息的真实性。因此，应进一步完善审计法，使其和预算法、政府信息公开法相互配合、相互补充。另外，应逐渐增强审计部门的独立性，使其向立法机构负责，独立于同级政府部门及上级机关的影响。

8.1.2 推动基层政府的民主化进程，使得基层政府官员从"对上负责"转向"对下负责"

在我国当前地方政府经济上分权、政治上集权的制度框架下，基层政府官员由上级政府任命，不可避免地存在基层政府官员"对上"而不是"对下"负责的情况，出现辖区内公众的利益难以保障，上级政府的要求千方百计也要做到的不合理局面。要使得基层政府全心全意为辖区内公众服务，这一权力结构必须重新设置。近年来，关于地方政改，大多数的讨论多围绕是否实行省直管县，或者倡导"县改市"。前者是为了减少行政层次，后者是为了减少县的数量。两者的共同点是扩充县的管理权力。但实际上，地方政改的重点应该推动基层政府民主化，除了直选乡镇长之外，还应逐步扩大到直选县长。通过选举的方式，让基层公众能够直接行使对权力的赋予权和分配权，促使当选县长

---

① 《中华人民共和国审计法》（2006年修订），http://www.audit.gov.cn/n1057/n1087/n1599/325639.html，2006年3月1日。

对大多数选民负责，为他们服务。

考虑到我国的实际情况，直选县长可以逐步推行：（1）先使县级人民代表专职化，由代表选举县长。（2）经过五到十年，通过修改宪法，过渡到直接由全县选民直接选举县长[①]。县一级的领导班子，书记和县长最好由一人担任，但都需要通过直接选举产生。对县长的选举办法目前有两种观点：一是县长只从党内选举。中共党员通过党内直接选举，选举出多个符合条件的县委书记候选人；然后，把这些候选人全部递交县人代会进行县长的直接选举；最后，由人代会全体代表投票在多个候选人中选出县长，谁当选县长，谁就是该县的县委书记[②]。县人大、县纪委（最好由上级纪委垂直管理）同时对县长和书记实施监督。县法院和县检察院的人、物、事脱离县政府的控制，直接对中央政府负责。为防止县法院和县检察院与县政府合谋勾结，中央可以考虑实行司法人员的流动回避制。此外，为减少改革的阻力，可以考虑中央政法委和省级政法委保留作为执政党的研究智囊机构，地市和县的政法委取消。二是县长可从党内外选举。如果县长是党员，县党委监督；如果县长不是党员，县人代会监督[③]。

直选县长的目的是建立政治授权程序，使县长获得实在的政治授权，同时让他们负起刚性的政治责任。使在县域政治中决策和行政失当的县领导必须付出个人的代价，县级政府才有可能成为既对本县人民负责，又对中央政府负责的地方政府。当然，在保留现在党领导政府的框架的前提下，县长的选举虽然具有局限性，但它是实行县级直接民主的尝试，可以逐渐确立民选官的信念，在强化基层政府的服务意识的同时，强化公众主人翁意识。促使公众为保障自己的知情权等基本权利，积极主动向政府表达真实意愿和诉求。

[①] 于建嵘：《加强民众政治认同杜绝社会泄愤事件》，http://news.sina.com.cn/c/2008-07-18/093615956380.shtml，2008年7月18日。

[②] 汪玉凯：《行政体制改革趋势前瞻》，http://theory.people.com.cn/GB/41038/12324508.html，2010年8月3日。

[③] 白焰：《从瓮安事件看县长直选》，http://club.kdnet.net/dispbbs.asp?boardid=1&id=2353604，2008年7月17日。

8.1.3　加强同国际社会的合作和交流，增加财政透明度的推动力

提高财政透明度既是我国今后财政改革的一项重要内容，又是国际社会的发展潮流。因此，当我们在制度上或技术上受到阻碍时，可加强和国际社会的合作来打破传统行政思维影响的束缚，某种程度上还可以采取倒逼的机制来推动我国的财政透明度建设。例如，可考虑参加国际货币基金组织开发的《财政透明度标准和准则遵守情况报告》（ROSCs）评估，由国际社会来评估我国现行财政透明度水平、差距及需要改进的措施，并逐渐由先评估、不公开过渡到评估并公开；推动政府会计和政府统计等提高财政透明度技术基础的改革。通过与国际社会的合作，我们可以解决一些共性的问题，从制度上、技术上和思想上，全面提高我国财政透明度水平。

8.1.4　制定我国财政透明度建设的阶段性任务和时间表

财政透明度的提高是一个系统工程，涉及政治、经济、思想文化等各个方面的问题，绝非短期内能够实现的。但是，我们既然已经决定要通过提高财政透明度，让公众了解政府是如何使用公共资金，进而监督政府行为，规范政府行为，并以此为基础来推动其他改革的顺利进行，那么，财政透明度的提高就是一个不容更改的目标，不能无限期地拖延下去。当前，中央政府应该制定合理可行的计划，列举阶段性目标执行的时间表，以及各阶段重点需要解决的问题是什么，准备如何解决，相应的配套改革措施是什么；等等，使公众能够有一个明确的心理预期，配合各级政府推动财政透明度的提高。这样，也可以让各级政府真正把提高财政透明度作为一件大事来执行。

8.1.5　建立公民档案，鼓励公众参与财政透明度建设

财政透明度的提高既需要政府的努力，也需要公众的积极推动。而公众的行为与政府的引导直接相关。政府可以把财政透明度建设既可以

当作是一个问责的方面,也可以把它当成一个奖励的指标。前者是针对各级政府,后者则是针对公众的行为。我们可考虑建立"公民档案",作为公众参政议政的集中体现。例如,公众参加听证会、参加选举、参与公民组织、参与救灾、慈善捐赠、见义勇为、申请政府信息公开等行为,都可记录在案,并给与相应的积分。这是公民公共精神的集中体现,全社会都应该给予承认和鼓励。这些记录可在各级人大代表选举、社区选举、单位评优、个人入党等活动中,作为一个重要的考核标准来看待。通过政府对公众各种参与行为的认可,来激励公众参政议政。在提高财政透明度方面,鼓励公众关注并监督各级政府的信息公开行为,通过申请政府信息公开、讨论信息公开的状态并予以衡量和评价等行为,推动财政透明度的健康发展。

8.2 地方层面的政策建议

基层政府在我国的行政架构中处于最低层级,这一地位决定了基层政府大多数时候是在执行中央政府和上级政府下达的指令,很少有政策空间由基层政府自己制定。但是,基层政府又是最贴近公众的一级政府,最了解基层公众的需求,最熟悉基层政府的资源配置格局,也最有可能实行制度创新的一级政府。这样一种特殊地位,使得基层政府往往处于制度创新的最前沿和政策推动的最弱方这样一种矛盾的状态,而这又往往便于基层政府因地制宜创造性地执行上级政府的政策,从而将主动性和被动型有效结合起来。在推动财政透明度的进程中,就突出地显现了这一特点:在不同地方,财政透明度的发展出现了冰火两重天的现象。因此,调动基层政府的主动性和积极性,对于提高基层政府财政透明度意义重大。

8.2.1 依法提高财政透明度,改变基层政府行政权力过大的权力格局

目前,在基层政府财政透明度建设方面,"人治"大于"法治",财政透明度的高低主要取决于基层政府领导的意愿。要改变这一现象,

首先需要改变基层政府行政权力过大的权力格局,将基层政府官员"对上负责"转变为"对下负责",将上下级之间严格的隶属关系转变为围绕公众需求的服务协作平等关系。

在目前的政治体制下,这方面可发挥县级立法机关的推动作用。目前,立法机关在提高财政透明度进程中作用不明显,甚至立法机关本身的透明度就很低。应该在基层政府勇于探索完善人民代表大会制度的方式。例如可进行人大代表专业化的改革,现实的做法是增加人大常委会委员的数量,并将人大常委会委员转为专职预算工作人员,负责预算问题的讨论及相关财政信息的发布;增强人大本身的透明度,把它本身产生的信息和从政府部门获得的信息及时向社会公众披露;加强对政府财政信息公开的监督和问责等。

8.2.2 提高基层领导人对财政透明度理念的认同,主动回应公众信息需求

明确政府信息公开的权力与责任,使有关部门有责任、也有权力公开财政信息。当前,财政信息公开的决定权掌握在政府负责人手中,具体负责的官员一般不敢擅自公开财政信息。这和信息公开的权力和责任不明晰有关,应根据国际通行的规则,确立起公务员在财政信息公开过程中的承诺制度,并随同财政信息公之于众。并明确相关人员应该承担的信息披露责任及可以实施的信息公开权力。

在推进财政透明度过程中,如果公众认为自己应该向政府表达自己的意愿,并且也能够得到政府的回应,这一现象将在实际政治生活中逐渐转化成一种信念,即公民能够影响政府的决策,于是,在必要的时候公民就会为争取自身的权利或为实现自己认为正确的意愿而参与现实政治生活。因此,在政府主导的财政透明度进程中,如果政府能够正确回应公众对信息的需求,对参与的需求,那整个信息公开的计划就获得了强大的推动力。它表示政府对公众权利的尊重和认同,这种认同最终也会赢得公众对政府权威的认同,是维系政府合法性的依据之一。此外,还应设立严格的信息公开考核指标,设立财政信息公开绩效评价指标体系,每年进行财政透明度考核,并将考核结果作为基层政府官员晋升的一项重要考察内容。

8.2.3 完善市场机制，构建服务型政府

十八届三中全会进一步强调了政府和市场的界限，明确指出，应该以市场作为资源配置的基础，政府是弥补市场的不足，为培育良好的市场环境而提供公共服务，构建服务型政府。这一论断在基层政府的治理结构中显得尤为重要。基层政府的政治生态环境强化了政府的政治权威，使得基层政府出现了上下两级的治理结构。一方是高高在上的政府，一方是弱小而分散的普通公众，两者之间缺乏相互沟通的中间阶层，从而使双方的矛盾一旦升级就可能直接短兵相接。因此，在基层政府，通过完善市场机制，培育中间阶层，进而推动政府转型为服务型政府，对基层政府的治理具有重要作用。基层进行的服务型政府建设可以带给当地很多优势资源，技术、人才、资金等将不断涌入，将大大提高当地竞争力。透明有序的市场环境有助于吸引更多的投资涌入当地，完善的基础设施，健全的交通设施、医疗体系、教育管理，不断完善的行政法规，来提高政府的服务效能，进而提高公众的公共服务满意度。同时，我国的基层政府机构支配着农村重要的公共资源，推进农村公共服务体系的构建，完善市场机制，不仅能使农民群众享受到全面优质的公共服务，还有利于农村社会和谐、稳定发展。

通过构建服务型政府，完善市场机制，形成的政府与公众、公众之间的政治经济利益关系，对政府的行为具有较强的约束性。这样，由政府来保护、服务市场，而后通过市场来约束、规范政府行为，使得市场机制及其所造的各种利益关系及群体构成了承接政府和公众的中间阶层，从而形成了完善的三级公共治理体制。这对于提高财政透明度，约束政府行为，有着不可逆转的保障作用。

8.2.4 大力推动参与式预算，培育公众公共精神

公民意识是指对自己作为现代社会一员应该获得国家对自身基本权利保护，并依法承担社会责任，以满足个人需要和社会需要的自觉，它

主要包括权利和义务意识、现代规则意识、参与意识和民主意识等[①]。即公众一方面应得到国家对自身权利的保护，另一方面，公众也应主动追求自身权利的实现。我国财政透明度低的社会文化因素主要体现"政府处于绝对权威地位，大众服从于这种权威"的观念根深蒂固[②]。在这种观念的引导下，公众被动接受政府的信息公开，但他们更愿意关注的不是政府财政信息的披露，而是自己的生活状态。因此，现阶段应该着力于培育公众公民意识，主要通过学校的公民教育、公共学者的民智启发、政府及媒体对公众权利的保护等，尤其是政府应在公共治理中加强同公众的合作，提供公民参与公共治理的机会。

在这方面，可大力推行参与式预算。浙江温岭的实践经验表明，参与式预算是促进预算民主"自下而上"与"自上而下"之间的对接的有效方式。参与式预算通过给普通社会公众提供参与公共治理的机会，在政府、立法机关和公众之间构建了协商合作的桥梁；增强了公众的表达权、知情权和监督权；保护了弱势群体的利益，容易获得普通社会公众的支持；通过实际参与预算的决策、审议和执行，可以培育基层公众的公共精神和参与公共治理的能力；吸引专家关注基层政府的预算改革，可获取更多的外部关注和支持；更重要的是，反映了公众的利益诉求，提高了政府公信力，增强基层政府治理水平。

8.2.5　因地制宜，落实财政信息公开要求

根据当地实际需求和基层政府治理的需要，制定具体的财政信息公开实施办法，鼓励基层政府进行相应制度创新。使得政府披露的财政信息，公众容易获得，可理解，更重要的是公开的信息公众能够用来解决生活中的问题，从而增加公众对财政信息的需求度。

1. 可细化财政信息公开内容和程序，方便公众获得和理解财政信息

现行制度要求基层政府公开预算草案、决算报告和财政专项资金等

[①] 包先康、朱士群：《论农民公民意识的培养：一种社会政策的视角》，载于《学术界》2012年第6期，第40~47页。

[②] 王家年：《我国地方政府预算外资金透明度现状及对策》，载于《商业时代》2010年第4期，第124~126页。

信息，但是，实际公开的信息过于笼统，公众难以理解和接受。应细化预算收支科目，使公开的财政信息具有可理解性；向社会公众公开预算编制的假设条件和测量方法，这些是整个预算草案编制的依据，也是公众读懂预算的基础。此外，还应明确向哪些主体公开哪些内容，确定不同主体的获得信息的时间、方法和形式，这是落实保障公众知情权的基本要求。

2. 明确政府财政信息公开的主体和对象

现行制度安排要求政府公开预算草案、决算报告和财政专项资金等信息，但是，相关的政府机构名称与数量、预算方法、衡量标准以及各项预算的详细内容并没有要求向社会公众提供，这是社会公众理解政府预算的基础，应该向社会公众公开；明确政府应该向哪些主体公开哪些内容，确定不同主体的获得信息的时间以及不同形式的预算数据。

3. 降低公众获得财政信息的成本

简化手续，方便公众申请财政信息；方便公众掌握各种财政信息并展开讨论，并通过有效途径反馈给有关政府部门，提高政府决策的效率；基层政府应系统整理财政信息，并在网上公开，或公开发行。

4. 加强媒体和公共舆论的监督作用

政府部门把预算信息传递给社会公众只是财政透明的必要条件而非充分条件，还需要借助媒体和公共舆论平台的宣传作用，只有通过社会充分的阐述、讨论，甚至争论，在观点冲撞中发现存在的问题，督促政府快速有效地纠正不足，才能提高公众参与政府预算的积极性，进而有助于提高政府预算透明度。

8.2.6 培育和发展公民社会组织，推动基层政府财政透明度

从西方发达国家的财政透明度进程来看，公民社会组织在其中起到了重要的推动作用。相对于分散而弱小的公众个体而言，公民社会组织可以通过自己的组织优势、人才优势和广泛的利益代表优势，可以和政

府进行协调与沟通，形成畅通高效的磋商机制，增加公民社会的分量与影响。很多国家的财政透明度进程都是由公民社会组织为核心推动政府展开的，如南非、英国、韩国和印度等。

国际社会发展经验和中国改革开放实践表明，健康的公民社会组织是推动社会健康、有序、持续发展的重要力量，是公民参与社会公共事务的重要渠道，推进基层群众自治的重要动力。近年来，我国各类社会组织对各级政府的决策正在产生日益重要的影响，有力地推动着政府决策的科学化民主化，许多地方的社会组织开始承担部分政府的公共服务，为提升公共服务的质量做出了贡献。但是，目前我国公民社会的制度环境从整体上说，还是制约大于鼓励，需要进一步完善法律法规，出台有效措施，鼓励支持社会组织的健康发展。

1. 改革社会组织管理体制

基层政府应该不断完善社会组织的管理制度，在社会组织的准入退出、组织行为、组织治理、组织人才待遇、组织资源获取以及政府对社会组织的监管和社会对社会组织的监督等方面，提供合理有效的制度安排，保证社会组织有序健康地发展。

2. 根据社会组织需要开发培育手段

通过政府购买服务、社会组织自主参与、与政府相关部门协作等方式培养社会组织人才队伍。协助各社会组织完善内部治理结构，建立财务风险控制、项目开发、项目运作、项目承诺等制度，推动各社会组织在参与中成长。

3. 建立对社会组织参与社会管理和社会服务的年检评估制度

政府各相关职能部门要建立健全对社会组织参与社会管理和社会服务的评估体系，建立包括信息披露和重大事项报告制度、回应公众需求和受理投诉制度、规范业务流程、公示服务项目和收费标准等，鼓励各社会组织通过规范管理和诚信运作，为社区提供优质服务。

4. 打破社会组织发展中存在的某些垄断现象

政府应适当引进市场竞争机制，在减少直接对社会组织资源配置干预的基础上，强化社会监督，从而保证各种资源在社会组织之间合理有效配置。

8.3 本章小结

　　借鉴西方发达国家提高地方政府财政透明度的有益做法，结合我国的实际情况，我国提高财政透明度的思路是：通过中央政府"自上而下"的制度规范，结合基层社会公众"自下而上"的推动，在改革中实现上下对接，稳步推进基层政府财政透明度水平。在具体实施中，我们考虑可从中央层面和地方层面两个方面去实施。其中，在中央层面，需要完善财政透明度法律体系、推进基层政府的民主化进程、加强国际合作与交流、制定提高财政透明度的阶段性任务和时间表，鼓励公众积极参与财政透明度进程；在地方层面，需要依法行政、提高基层政府领导财政透明意识、完善市场机制、构建服务型政府、大力推动参与式预算、细化财政透明度要求和培育社会组织等。需要强调的是，财政透明度的提高并不仅仅是公开财政信息，而且这些信息应该是能够为公众所用，通过财政透明度的建设，起到规范政府行为，保障公众权利，推动财政改革，提高公共治理水平的目的。

第9章 总结与展望

9.1 总　　结

本书的研究致力于回答这样一个问题：在我国财政透明度法律法规不断完善、各级政府领导也在强调财政透明度重要性的大环境下，我国财政透明度水平的进展却是缓慢的，其原因是什么？是什么因素阻碍了我国财政透明度水平的提高？

针对该问题，本书的研究思路是：财政透明度作为一个良好财政管理的工具，不仅有助于防范金融风险、提高政府责任心，更重要的，它也是保障公众权力、规范政府行为的有效工具。这对于习惯于"全能政府"思维的政府部门来说就是一个困难的选择，因为它在提高工作效率的同时，又减少了政府的权力。因此，对于财政透明度问题不能仅仅依靠政府部门，更应该发挥社会公众的推动作用。而能够让社会公众直接感受到政府财政透明度的变化及其影响的是基层政府的财政行为。因此，研究基层政府的财政透明度水平，可以同时从公众需求和政府供给两个角度直接比较分析，从而达到我们解决问题的目的。

本书首先分析了2008年金融危机之后国际社会推动财政透明度的基本情况，阐述了这一时期我国财政透明度的进程，比较分析了我国的财政透明度水平和国际社会提出的标准之间的差距，指出国际社会推动的重点在于提高财政透明度技术水平，主要用于防范财政风险；而我国目前重点则是制度建设，主要用于规范政府行为。因此，不能完全用国际社会的财政透明度标准来衡量我国的情况，但是，我们在制度建设的同时，也可以通过和国际组织和发达国家的交流合作，完善我国财政透明度的技术基础。

　　财政透明度建设本身蕴含了政府治理的思想。因此，应该从治理的角度来看待基层政府财政透明度问题，或者通过提高财政透明度来提高基层政府治理水平。从历史演化的角度看，进入市场经济改革以来，我国基层政府民主化改革趋势明显，而财政透明度凭借其保障公众权力、规范政府行为的作用，成为改善基层政府治理的有效切入口。从基层政府财政改革的逻辑来看，我国基层政府的财政透明化趋势也日趋明显。农村税费改革减轻了农民负担，逐渐完善的财政转移支付制度规范了基层政府的财政行为，并倒逼基层政府转变职能。同时，为保证农民负担不出现反弹，基层政府在上级政府的财力保障下建立起基本公共服务体系，这逐渐将提高财政透明度水平，进而提高政府公信力，保证基层政府财政的有效运行和实现治理目标提升为基层政府的重要职责之一。

　　公众需求是政府供给公共产品的首要依据，同样，公众对财政信息公开的有效需求从根本上决定了政府财政透明度的状况。因此，对于公众财政透明度意愿的考察就非常重要了。但是，研究发现，当前公众对于像财政信息公开这样的社会公益的权利意识并不很强，被动等待政府提高财政透明度的较多，主动去推动政府提高财政透明度的较少。用因子分析法研究指出，公众政治态度、对财政信息公开的认可度、关注度和申请信息公开的意愿影响着公众的财政透明度意愿；用结构方程模型分析指出，公众政治态度、公众参与环境、政府政策导向是影响公众财政透明度意愿的主要因素。两种研究方法都指出，公众是否拥有财政专业知识并不是影响公众财政透明度意愿的主要因素。

　　在公众财政透明度意愿并不强烈的情况下，基层政府在执行中央政府及法律法规要求的财政信息公开时的执行力如何呢？本书解释力、组织力、实施力和监控力四个方面设计了财政透明度执行力评价指标体系，运用31个省级政府的31个县（市）为例，实证研究了当前基层政府财政透明度执行力。结果表明，现阶段基层政府财政透明度的执行力整体水平较低；基层的市场成熟度、政府领导的受教育程度和上级政府的财政透明度水平对基层政府的财政透明度执行力有较强的影响，而地区经济发展水平和财政收入水平的影响力并不强。

　　至此，我们得出了当前我国基层政府财政透明度的基本情况：需求不足，供给有限。这一原因本书归结为基层政府行政权力太大、公众推动能力和意愿较弱等方面。通过构建公众与政府关于财政信息公开的博弈模型，本书给出了政府充分披露财政信息的三个条件，即当中央政府或上级政府对基层政府的财政透明度水平不足会采取严厉惩罚措施，且公众推动财政透明度的成本较低，公众意愿足够强烈，才能得到（公众监督，政府财政透明度达标）这样的理想结果。这一问题的解决既要依赖于中央政府完善法律法规、推动基层政府民主化改革，也要依赖于基层政府财政制度创新、非营利组织的发展和社会公众权利意识的培养。

9.2 展　　望

在本书的研究中，为了方便计算，我们只是观察了 31 个县（市）的财政透明度状况，虽然我们尽量使得这些地方具有代表性，但是在大数据盛行的时代，这样的样本数据还是显得单薄。

财政部于 2015 年底在全国范围内组织开展了地方 2015 年预算和 2014 年决算公开情况专项检查，涉及省市县三级预算单位 258296 个[①]。结果发现：14.48% 的单位没有公开 2015 年部门预算，22.27% 的单位没有公开 2014 年部门决算；11 个省级政府、138 个市级政府未公开 2014 年举借债务情况说明。更重要的是，预决算公开内容与社会关注不匹配，预决算关注度较低。财政部的这一活动实际上给将来的研究提供了一个很好的数据来源，如果财政部这样的专项检查活动每年或每隔一段时间举行一次，并且将所得到的调研数据向社会公开的话，那么，今后的研究者就可以通过这一数据库得出更为精确的结果。

另外，公众意愿是推动财政透明度发展的最终动力，如何才能提高公众的财政透明度意愿呢？这也是今后财政透明度研究领域的重要议题之一。

---

① 韩洁、申铖：《财政部首查地方预决算公开　多地触犯红线被点名》，http://news.enorth.com.cn/system/2016/09/09/031152556.shtml，2016 年 11 月 9 日。

附录

调查问卷

※请问您的年龄：
□20岁以下　□21~30岁　□31~40岁　□41~50岁
□51~60岁　□60岁以上
※请问您的文化程度：
□小学　□初中　□高中　□专科　□大学　□研究生以上
※您的月收入为多少？
□1000元以下　□1000~3000元　□3000~5000元
□5000~8000元　□8000~10000元　□10000元以上
※受访者性别：□男　□女
※您的职业是：
□企业　□事业单位　□政府机关　□农民　□在校学生　□部队
□外来务工人员　□离退休人员　□其他
※您的政治面貌是：
□党员　□民主党派　□无党派人士
※您的居住区域是：
□乡　□镇　□县　□地级市　□省会城市

下面请填入您偏好的答案，或者在您偏好的答案下面划横线：
1. 您认为当前政府最应该关心的问题是（　　）。
A. 经济发展　B. 社会不公　C. 惩治腐败　D. 教育问题
E. 社会稳定　F. 民族问题　G. 祖国统一问题　H. 领土安全
2. 您平常最关注的问题是（　　）。
A. 工作学习　B. 娱乐　C. 社会问题（如腐败、社会不公等）
D. 国家大事　E. 自己权利的维护

3. 您最认可的参与政治的渠道有（　　）。

A. 参与听证会　B. 选举投票　C. 信访举报　D. 联系人大代表

E. 向媒体爆料　F. 在网上发表意见

4. 您愿意参加当地人大代表的选举吗？（　　）

A. 不愿意　B. 愿意

如果不愿意，原因是（　　）。

A. 选举和我没什么关系　B. 我是否去投票对选举结果没有影响

C. 不知道怎么参加选举

如果愿意，原因是（　　）。

A. 选举和我的利益息息相关　B. 主动行驶自己的权利

C. 响应政府号召　D. 其他

5. 当政府向社会公众征求意见时，你是否愿意参与？（　　）

A. 只要有这种机会就参加　B. 不愿意

C. 有时间且我了解的就愿意

6. 当您的权利受到侵害时，您会怎样？（　　）

A. 求助媒体　B. 诉诸法律　C. 私了　D. 投诉举报

E. 在网上发表意见　F. 发牢骚　D. 没办法，忍忍吧

7. 您主要通过什么渠道了解国家大事？（　　）

A. 报纸　B. 电视　C. 网络　D. 听别人说的　E. 广播　F. 其他

8. 如果我们用 1 代表完全不可信任，6 代表完全可信任，您对于下面这些机构（中央政府、省政府、县政府、乡政府、村组织）的信任程度怎么样（在 1~6 之间打分)？

A. 中央政府　B. 省政府　C. 县政府　D. 乡镇政府　E. 村组织

9. 您每年关注"两会"的消息吗？

A. 很关心，特别是和自己相关的　B. 偶尔会看看　C. 基本不看

10. 您了解政府预算是做什么的吗？（　　）

A. 很了解，经常关注　B. 了解一些，有时看看这方面的消息

C. 不怎么了解　D. 完全不知道

11. 您关注审计署在每年 6 月份向社会公开的关于中央部门政府预算执行情况的审计报告吗？（　　）

A. 经常在审计署官方网站上查看相关信息

B. 偶尔上网看看

C. 在电视新闻或报纸上看看，不特意去看

D. 基本不关心

12. 您每年在当地政府开"两会"的时候，会看当地政府发布的政府预算报告吗？（　　）

A. 每年都看，里面有好多信息是和老百姓的切身利益相关的

B. 看新闻或报纸的时候，会听听或看看

C. 基本不关心，因为看不懂

D. 不看

13. 您觉得政府不向老百姓公开政府财政信息是正当的吗？（　　）

A. 正当，政府没有必要普通老百姓要干什么、怎么做

B. 不正当，政府用的是咱老百姓的钱，怎么用，用了多少都应该向老百姓汇报

C. 如果老百姓日子富裕了，是否公开信息没有关系

D. 无所谓，公开不公开都一样过日子，没什么区别

E. 不知道

14. 如果您想知道的政府财政信息没有公开，需要个人申请才能得到，您会申请吗？（　　）

A. 会，如果自己做不了就请别人申请

B. 不会，太麻烦了，再说我需要的别人也会需要，让别人去申请吧

C. 不知道信息公开的相关规定，也不会申请

15. 您经常去政府财政部门网站去查看政府财政信息吗？（　　）

A. 经常去看　B. 偶尔会去看　C. 基本不看

D. 不知道政府财政部门的网站地址

16. 您认为政府财政信息是否公开和您的自身利益密切相关吗？（　　）

A. 是，这样我可以了解政府在怎么花纳税人的钱

B. 有一定的关系　C. 没有　D. 不知道有没有关系

17. 如果您认为政府应该披露财政信息，但是你所在地政府又没有披露，您会为此做什么？（　　）

A. 向当地人大代表提意见　B. 向财政部门申请信息公开

C. 向媒体反映情况　D. 在网络上发表自己的看法

E. 等着政府公开信息　F. 发牢骚

18. 你知道四川巴中市有个白庙乡在网上"裸晒"账本吗?把乡政府的每一笔支出都告诉大家（   ）。

A. 知道   B. 不知道

19. 如果您知道的话，您认可他们的做法吗?（   ）

A. 做得好，这才是老百姓的政府

B. 不赞成，这样政府的权威就会削弱了

C. 支持，但我觉得这是官场另类，不会长久的

D. 无所谓，让老百姓过上好日子才是正道，公开不公开信息都是次要的

参 考 文 献

[1] 阿尔蒙德、维巴，徐湘林等译：《公民文化——五个国家的政治态度和民主制》，东方出版社2008年版。

[2] [波兰] 彼得·什托姆普卡：《信任：一种社会学理论》，中华书局2005年版。

[3] 杜赞奇、王福明译：《文化、权力与国家：1900~1942年的华北农村》，江苏人民出版社1984年版。

[4] 格罗弗·斯塔林，陈宪等译：《公共部门管理》，上海译文出版社2003年版。

[5] 国际货币基金组织编著，财政部财政科学研究所整理：《财政透明度》，人民出版社2001年版。

[6] 侯杰泰、温忠麟、成子娟：《结构方程模型及其应用》，教育科学出版社2004年版。

[7] 詹姆斯·安德森，唐亮译：《公共决策》，华夏出版社1990年版。

[8] 刘思峰、党耀国：《灰色系统理论及其应用》，北京科技出版社2008年版。

[9] [美] 迈克尔·曼：《社会权力的来源》，上海人民出版社2007年版。

[10] [美] 马克·沃伦：《民主与信任》，华夏出版社2004年版。

[11] [美] 罗伯特·达尔，李柏光等译：《论民主》，商务印书馆1999年版。

[12] [美] 塞缪尔·P·亨廷顿：《难以抉择——发展中国家的政治参与》，华夏出版社1989年版。

[13] [美] 加布里埃尔·A·阿尔蒙德、小G·宾厄姆·鲍威尔，曹沛霖等译：《比较政治学——体系、过程和政策》，东方出版社2007

年版。

[14] 瞿同祖：《清代地方政府》，法律出版社2003年版。

[15] 罗伯特·A·达尔，王沪宁、陈峰译：《现代政治分析》，上海译文出版社1987年版。

[16] 吴明隆：《结构方程模型——AMOS的操作与应用》，重庆大学出版社2010年版。

[17] 俞可平：《权利政治与公益政治》，社会科学文献出版社2003年版。

[18] 张新光：《"三位一体"的农村改革观》，中国农业出版社2006年版。

[19] 包先康、朱士群：《论农民公民意识的培养：一种社会政策的视角》，载于《学术界》2012年第6期，第40~47页。

[20] 陈浩天：《从治理到善治：基层政府治理嬗变的现实图景与国家整合》，载于《湖北社会科学》2011年第11期，第41~44页。

[21] 陈康团：《政府行政能力与政府财力资源问题研究》，载于《中国行政管理》2000年第8期，第56~59页。

[22] 陈伟：《地方政府执行力：概念、问题与出路——基于公共精神和行政伦理的分析》，载于《社会主义研究》2014年第3期，第68~74页。

[23] 陈世香、王志华：《中国政府执行力行为动力机制构成的实证分析——以湖北省为例》，载于《公共管理学报》2011年第8卷第2期，第34~42页。

[24] 何植民、李彦娅：《公共精神：提升地方政府政策执行力的关键因素》，载于《云南行政学院学报》2009年第6期，第39~41页。

[25] 胡象明、孙楚明：《地方政府执行力弱化的新制度经济学分析》，载于《深圳大学学报》（人文社会科学版），2010年第27卷第3期，第71~75页。

[26] 李杰刚、徐卫、刘鹏：《加拿大政府预算透明度考察》，载于《经济研究参考》2011年第50期，第47~50页。

[27] 李少惠、倪怡：《我国政府门户网站预算信息公开评价研究》，载于《南京社会科学》2014年第8期，第80~86页。

[28] 李秀梅：《第三方评估对财政透明度建设推动作用的研究》，

载于《中国管理信息化》2013年第16卷第24期,第29~32页。

[29] 李红岩、刘海燕、王紫尧:《我国地方政府执行力评价指标体系的构建》,载于《山西财经大学学报》2012年第34卷第10期,第19~29页。

[30] 李燕:《基于民主监督视角的预算透明度问题探析》,载于《中央财经大学学报》2007年第12期,第1~6页。

[31] 刘佳:《地方政府财政透明度对支出结构的影响——基于中国省际面板数据的实证分析》,载于《中南财经政法大学学报》2015年第1期,第21~27页。

[32] 麻宝斌、陈希聪:《论政府执行力的类型及层次》,载于《天津社会科学》2014年第2期,第69~74页。

[33] 莫勇波:《政府执行力刍议》,载于《上海大学学报》2005年第5期,第79~83页。

[34] 莫勇波、刘国刚:《地方政府执行力评价体系的构建及测度》,载于《四川大学学报》(哲学社会科学版),2009年第5期,第69~76页。

[35] 彭军、邓淑莲:《财政管理透明度的市场实现机制:美国的经验及其启示》,载于《公共行政评论》2009年第1期,第159~173页。

[36] 申亮、王玉燕:《我国政府投资透明度问题研究》,载于《中央财经大学学报》2013年第1期,第1~6页。

[37] 宋健敏:《日本:如何让公众读懂政府预算信息》,载于《团结》2010年第3期,第36~38页。

[38] 宋煜萍、王生坤:《地方政府执行力评估指标体系研究》,载于《江海学刊》2010年第6期,第229~233页。

[39] 托尼·赛奇:《中国的治理质量:公民的视角》,载于《中国治理评论》2013年第1期。

[40] 汪永成:《政府能力的结构分析》,载于《政治学研究》2004年第2期,第103~113页。

[41] 王新超、林泽炎:《关于群体性事件发生规律的10个判断——基于参与者行为特征的分析》,载于《国家行政学院学报》2011年第1期,第13~16页。

[42] 王家年：《我国地方政府预算外资金透明度现状及对策》，载于《商业时代》2010年第4期，第124~126页。

[43] 王珏青：《美国芝加哥第49街区参与式预算的实践和启示》，载于《上海人大》2013年第1期，第50~51页。

[44] 王少飞、周国良、孙铮：《政府公共治理、财政透明度与企业投资效率》，载于《审计研究》2011年第4期，第58~67页。

[45] 王晟：《我国财政透明度制度构建研究》，载于《政治学研究》2011年第1期，第84~93页。

[46] 王淑杰：《政府预算透明度与经济环境》，载于《中央财经大学学报》2011年第11期，第7~10页。

[47] 王雍君：《全球视野中的财政透明度：中国的差距与努力方向》，载于《国际经济评论》2003年第7期，第34~39页。

[48] 魏红英、李慧卿：《我国地方政府执行力测评指标体系研究》，载于《国家行政学院学报》2008年第1期，第23~26页。

[49] 温娇秀：《中国省级财政透明度：变化趋势与提升路径——基于2009~2013年省级政府财政透明度的调查和评估》，载于《上海财经大学学报》2015年第5期，第15~21页。

[50] 肖鹏：《预算透明：环境基础、动力机制与提升路径》，载于《财贸经济》2011年第1期，第21~25页。

[51] 杨金江、苏洁、崔坤家：《关于基层政府执行力的调查与分析》，载于《中共青岛市委党校青岛行政学院学报》2010年第3期，第43~46页。

[52] 燕继荣：《中国的改革：另一种民主化经验》，载于《人民论坛》2007年第8期，第20~21页。

[53] 姚克利：《试论政府执行力的生成与提升》，载于《大连干部学刊》2006年第8期，第29~32页。

[54] 俞可平：《治理和善治——一种新的政治分析框架》，载于《南京社会科学》2001年第9期，第40~44页。

[55] 曾军平：《政府信息公开制度对财政透明度的影响及原因》，载于《财贸经济》2011年第3期，第25~30页。

[56] 张翼：《当前中国中产阶级的政治态度》，载于《中国社会科学》2008年第2期，第117~131页。

[57] 张健:《现代性场景与当代中国公民成长》,载于《陕西行政学院学报》2007年第2期,第11~14页。

[58] 张蕊、朱建军:《官员政治激励与地方财政透明度》,载于《当代财经》2016年第1期,第29~38页。

[59] 张壮、刘培德、关忠良:《一种基于语言变量和TOPSIS的人力资源评价新方法》,载于《数量经济技术经济研究》2009年第11期。

[60] 赵国友:《改革开放三十年来中国农民政治态度的走向、局限及引导》,载于《理论导刊》。

[61] 郑国栋:《加拿大特色的地方"集体领导"》,载于《南风窗》2015年第17期,第29~31页。

[62] 郑国栋:《浅谈加拿大地方政府的预算公开》,载于《楚雄师范学院学报》2016年第31卷第1期,第98~103页。

[63] 何俊志等:《地方政府预算过程中的透明度问题研究》,中国发展研究基金会资助项目,2010年。

[64] 戴明叶:《基于结构方程模型的顾客满意度研究——以湖南省博物馆为例》,湖南师范大学硕士学位论文,2014年。

[65] 钱璐璐:《基于结构方程模型的宜居城市满意度影响因素实证研究》,重庆大学硕士学位论文,2010年。

[66] 王顺强:《科技政策地方政府执行力评价研究》,武汉理工大学,2011年。

[67]《安徽铜陵街道办事处全部撤销》,载于《新华日报》2011年9月6日。

[68] 曹顺宏:《美国政府预算信息公开制度》,载于《学习时报》2011年11月21日。

[69] 郭莲:《全球治理如何评估》,载于《学习时报》2016年1月21日。

[70] 梁发芾:《民主制度不完善,预算制度只会障人耳目》,载于《中国经营报》2014年7月26日。

[71] 温如军:《"三公消费"超标,可撤职》,载于《法制晚报》2011年7月10日。

[72] 谢来:《非政府组织推动"人民预算"》,载于《新京报》2007年10月21日(B03)。

[73] 米艾尼:《"县级政府是信息公开的最薄弱处"——专访〈中国行政透明度年度报告〉负责人王锡锌》,http://news.163.com/11/1121/12/7JCPJKE500014AED.html,2011年11月21日。

[74]《澳大利亚的地方政府债务管理》,http://www.mof.gov.cn/pub/yusuansi/zhengwuxinxi/guojijiejian/200809/t20080916_75445.html,2008年9月16日。

[75] 白焰:《从瓮安事件看县长直选》,http://club.kdnet.net/dispbbs.asp?boardid=1&id=2353604,2008年7月17日。

[76] 白钢:《中国基层治理的变革》,http://www.aisixiang.com/data/25473.html,2009年3月13日。

[77] 曹海洋、赵入坤:《论我国地方政府行政体制改革——兼评德国政府地方行政改革》,http://www.qikanchina.net/qkshow.asp?classid=8&Oneid=6&Oneqid=1204&Onewid=24705&step=cis,2008年7月4日。

[78] 财政部预算司:《新西兰的地方政府债务管理》,http://www.mof.gov.cn/pub/yusuansi/zhengwuxinxi/guojijiejian/200809/t20080919_76699.html,2008年9月22日。

[79] 财政部预算司:《南非的地方政府债务管理》,http://www.mof.gov.cn/pub/yusuansi/zhengwuxinxi/guojijiejian/200809/t20080919_76696.html,2008年9月22日。

[80] 财政部:《财政部关于进一步推进财政预算信息公开的指导意见》,http://www.mof.gov.cn/pub/yusuansi/zhengwuxinxi/zhengceguizhang/200809/t20080917_75533.html,2008年9月10日。

[81] 财政部:《财政部关于进一步做好预算信息公开工作的指导意见》,http://www.gov.cn/gongbao/content/2010/content_1629133.htm,2010年3月1日。

[82] 财政部:《财政部关于深入推进基层财政专项支出预算公开的意见》,http://www.gov.cn/zwgk/2011-02/15/content_1803540.htm,2011年1月28日。

[83] 财政部:《关于深入推进地方预决算公开工作的通知》,http://yss.mof.gov.cn/zhengwuxinxi/zhengceguizhang/201403/t20140318_1056686.html,2014年3月4日。

[84] 陈叶军、汪玉凯:《推进县级直选, 建议书记和县长由一人担任》, http://theory.people.com.cn/GB/11721480.html, 2010 年 5 月 28 日。

[85] 陈淼、卢志佳:《由乱到治, 瓮安痛定思痛中浴火重生》, http://www.gz.xinhuanet.com/2008htm/xhws/2011-10/24/content_23965973_3.htm, 2011 年 10 月 24 日。

[86]《促进预算公开透明, 加强预算审查监督》, http://www.legalinfo.gov.cn/index/content/2014-09/01/content_5743358.htm, 2014 年 9 月 1 日。

[87] 国际货币基金组织:《基金组织概览》, http://www.imf.org/external/chinese/pubs/ft/survey/so/2012/pol110112ac.pdf, 2012。

[88] 国务院:《中华人民共和国信息公开条例》, http://www.most.gov.cn/yw/200704/t20070424_43317.htm, 2007 年 4 月 27 日。

[89] 国务院办公厅:《当前政府信息公开重点工作安排》, http://www.china.com.cn/guoqing/2013-07/10/content_29383009.htm, 2013 年 7 月 1 日。

[90] 高新军:《美国地方政府的预算管理》, http://www.chinesetax.com.cn/caishuiwenku/caizhengwenku/guowaicaizheng/200711/5045271.html, 2007 年 11 月 21 日。

[91] 法制网发布《2012 年群体性事件研究报告》, http://www.whnews.cn/news/node/2013-01/06/content_5548440.htm, 2013 年 1 月 6 日。

[92] 冯建华:《乡镇长直选》, http://www.china.com.cn/chinese/zhuanti/qkjc/741843.htm, 2004 年 12 月 29 日。

[93] 韩洁、申铖:《财政部首查地方预决算公开　多地触犯红线被点名》, http://news.enorth.com.cn/system/2016/09/09/031152556.shtml, 2016 年 11 月 9 日。

[94] 胡颖、廉叶岚:《科员到处级升迁比例仅 4.4% 有人自嘲患"副科病"》, http://news.sohu.com/20140415/n398228649.shtml, 2014 年 4 月 15 日。

[95] 李修语:《全美大城市财政透明度报告出炉, 旧金山位列前三》, http://usa.fjsen.com/2013-01/24/content_10456072.htm, 2013

年1月24日。

[96] 刘祖华：《中国乡镇政府角色变迁的财政逻辑》，http：//www.cuhk.edu.hk/ics/21c/supplem/essay/0712063g.htm，2008年3月31日。

[97] 董峻、于文静：《农村改革成就斐然 制度创新继续加强——专访中央农村工作领导小组副组长、办公室主任陈锡文》，http：//www.china.com.cn/news/2012-05/06/content_25311767.htm，2012年5月5日。

[98] 《全国"省直管县"增至1080个》，http：//china.caixin.com/2012-08-22/100427061.html，2012年8月22日。

[99] 王锡锌：《靠什么持续推动信息公开》，http：//news.ifeng.com/opinion/politics/200905/0523_6438_1170881_1.shtml，2009年5月23日。

[100] 王锡锌：《县级政府是行政透明的薄弱处》，http：//www.21county.com/News/201111/20111221602373540_1.html，2011年11月22日。

[101] 王辉：《布朗内阁推新政，居民支配地方财政资金》，http：//www.chinadaily.com.cn/hqgj/2007-07/06/content_911342.htm，2007年7月6日。

[102] 汪玉凯：《行政体制改革趋势前瞻》，http：//theory.people.com.cn/GB/41038/12324508.html，2010年8月3日。

[103] 新浪财经：《重大进展中国正式采纳IMF数据公布特殊标准》，http：//finance.sina.com.cn/stock/usstock/c/20151008/022423414322.shtml，2015年10月8日。

[104] 新华网：《温家宝：群众能管好村就能管好乡县事务》，http：//news.qq.com/a/20120314/001106.htm，2012年3月14日。

[105] 习近平：《切实把思想统一到党的十八届三中全会精神上来》，载于《人民日报》2014年1月1日。

[106] 杨敬忠：《丹麦如何公开官员财产》，http：//jjckb.xinhuanet.com/opinion/2013-04/10/content_438266.htm，2013年4月10日。

[107] 于建嵘：《加强民众政治认同杜绝社会泄愤事件》，http：//news.sina.com.cn/c/2008-07-18/093615956380.shtml，2008年7月

18日。

[108] 郑红：《如何管好"钱袋子"：公共财政就要公开透明》，http：//theory.people.com.cn/n/2013/0523/c49150-21582846-2.html，2013年5月23日。

[109]《中华人民共和国预算法》（2014年修订），http：//www.kuaiji.com/fagui/1899495，2014年10月20日。

[110]《中华人民共和国审计法》（2006年修订），http：//www.audit.gov.cn/n1057/n1087/n1599/325639.html，2006年3月1日。

[111] Aghion, Philippe, and Jean Tirole, 1997, "Formal and Real Authority in Organization." *Journal of Political Economy*, 105 (1), 1-29.

[112] Allport, Gordon. W. 1953, "Attitudes", in Carl Marchison (ed). *A Handbook of Social Paychology*. Worcester Mass: Clark University Press, PP. 802-830.

[113] Alt, James E., and David D. Lassen, 2006, "Fiscal Transparency, Political Parties, and Debt in OECD Countries," *European Economic Review*, Vol. 50, (August), pp. 1403-39. IMF Working Paper 12/156., (Washington: International Monetary Fund).

[114] Angus Campbell, Gerald Gurin and W. Miller, 1954, "The voter Decides". Row, Peterson and Company. 1954.

[115] Benito, B. & Bastida, F. 2009, "Budget Transparency, Fiscal Performance, and Political Turnout: An International Approach". *Public Administration Review*, 69 (3): 403-417.

[116] Berman. P., 1978, "The Study of Macro - and - Micro - Implementation". *Public Policy*. 26: 157-184.

[117] Bobo, L., & Gilliam, F. D. 1990. "Race, sociopolitical participation, and black empowerment". *American Political Science Review*, 84, 377-393.

[118] Cebotari, Aliona, Jeffrey Davis, Lusine Lusinyan, Amine Mati, Paolo Mauro, Murray Petrie, and Ricardo Velloso, 2009, "Fiscal Risks - Sources, Disclosure, and Management," (Washington: International Monetary Fund).

[119] Charles O. Jones, 1977, "An Introduction to the Study of Pub-

lic Policy", 2nd. ed. North Scituate, Mas. : Duxbury, P139.

[120] Coglianese, C. 2009, "The Transparency President? The Obama Administration and Open Government." *Governance*, 22 (4), pp. 529 -544.

[121] Dabla - Norris, E. , and others, 2010, "Budget Institutions and Fiscal Performance in Low - Income Countries". *IMF Working Paper* No. 10/80 (Washington: International Monetary Fund).

[122] David Heald, 2003, "Fiscal Transparency: Concepts, Measurement and UK practice". *Public Administration*, 81 (4), pp. 723 -759.

[123] Dunsire, A, 1990, "Implementation Theory and Bureaucracy". In Younis, T. Ed. Implementation in Public Policy. Brookfield: Gower.

[124] Everaert, Greetje, Manal Fouad, Edouard Martin, and Ricardo Velloso, 2009, "Disclosing Fiscal Risks in the Post - Crisis World," *IMF Staff Position Note*, SPN/09/18, (Washington: International Monetary Fund).

[125] Elif Arbatli and Julio Escolano, 2012. "Fiscal Transparency, Fiscal Performance and Credit Ratings". *IMF Working Paper* No. 12/156 (Washington: International Monetary Fund).

[126] Eurostat, 2010, "Information Note on Greek Fiscal Data," November 15.

[127] Francisco Bastida and Bernardino Benito. 2007. "Central Government Budget Practices and Transparency: An International Comparison". *Public Administration*, Vol, 85, No. 3, pp. 667 -716.

[128] Ferejohn, John. 1999. "Accountability and Authority: Towards a Model of Political Accountability," in A. Przeworski, B. Manin and S. C. Stokes (eds.), *Democracy, Accountability, and Representation*, New York: Cambridge University Press.

[129] Gavazza, A. & Lizzeri, A. 2009, "Transparency and Economic Policy". *The Review of Economic Studies*, 76 (3), pp. 1023 -1048.

[130] Glennerster, R. , and Y. Shin, 2008, Does Transparency Pay? *Staff Papers*, International Monetary Fund, Vol. 55, No. 1, pp. 183 -209.

[131] Government Accountability Office. 2005, "Information management: Implementing the freedom of information act". *Washington, D. C*:

Author.

[132] Gracia, Borja, Anna Ivanova, Ezequiel Cabezón, and Jon Shields, 2011, "Opening Up to Higher Sovereign Credit Ratings: The Practical Benefits of Fiscal Transparency," *IMF Working Paper*, forthcoming, (Washington: International Monetary Fund).

[133] Hameed, F. 2005, "Fiscal Transparency and Economic Outcomes." *IMF Working Papers*, 05/225, 1 – 45.

[134] International Monetary Fund. 1999, "Experimental report on transparency practices: United Kingdom". (1999 – 05 – 15) http://www.imf.org/external/np/rosc/gbr/index.htm.

[135] International Budget Partnership. 2008, " Open budgets. Transform lives, the open budget survey 2008". *IBP*, Center on Budget and Policy Priorities, Washington DC.

[136] IBP. 2010, "Open Budgets Transform Lives: The Open Budget Survey 2010". *Washington, DC: I*nternational Budget Partnership.

[137] International Budget Partnership, 2012, "Open Budget Survey". Available via the Internet: http://internationalbudget.org/what – we – do/open – budget – survey/full – report/.

[138] International Monetary Fund, 2010, "Government Finance Statistics to Strengthen Fiscal Analysis," SM/10/43 (Washington).

[139] IMF. 2010, "How Does the IMF Encourage Greater Fiscal Transparency?" (Vol. IMF Factsheet, available at: http://www.imf.org/external/np/exr/facts/fiscal.htm). Washington, DC.

[140] IMF, 2012a, "Fiscal Transparency, Accountability, and Risk." Available via the Internet: http://www.oecd.org/gov/budgeting/D2 – AM% 20 – % 20Session% 205% 20 – % 20T.% 20Curristine% 20 – % 20IMF% 20background% 20document.pdf. 2015.04.12.

[141] International Monetary Fund, 2012b, "Fiscal Monitor – Balancing Fiscal Policy Risks", April (Washington).

[142] James E. Alt, David Dreyer Lassen, David Skilling, 2002, "Fiscal Transparency, Gubernatorial, and the Scale of Government: Evidence from the states", *state politics and pllicy Quarterly*, Vol. 2, No. 3

(Fall 2002): pp. 230 - 250.

[143] Jeffrey L. Pressman and Aaron B. Wildavsky, 1984, "Implementation", 3rd ed. Berkeley: University of California Press.

[144] Jennings, M. K. 1983, "Gender roles and inequalities in political participation: Results from an eight-nation Study". *Western Political Quarterly*, 36, 364 - 385.

[145] Jong-sung You, Wonhee Lee. 2011, "Budget Transparency and Participation - Korean Case Study" [EB/OL]. http://irps.ucsd.edu/assets/001/503061.pdf.

[146] June Pallot, Transparency in local Government: antipodean initiatives, The European Accounting Review, 10 (3), 2001: 645 - 60.

[147] Kaufmann, D., Aart Kraay, Pablo Zoido - Lobaton. 1999, "Governance Matters". *The World Bank* (*Policy Research Working Paper* 2196).

[148] Kim, Soonhee. 2009. "Management Strategy for Local Governments to Strengthen Transparency in Local Governance". Seoul: United Nations Project Office on Governance.

[149] Kim, s., &Lee, J. 2012. "E - Participation, Transparency, and Trust in Local Government". *Public Administration Review*, volume 72, issue 6, pages 819 - 828.

[150] Kolstad I., Wiig A.. Is Transparency the Key to Reducing Corruption in Resource-rich Countries? [J]. World Development, 2009. 37 (3): 521 - 532.

[151] Li, Lianjiang and Kevin O'Brien, 1996, "Villagers and Popular Resistance in Contemporary China," *Modern China*, Vol. 22, No. 1, January, pp. 28 - 61.

[152] Li, Lianjiang, "Difference in Trust in Government", *Twenty First Century Monthly*, June 2012, pp. 108 - 114.

[153] Liang Ma, Jiannan Wu. What Drives Fiscal Transparency? Evidence from Provincial Governments in China. Paper prepared for the 1st Global Conference on Transparency Research, Rutgers University - Newark, May 19 - 20, 2011. http://papers.ssrn.com/sol3/papers.cfm?abstract_id =

1807767.

[154] Lipsky, M, 1980, "Street-level Bureaucrcacy; Dilemmas the Individual is Public Service". *New York*: Russell Safe Foundation.

[155] Matland, R. F, 1995, "Synthesizing the Implementation, Literature The Ambiguity-Conflict Model of Policy Implementation". *Journal of Public Administration Research anti Theory*, 5 (2): 145-174.

[156] Nadeau, Richard, Richard Niemi, and Antoine Yoshinaka, 2002. "A Cross-national Analysis of Economic Voting: Taking Account of the Political Context Across Time and Nations." *Electoral Studies* 21, 403-423.

[157] O'Leary, Rosemary and Lisa Blomgren Bingham. 2008. "The Collaborative Public Manager". *Washington, DC*: Georgetown University Press.

[158] O'Leary, Rosemary, David M. Van Slyke, and Soonhee Kim, eds. 2010. "The Future of Public Administration Around the World: The Minnowbrook Perspective". *Washington, DC*: Georgetown University Press.

[159] Open T, Survey B. Open Budgets. Transform Lives. The Open Budget Survey 2008 [R]. IBP, Center on Budget and Policy Priorities, Washington DC, 2008.

[160] Organization for Economic Cooperation and Development, 2007, "OECD Budget Practices and Procedures Database" (Paris).

[161] Peisakhin, L., & Pinto, P. 2010, "Is transparency an effective anti-corruption strategy? Evidence from a field experiment in India." *Regulation & Governance*, 4 (3), 261-280.

[162] Phillips, Patricia, and Bernard Abey. 2007. "Using the web to increase transparency and accountability." *Government Finance Review*, 23 (3): 32-38.

[163] Prime Minister's Office. Letter to government departments on opening up data. http://www.number10.gov.uk/news/letter-to-government-departments-on-opening-up-data/, 2010-05-31.

[164] Putnam, R. D. 2000. "Bowling alone: The collapse and revival of American community". *New York*: Simon & Schuster.

[165] Reddick, Christopher G. 2011. " Citizen Interaction and E - government: Evidence for the Managerial, Consultative, and Participatory Models. " *Transforming Government: People, Process and Policy* 5 (2): 167 - 184.

[166] Ritva Reinikka, Jakob Svensson. 2003. "The power of information: Evidence from a newspaper campaign to reduce capture Policy Research " . *Working Paper*3239, The World Bank, Development Research Group, Washington, D. C, pp. 1 - 37.

[167] Robbins, Mark D. , Bill Simonsen, and Barry Feldman. 2008. "Citizens and Resource Allocation: Improving Decision Making with Interactive Web - Based Citizen Participation. " *Public Administration Review* 68 (3): 564 - 575.

[168] Royo, Sonia, Ana Yetano, and Basilio Acerete. 2011. "Citizen Participation in German and Spanish Local Governments: A Comparative Study. " *International Journal of Public Administration* 34, No. 3: 139 - 150.

[169] Sabatier, P. A. 1986, "Top - Down and Bottom - Up Approach to implementation: A Critical Analysis and Suggested Synthesis" . *Journal of Public Policy*, 6 (1): 21 - 48.

[170] Source: Special Data Dissemination Standards (SDDS) Database; General Data Dissemination Standards (GDDS) Database.

[171] Suzanne J. Piotrowski. 2007, "Citizen Attitudes Toward Transparency in Local Government" . *The American Review of Public Administration* September vol. 37 No. 3, 306 - 323.

[172] Tanzi, Vito, 1998, "Corruption Around the World", *IMF Staff Papers*, Vol. 45 (December), pp. 559 - 594.

[173] Van Meter, U. S. & Van Horn, C. E, 1975, " Process: A Conceptual Framework. Administration", *The Policy fmplementalion Society*, 6 (4): 445 - 468.

[174] Verba, S. , & Nie, N. 2004. " Participation in America" . *Chicago*: University of Chicago Press.

[175] Weber, Anke, 2012, "Stock - Flow Adjustments and Fiscal

Transparency: A Cross – Country Comparison", *IMF Working Paper* 12/39, (Washington: International Monetary Fund).

[176] Williamsa, A. 2010, " Shining a Light on the Resource Curse: An Empirical Analysis of the Relationship between Natural Resources, Transparency, and Economic Growth". http://ideas.repec.org/a/eee/wdevel/v39y2011i4p 490 – 505. html. 23 October.

[177] Winter, S, 1990, "Opening Up the Black Box; Process. Implementation and the Polcy Process". In Palumho, D. J, & Calista, D. implementation and the Policy Process: Opening Up the Black Box. Westport: Greenwood Press.

[178] World Bank. Managing Development: The Governance Dimension. Washington D. C, 1994, 5.

[179] Yamamura E. , Kondoh H. . Government Transparency and Expenditure in the Rent-seeking Industry: The Case of Japan for 1998 – 2004 [J]. Contemporary Economic Policy, 2013, 31 (3): 635 – 647.

[180] Yang, Kaifeng, and Kathe Callahan. 2005. "Assessing Citizen Involvement Efforts by Local Governments." *Public Performance & Management Review* 29 (2): 191 – 216.

[181] Yang, Kaifeng, and Marc Holzer. 2006. "The Performance – Trust Link: Implications for Performance Measurement." *Public Administration Review* 66 (1): 114 – 26.

后　　记

　　本书是在我的第一个国家社会科学基金青年项目的基础上修改而成的。项目结题以后，未能及时出版，而是改了又改，拖了又拖。今天借助山东财经大学学术专著出版计划的推动，最终完成了全书修订，虽然还感觉有些不足，总算是一本完整的作品。

　　这是我的第二部学术专著。第一部是7年前由我的博士毕业论文修订而成《我国财政透明度问题研究》。与那时研究财政透明度的孤独与无助相比，现在财政透明度研究已经成为学术热点问题，资料的丰富程度和关注度与以前截然不同。这既改善了研究条件，又增加了研究难度。很多问题不是提出来就算了，而是要问"怎么办"？因为我们现在就在做这件事。

　　这里我要感谢我的博士生导师蒋洪教授。蒋老师一直是推动我国财政透明度进程的坚定的践行者。《中华人民共和国政府信息公开条例》实施后，蒋老师率先在启动了评估我国省级政府财政透明度的实践活动，这项研究活动把我国的财政透明度问题推向了一个前所未有的高度和热度，也产生了前所未有的影响。我国财政透明度能达到目前这种积极向上的状态，与蒋老师的努力是分不开的。他的每一项研究、报告乃至媒体访谈，都能给我打开思考的窗口，提醒我在推动财政透明度的道路上还有很多事情要做。

　　感谢我的父母，他们一直关爱着自己的儿子，为他取得的每一个进步而骄傲。

　　感谢我的爱人，她是我生活中和学术上的良伴益友，她的帮助是本书得以尽快完成的最大动力。感谢我的儿子，他的快乐成长就是我们家的幸福生活。

　　感谢所有帮助我、支持我的朋友们！

申　亮
2017年4月8日